小巨人

与 努 力 的 人 一 起 奔 跑

管理红利

战略

组织

人才

机制

管理咨询原生态
商业实战案例拆解

龙里标 张爱珍 著

广东经济出版社
·广州·

图书在版编目（CIP）数据

管理红利 / 龙里标，张爱珍著． —广州：广东经济出版社，2024.5
ISBN 978-7-5454-9144-9

Ⅰ. ①管… Ⅱ. ①龙… ②张… Ⅲ. ①企业管理 Ⅳ. ①F272

中国国家版本馆CIP数据核字（2024）第019569号

责任编辑：刘　燕
责任技编：陆俊帆
责任校对：官振平
封面设计：朱晓艳

管理红利
GUANLI HONGLI

出版发行	广东经济出版社（广州市水荫路11号11～12楼）
印　　刷	珠海市国彩印刷有限公司
	（珠海市金湾区红旗镇永安一路国彩工业园）

开　本	787mm×1092mm　1/16	印　张	20
版　次	2024年5月第1版	印　次	2024年5月第1次
书　号	ISBN 978-7-5454-9144-9	字　数	320千字
定　价	98.00元		

发行电话：（020）87393830　　　　　编辑邮箱：1404561836@qq.com
广东经济出版社常年法律顾问：胡志海律师　　法务电话：（020）37603025
如发现印装质量问题，请与本社联系，本社负责调换。

版权所有·侵权必究

RECOMMENDATION 推荐语

这是一本"三好"管理咨询书籍。"一好"在于建构了整合式的管理咨询理论框架。基于这些理论方法和概念体系，管理咨询顾问可以精准地对企业进行"望闻问切"，这本书为解决企业发展中的"疑难杂症"提供了行动指南。"二好"在于实践出真知。作者在管理咨询领域深耕多年，聚合了大量典型实战案例，且无一"烂尾"，每个案例都有诊断，有分析，有建议，有对策，对推动企业高质量发展具有重要的指导意义和参考价值。"三好"在于与时代契合。新时代，新咨询，新路径。无论企业还是管理咨询本身，都在不断探索、不断反馈、不断升级中。

深圳市金鼎安全技术有限公司总经理　毛晔

这本书呈现了9个原生态管理咨询案例。通过阅读这本书，你能够拓宽视野，了解各种企业经营管理情境，增长实践经验，并获得宝贵的启示。这本书无疑是探索管理艺术、提升咨询技能的宝贵资源，值得深入研究和珍藏。我相信，管理咨询顾问在阅读这本书时会产生强烈的共鸣，因为这些案例所揭示的问题和挑战，都是你在职业生涯中必然会遇到的。通过阅读书中的管理咨询案例，你能够更好地理解管理咨询的本质，提升自己的理论水平及实践能力。

智晟集团创始人　谢少华

这不仅是一本实用的管理咨询参考书，也是解决复杂管理问题的良方集锦。两位作者在管理咨询领域有丰富的实践经验，接触过大量的企业并帮它们解决了许多经营管理方面的问题。通过阅读这本书，你一定能从中找到解决自己企业问题的方法和思路。

深圳亿维锐创科技股份有限公司董事长　许宏安

在"人口红利"加速退场的背景下，企业面临着前所未有的挑战，但亦有机遇，《管理红利》为企业经营管理者照亮了前行的道路。它提供了一套科学实用的企业管理方法和工具，可帮助企业在充满不确定性的时代更好地生存与发展。

ENMITU&恩幂图品牌创始人　吴妙丹

这本书以真实的管理咨询案例为背景，生动展示了企业家如何应对各种挑战并取得成功的过程，是一本非常实用的企业经营管理指南，能帮助企业管理者提升经营管理能力，使企业通过科学的管理机制实现基业长青。同时，这本书也是企业管理者转型管理咨询顾问的从业宝典，从管理咨询实战的角度着手，以案例为基石，让每一位期待转型的企业管理者都能看得懂，学得会，助力其成功转型。

即课学堂创始人　凌斌

《管理红利》是企业家提升企业经营能力和建立高效管理机制的必备读物。通过学习和借鉴书中的管理咨询案例，企业家可以更好地掌控企业经营，同时提升团队的业务能力和综合素质。此外，这本书还有助于企业家设计出更加科学合理、贴合实际的管理机制，从而提高经营效率，降低运营成本，使企业更具竞争力。

深圳市华虹进出口贸易有限公司总经理　吴虹

管理咨询，相当于在门诊就医，让医生了解症状，作出初步诊断。轻症直接开药，几个疗程便可治愈；重症则需要进一步进行全面检查，再给出系统的治疗方案。在经济下行期，很多企业管理者在转型管理咨询顾问时不知从何开始，而这本书既有咨询的技术方法，又有咨询实践案例，并且涉及九个不同的行业，相信无论对普通顾问还是对资深顾问，这本书都将是一本非常好的工具书。

资深管理顾问、组织管理专家　刘万卿

两位作者以宽广的视野和深刻的理解，将企业管理和经营结果紧密结合，致力于为企业创造价值。他们以较高的专业水平和丰富的实践经验为企业管理体系建设树立了路标和灯塔，使企业家和企业管理者能够在复杂的企业管理领域找到明确的方向和清晰的路径。我相信，这本书不仅能够帮助企业提升业绩，也将为企业管理者的个人发展带来积极的影响，值得每一位企业家和企业管理者珍藏和反复阅读。

英盛网副总裁　苏正兰

与两位作者合作的第一期人力资源升级项目结案后，我们开始了第二期营销体系优化提升的深度合作。我们对两位作者及其团队的专业能力、执行效率和团队协作精神极为赞赏。两位作者从多年的管理咨询实战案例中筛选出9个不同行业企业的管理升级案例撰写成书，展示了从宏观分析到微观执行、从思维创新到系统落地的方法，将为你打开一扇通往管理智慧的大门，帮助你从竞争激烈的市场环境中脱颖而出，创造属于自己的管理红利。

深圳市清时捷科技有限公司总经理　黄晓平

越是在困难的时候，企业越要努力生长，只有围绕战略、组织、人才、机制建立自动自发的管理体系，提升企业经营管理能力，才能让企业度过寒冬。这本书的两位作者一直奋战在管理咨询前线，积累了丰富的企业管理实践经验，他们以管理咨询顾问的视角对企业进行管理升级，从高管的角度做咨询项目的落地，咨询效果显著。他们把企业咨询实践经验汇集成这本书，内容通俗易懂，对管理咨询行业的朋友们非常有帮助。

深圳市祺鑫环保科技有限公司副总经理　刘梦奇

前几年有幸与两位作者合作管理咨询项目，从前期的调研诊断沟通，到最后的方案落地，都超出了我们的期望值，后期我司也与他们建立了长期的合作关系。此次他们将企业咨询现场沉淀的实践经验撰写成《管理红利》一书，对于所有企业家和企业管理者来说这本书都将是无价之宝，能够为大家提供全方位的指导和帮助。

深圳市前海利众供应链管理有限公司总经理　舒飞

前几年，我们曾与两位作者合作过一个管理咨询项目，对咨询效果非常满意。在项目设计阶段，两位作者的思维非常敏捷，他们迅速理解了我们的需求，并提出了极具创新性的解决方案，他们的专业性和实践能力都是无可挑剔的。很高兴看到他们将自己多年的管理咨询经验撰写成书，相信这本书能给企业家和从事企业管理的朋友们带来一些帮助和启示。

广州市皓航运输有限公司董事长　关国宁

随着碎片化学习模式的兴起，企业经营者对管理知识的获取变得越来越容易，因此对管理原理及管理技巧都比较熟悉；有意思的是，当大家真正面对公司出现的管理问题时，往往又无处下手，或者无论怎么做，最后成效都不好，这便是很多中小企业经营者目前普遍存在的痛点。

企业经营管理是一项系统工程，需要洞悉经营管理，也需要完整的知识体系，更需要一套行之有效、能落地的管理工具。读两位作者的管理咨询案例，能看到他们对经营管理的洞悉，感受到他们的专业。他们一直奔赴在管理咨询的第一线，接触了大量企业管理案例，也帮助企业解决了很多问题。

翻看这本书，能读到思路，也能看到深入浅出的解决方案。这是一剂接地气且能解决复杂管理问题的咨询"良方"，值得所有朋友细读。

深圳市天云筑科技有限公司人力与运营负责人　郑伟

作者作为专业的管理咨询顾问，具备丰富的知识和实践经验，能够为企业提供外部视角和独立意见，帮助企业更好地解决问题和制定战略。作者及其团队拥有较强的行业洞察力和专业技能，能够为企业提供全方位的管理咨询服务，包括但不限于组织架构设计、人力资源规划、业务流程优化等。《管理红利》这本书展示了企业管理实践的方法和思路，推荐企业家及企业管理者阅读。

惠州固尔琦智能设备有限公司总经理　黄俊龙

《管理红利》是由管理咨询专家为你精心呈现的实战宝典。这本书不仅内容丰富，还提供了实用的管理方法和工具。书中全面介绍了管理咨询行业与咨询业务指南，对于商学院毕业生和想要转型的企业管理者来说，无疑是一盏指路明灯。这本书将带领你深入了解管理咨询行业的业务流程和实践场景，让你洞悉这一热门行业的奥秘，为你的职业生涯开启新的篇章！

资深管理顾问、人力资源与配置专家　韩勇

两位作者都是我多年的好友，他们拥有坚定的专业信念和踏实的实践精神，我对他们的咨询观点深感认同。我们曾在股权激励方面的项目中有深度合作，并且服务的客户无一"烂尾"，客户好评如潮。这本书涉及九个行业，从模型、工具、方法论到咨询案例，我觉得对企业家及企业管理者经营和管理企业都会有所启示，也希望未来大家一起走得更远，助力更多企业成长。

北京市盈科（深圳）律师事务所副主任、股权专家律师 段海宇

《管理红利》深入探讨了管理与经营的本质，通过管理工具、管理模型以及丰富的管理咨询案例，为企业家和企业管理者提供了管理指南，是指引企业家和企业管理者走向成功的宝贵读物。无论是处于创业初期的企业，还是已经步入正轨的企业，这本书都能提供有益的启示和指导。

广东省企业培训研究会秘书长 赵红波

企业建立科学的战略、组织、人才、机制体系，能有效地激活管理，提升企业经营管理效益。本书以案例的方式呈现出来，既有理念的高度，又有具体的实践方法，是企业家和企业管理者的必读之书。无论对初创企业的创始人，还是对经验丰富的企业管理者，这本书都是一本值得阅读的管理必备书。

Office职场大学创始人 储君

序言一
PREFACE

近几年，全球经济充满不确定性，给实体经济带来很大的挑战。企业如同暴风雨中的帆船，一不小心就有可能倾覆在汪洋大海之中。绝大多数企业是因人而生，也因人而亡。从古至今，王朝兴衰似的事件也常常在企业组织中上演。能在暴风雨中走得稳、走得好的企业，大多摆脱了对"个人"的依赖，转而依靠"管理机制"来驱动组织前行，通过不断优化利润表、现金流量表，实现资产负债表健康化，达到企业盈利的目标。

中国"人口红利"逐渐消失，但没有一个冬天不可逾越，也没有一个春天不会到来。从冬天到春天需要时间过渡，企业要提升自身在寒冷环境下的耐力，越是困难的时候，越要努力生长。

随着整个社会的加速变迁，管理红利成为企业的"救命稻草"，也是未来的机遇所在。

基业长青，是每个组织的梦想。存量竞争时代，企业需调整自己的经营管理模式，围绕**战略、组织、人才、机制**建立自动自发的管理体系，提升企业经营效益及利润。

在"向管理要效益"的当下,"SOTM人力资源四轮驱动增长模型"是支撑企业进行全面管理升级最有效的工具之一。企业要选择正确的战略,打造富有活力的组织,再通过机制去激发员工的潜力,培养优秀的人才团队。未来,优秀的人才团队将成为"内卷"浪潮下企业前行的永动机,是企业做大做强的基石,也是企业获得行业、资本、人才认可的关键。

企业进行变革时,既可以任用企业内部的管理人才,也可以聘请有顾问经验的人才,还可以引入第三方管理咨询机构。第一种方式很多企业尝试过多次,效果甚微,很少能达到企业的预期;而后两种方式,对企业管理变革都有一定成效。所以,企业要想抓住"管理红利",要么引入有管理实践经验的人才,要么引入第三方管理咨询机构,在帮企业进行变革的同时还可以为企业培养内部的管理变革人才。

管理咨询行业的高速发展导致管理咨询公司的水平参差不齐,而管理咨询公司与企业客户之间又存在一定的信息差,并没有达到"良币驱逐劣币"的效果。在企业进行变革的过程中,合作的管理咨询公司及其项目团队的水平高低直接影响项目的成败。

随着国内经济的高速发展,企业数量不断增加,有力地拓展了我国管理咨询行业的市场发展空间,而且随着管理咨询行业国外市场与国内市场的不断并轨,越来越多的企业对于管理咨询有了新的认知,未来我国管理咨询行业的需求空间是巨大的。当前国内管理咨询行业可谓中原逐鹿,群雄竞起,管理咨询市场正在上演新一轮的"三国争霸",尤以北京、上海、广东三地竞争最为激烈。北京双一流高校林立,通常以"学者派"著称;上海外企数不胜数,通常以"外企派"闻名;而广东民营企业众多,号称"实践派"。自从事管理咨询工作以来,我和我的团队服务过多家珠三角地区的民营企业,作为"实践派"的资深顾问,从市场一线摸爬滚打过来,既具备国际化的思维与视野,又深谙中国本土文化,在管理咨询顾问服务方面更注重为企业解决实际问题,追求实效性与实战性。在此过程中,我逐渐摸索出真正适合中国民营企业的管理咨询理念,可帮助企业有效提升经营业绩。

我曾从事人力资源管理工作多年，积累了丰富的管理实践经验。为了帮助更多中小型企业成长，更大程度发挥我的专长，近些年我以管理咨询顾问的身份在一线从事管理咨询培训工作，主导过近百家企业的管理变革，涉及互联网、金融、制造等多个行业。

在与企业深度合作的项目中，到企业一线深入研究实践的经历让我受益匪浅，在"脱鞋下田"的实践中总能如鱼得水、如虎添翼，而多年来不断积累的鲜活生动、血肉丰满的案例，充实了我的案例库，在帮助企业成功的同时也提升了我的实践能力。有幸，在多年实战管理的思想火花屡屡闪现之际，我都会进行记录和总结。现在我将多年的记录和总结系统地梳理出来，期望可以助力企业家和企业管理者提升管理思维，提升实践能力，创造更高业绩。

我相信"危"的背后预示着更多的机会，企业克服了"危"即会迎来"机"，企业管理者要敢于突破天花板，保持空杯心态，积极拥抱管理红利时代，帮助企业从粗放式管理向精细化管理转变，从"求外"向"求内"转变。同时，企业管理者要以咨询人的视野做变革，用企业家的经营思维做管理。

在带项目团队服务企业的过程中，我常和团队的管理咨询顾问们交流分享心得，"天下事有难易乎？为之，则难者亦易矣"。咨询人，是一群有理想、有抱负的思想家及实践家，我们接触过各种行业，到过各个城市，看过各类故事、各种人生，览尽世间万象，看透人生百态。在面对企业重难点问题时，我们也曾因自身知识的匮乏和境界的庸浅对自己产生怀疑，但高强度的工作使我们迅速成长。管理咨询顾问一定要能沉下心，脚踏实地，既不妄自菲薄，也不骄傲自大。每个人都要有自己的职业梦想，做到达人助企，每指导一家企业，我们都要抓住机会，努力奋斗，以"下苦功夫、用笨办法、做好每件小事情"的态度去深耕每一个项目，"深蹲"、积蓄力量、精进自己，要有敢于吃苦的能力，但不能把吃苦当作生活乐趣，结果才是最重要的。资源不在于拥有，而在于配置，包括人、财、项目。我时常感慨"时间不够用"，愈加觉得只有不断提高自己的学习能力，做好日历化时间管理，用好动态销项表，进一步提升"伏案能写、上台能说、与人能处、遇事能办"的能力，切实做到"学标杆、重实践、定落地"，才能服务好企业，实现自己的人生价值。

我与本书另一位作者张爱珍老师因咨询工作相识，我们都热爱咨询行业并认可咨询工作给企业带来的价值，因而一起创立了管理咨询公司。从第一个咨询客户开始，到无数个咨询订单交付，一切都朝着好的方向发展，公司业绩蒸蒸日上，客户捷报频频传来。在新冠疫情席卷全球的时候，有一天我静下心来思考，什么工作足以让我们回顾一生？是咨询，是咨询带给我们的事业！于是，我和张爱珍老师商量，从曾经服务过的上百个客户案例中挑选出几个行业的典型案例，分享给企业家、企业管理者以及从事管理咨询的朋友们，希望未来在经营管理这条道路上，人才辈出、群星璀璨！

本书撰写过程中得到好友刘万卿、马优、刘燕的大力支持，也感谢我的夫人及家人的理解与支持！

愿每一位读者，初心如磐，笃行致远，行而不辍，成人达企。星辰大海，以梦为马。

是为序。

龙里标
2023年4月30日

序言二
PREFACE

　　企业经营的本质是利用有限的资源创造尽可能大的附加价值，而企业管理就是通过组织企业内部的人力资源和物力资源实现企业目标的过程。因此，经营与管理之间是相互依存、互为补充的关系。在人口红利逐渐减弱、全球经济发展不确定性增加的大背景下，"管理红利"既是企业的"救命稻草"，也是未来市场的机遇所在。

　　我和龙里标老师合力撰写了《管理红利》，以期为企业家、企业管理者提供一些企业经营管理方面的指引。您将在本书看到以下四个方面的内容。

　　第一个是管理咨询方法。书中分享了管理咨询的思路、工作标准及管理工具等，同时明确了管理咨询对于企业的两个主要价值：一是授人以鱼，为企业提供一套基于企业现状的管理体系，帮助企业提升组织力，进而提升企业的经营效益；二是授人以渔，在管理咨询项目开展过程中，通过战略管理、组织管理、营销管理、干部管理、项目管理、目标管理、绩效管理等主题的分享及探讨，让参与项目的企业员工学习和掌握科学的管理方法及技能，帮助企业提升整体的管理能力和员工的职业素养，为后续企业管理体系升级落地奠定基础。

第二个是东方和西方管理理念的融合实践。我必须承认，我对中国古典名著情有独钟，这些古典名著蕴含着丰富的东方管理智慧。我将我获得的这些东方管理智慧倾注到企业管理实践中，并与龙里标老师一起探索出"SOTM人力资源四轮驱动增长模型"。我们将"SOTM人力资源四轮驱动增长模型"应用到我们所服务的上百家企业，都获得了巨大的成功，为企业解决了一系列管理难题，比如企业组织臃肿、人浮于事、效率低下和管理失控等，帮助企业实现可持续发展。

第三个是企业管理变革实践。我们从上百个企业管理咨询案例中，挑选了9个不同行业企业的经典变革案例，详细讲解了管理咨询项目从需求分析、调研诊断、问题确认、思路探讨、方案设计到执行落地的整个过程，涉及战略管理、目标管理、干部管理、薪酬管理、任职资格管理等多板块内容，让每位读者看完都如同亲历项目一般。

第四个是咨询经验迭代升级。本书中的很多管理工具是我们从多年、多个管理咨询项目落地实践中不断迭代升级得来的，比如集团管控模式、OKR管理体系实践方法、"三支柱"动态干部管理体系、干部结构与能力规划模型、2-7-1动态分层分类人才盘点、"六脉神剑"薪酬诊断模型、职位价值评估矩阵、薪酬水平对标模型、能力薪酬设计模型、绩效管理模型等，相信这些管理工具会更适合于我们中国的企业，企业家、企业管理者在学习和应用这些管理工具时将更得心应手。

这是一本企业经营管理升级方面的实用图书，希望您阅读本书后，能提升自己的企业经营管理能力，助力企业长远、稳健发展。

让我们坚持长期主义，做时间的朋友。

张爱珍

2023年12月31日

目录 CONTENTS

1 企业与管理咨询
——攫取时代的管理红利 / 001

1.1 企业经营管理的SOTM增长模型 / 002

1.2 企业如何抓住管理红利 / 007

1.3 中国管理咨询行业的发展 / 009

1.4 管理咨询顾问的"前半生" / 011

1.5 管理咨询顾问的客户关系管理 / 016

1.6 管理咨询变革项目落地的关键因素 / 022

1.7 管理咨询顾问的成长路径 / 025

2 战略及集团化管控
——集团公司战略梳理与集团化管控实施 / 029

2.1 集团战略与组织管控背景和面临的问题 / 030

2.2 集团战略组织管控分析与诊断,拨开云雾见月明 / 034

2.3 战略组织管控方案,从管控失效转变为管控有效 / 041

2.4 咨询效果：促进业绩增长，提升管理效率，壮大人才队伍　/059
2.5 思考与启示：组织管控变革的难与痛　/061

3 目标管理
——突破6亿用户，OKR驱动目标实现　/063

3.1 问题的表象：几亿用户增长带来的成长烦恼　/064
3.2 OKR管理，管理界的瑞士军刀　/067
3.3 OKR管理方案，让动态战略落地成为可能　/069
3.4 OKR管理实施的关键　/085
3.5 咨询效果：定目标，拿结果，将战略落地　/089
3.6 思考与启示：战略管理和落地协同的感悟　/090

4 干部管理
——干部强则企业强，打造能打胜仗的干部队伍　/093

4.1 不畏浮云遮望眼，只为寻找真根源　/094
4.2 干部管理，打造能打胜仗的干部队伍　/097
4.3 咨询效果：摆好阵形，打造干部铁军　/136
4.4 思考与启示：干部能力决定商战结果　/137

5 薪酬管理
——激活团队，促发展　/139

5.1 "招不来，请不走，留不住"带来的困惑　/140
5.2 构建全面的薪酬管理体系　/151
5.3 咨询效果：提人效，促管理，留人才　/177

5.4 思考与启示：让薪酬管理变得更简单 / 178

6 营销驱动
——激励销售团队，提升业绩 /179

6.1 三个问题引发的经营思考 / 180
6.2 "两条路"的思考及诊断 / 182
6.3 激励体系的设计思路 / 185
6.4 咨询效果：三年自主品牌销售额增长300% / 198
6.5 思考与启示：品牌欲加鞭，管理机制须先行 / 199

7 任职资格管理
——做实任职资格体系，促进员工与企业共同发展 /201

7.1 知己知彼才能手中有策，行动有方 / 202
7.2 任职资格体系的设计及实施 / 205
7.3 咨询效果：给人才"铺路子""架梯子""搭台子" / 219
7.4 思考与启示：游戏化生存机制带来成长的确定性 / 220

8 绩效管理
——驱动企业与员工"双赢" / 221

8.1 市场规模持续扩大带来"成长的烦恼" / 222
8.2 构建战略绩效管理体系，创造业绩 / 227
8.3 咨询效果：将战略目标转化为结果成效 / 244
8.4 思考与启示：定目标，追过程，拿结果，向管理要效益 / 246

9 管理效率提升
——精兵简政，提升管理效率 /247

9.1 行业寒冬，如何穿越周期 /248

9.2 系统解决组织管理效率问题，方能行稳致远 /259

9.3 落地效果：团队精干、事人匹配、敏捷共享创造高效组织 /275

9.4 思考与启示：未来战略是"排长的战争" /276

10 股权激励
——合理设置股权激励，促进企业长远发展 /277

10.1 好赛道的辉煌、瓶颈和破局 /278

10.2 ZT文化股权激励方案 /283

10.3 咨询效果：共创事业，同心共享共赴美好前程 /289

10.4 思考与启示：共创共赢，企业才能赢得未来 /289

后 记 /291

CHAPTER 1

企业与管理咨询
攫取时代的管理红利

当前，随着人口红利逐渐消失，企业经营面临着巨大的挑战。未来的市场竞争中，只有抓住"管理红利"的企业才能建立竞争优势。经营的本质是利用有限的资源创造尽可能大的附加价值，而管理就是通过组织内部的人力资源和物力资源实现企业目标的过程。因此，经营与管理之间是相互依存、互为补充的关系。"管理红利"既是企业的"救命稻草"，也是未来市场的机遇所在。"SOTM人力资源四轮驱动增长模型"围绕战略、组织、人才、机制建立自动自发的管理体系，从而提高企业的经营效益和利润，实现企业基业长青的梦想。

1.1 企业经营管理的SOTM增长模型

基业长青，是每个企业的梦想。存量竞争时代，精细化管理需要人才与组织驱动。VUCA时代（即乌卡时代，VUCA是Volatility、Uncertainty、Complexity、Ambiguity的简称，意指充满变化和不确定性），不确定性已成为所有组织共同面临的新常态，组织难以对抗经济的周期性影响，从兴盛到衰落的时间也越来越短，企业唯有抓住**"管理红利"**，才能建立竞争优势。

变革，是时代带来的难题。 企业必须具备稳定的经营能力和抗风险能力，不断增强自己的"体力"和"耐力"，才能步伐稳健地穿越经济下行期。

在经济增长期的经营环境下，很多企业规模不断扩张，企业管理相对粗犷。但面对经济环境的不稳定，企业需及时调整自己的发展模式，消除没有质量的增长以及损耗，优化亏损业务，提升企业经营与管理能力，保证自己的现金流不断，以管理为支撑实现经营目标。

企业经营和企业管理其实都是技术活，精细化管理更需要深厚的专业知识，然而中国并没有专门培养企业家的高等学府，高等院校开设的工商管理、市场营销、财务管理等专业以理论为基础培养管理类人才，但这些管理人才往往不会成为老板，有机会创业做老板的大部分是业务线、运营线、技术线出身。成为老板的不是管理出身，而学管理的人没有机会做老板。很多企业家只能自己在不断实践摸索中成长，相对缺乏专业的管理理论支撑。

初创期的企业一穷二白，制胜之道往往在于兵贵神速，抢占市场份额，创业者的全部精力都用在打通销售渠道和找资金上。基础管理相对比较薄弱，尤其是研发型或技术型组织，商业模式有待试错检验，创业者不得不盯着三件事情——市场、产品、供应链（见图1-1），最终导致管理跟不上经营，制约了企业未来的发展。在这种情况下，企业可以与第三方管理咨询机构合作或聘请专业人才，在短时间完成高效团队的筹建，搭建起完善的管理体系，使企业稳健经营，跨过创业艰难的阶段。

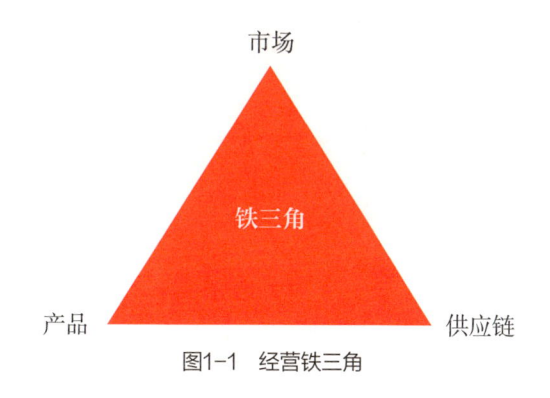

图1-1 经营铁三角

组织如同人体一样，也有着生老病死的过程。1972年，哈佛大学教授拉瑞·葛雷纳提出了**"企业成长模型"**（见图1-2）。根据该模型，企业领导者需要根据企业的员工数量、管理的复杂度、战略方向等多方面因素，对企业进行精细化的经营管理。

"企业成长模型"描述了企业发展过程中演变与变革的辩证关系，解析了企业的成长过程。葛雷纳认为，企业的生命周期可分为五个阶段。

第一个阶段：缺乏领导，因创意而成长。这个阶段，企业规模往往较小，组织结构相对简单。企业的成长主要依赖于创始人的创意和领导力。由于缺乏成熟的流程和规范，处于这个阶段的企业往往需要快速调整和变革，以适应市场的变化和满足客户的需求。

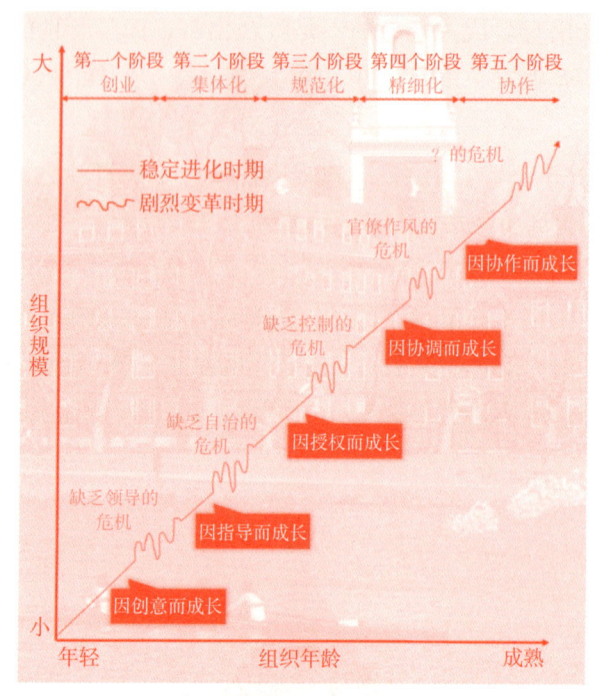

图1-2 企业成长模型

第二个阶段：缺乏自治，因指导而成长。这个阶段，企业已经取得了一定的市场份额和稳定的收入来源，但同时也面临着自治的问题。此时企业需要建立明确的制度和流程，以规范管理、提高效率。

第三个阶段：缺乏控制，因授权而成长。这个阶段，企业开始面临授权的问题，需要给予员工更多的自主权和决策权，以激发员工的创造力和提高员工的工作积极性。同时，企业也需要建立明确的责任和义务体系，以保证工作的顺利进行。

第四个阶段：官僚作风，因协调而成长。这个阶段，企业已经发展成了一个大型组织，组织结构复杂，管理难度加大。企业需要注重协调和控制，建立完善的监督机制和报告制度，以保证企业的正常运营和管理。

第五个阶段：面向未来，因协作而成长。企业开始寻求进一步发展的机会和挑战。这个阶段，企业需要注重协作和创新，推动企业发展。同时，企业也需要建立稳定的财务体系并制定战略规划，以保证企业的可持续发展。

组织变革伴随着企业成长的各个时期，不同成长阶段要有不同的组织模式与之相适应，也就是说，企业管理模式需要作阶段性的调整。

成长期的企业，自我升级、跨越发展的企业或上市前的企业容易陷入发展瓶颈，研发、生产、销售的任何一个环节都可能卡住脖子，而且很多致命问题已司空见惯。最可怕的是，组织里充斥着诸多不自知的风险。这个阶段，企业就需要外部第三方专业团队来帮助组织做系统的梳理和诊断，强化**战略、组织、人才、机制**，设计切实可行的行动方案，才能抓住管理红利。比如在战略、组织、绩效、薪酬、人才、激励等方面进行系统升级，促进企业高速运转。在此过程中，企业管理团队不仅要寻求外部智力的支持，还要在视野上打开格局。

大多数创业者都是业务线、运营线、技术线出身，他们对公司的业务极其精通，但因为没有经过系统的企业经营管理类知识学习，也无法投入太多的精力去管理，导致经营管理工作无法落地。

市场瞬息万变，企业该如何突破困境实现成长，如何实现基业长青？我们认为，优秀的企业总是相似的，在市场竞争生态系统中，企业唯一不变的就是围绕客户价值实现"**选好赛道，夯实组织**"。通过多年研究与实践案例沉淀，我们构建出"SOTM人力资源四轮驱动增长模型"（见图1-3），希望能帮助企业提升组织能力，实现企业商业成果转化。

"SOTM人力资源四轮驱动增长模型"以汽车为载体，四轮分别指**战略、组织、人才和机制**。其中战略和组织作为"前轮"，如同舵手手中的舵，负责引领方向和调整轨迹。它们是组织的灵魂和行动的指南，确保组织在变幻莫测的商业海洋中保持正确的航向。而"后轮"由人才和机制构成，它们是组织的驱动力，源源不断地为组织提供能量，使组织能够稳健地前行。

四轮动态平衡，相互影响，共同为组织提供强大的动力。无论是战略的制定，组织的构建，还是人才的选拔和机制的设计，都是为了实现同一个目标——激活组织效能，实现既定的战略目标。这四个模块的具体含义如下所述。

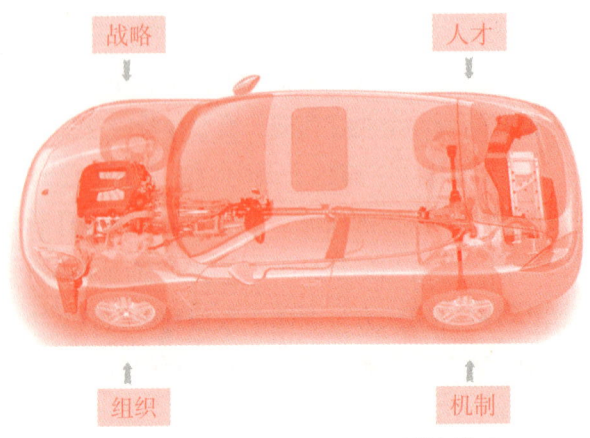

图1-3 SOTM人力资源四轮驱动增长模型

1. 战略（Strategy）

战略是确保企业实现发展和面向未来作出关键决策的重要支撑。VUCA时代，尽管未来的发展充满了不确定性，但仍然有可遵循的本质规律和原则能够帮助企业更好地理解和驾驭不确定的未来。

2. 组织（Organization）

组织是企业"体力"和"耐力"的关键支撑。"熵增定律"揭示了成熟组织都会面临的组织臃肿、人浮于事、效率低下和管理失控等问题，这也是很多企业消失的本质原因。为了提高组织力，企业需要不断加强自身的"体力"和"耐力"。

3. 人才（Talent）

人才是企业实现战略目标的核心资源。企业唯有通过有效的人才管理提升组织能力，实现人效的最大化，才能实现基业长青。

4. 机制（Mechanism）

机制是企业员工自动自发工作的管理系统，是一个组织基业长青的基础。一方面，通过机制激发员工的工作动力，让员工有激情，敢于挑战、激发潜能和激活创新，为企业进化提供动力；另一方面，机制内含企业的价值观和道德信念，是员工的行为准则，通过引导和约束员工的群体性行为，更好地为用户、企业和社会创造价值。

"**战略、组织、人才、机制**"的最终落地靠人才和团队来实现，企业除了要有足够多的优秀人才以外，还要有优秀的人才**管理机制**，进而激活人才活力。瞬息万变的时代在带来挑战的同时，也敦促着每一个组织洞察未来发展的脉络，达成企业战略目标，实现企业长远健康发展。

1.2 企业如何抓住管理红利

1.2.1 管理者向"咨询人"学习变革思维

在浩瀚商海中，无数企业如同繁星般点缀其中，他们都希望能在未来独占鳌头。那么，最终能脱颖而出的会是哪些企业呢？答案并不确定。但可以肯定的是，那些能胜出的企业一定具备变革型思维。

变革型思维是一种勇于挑战自我、持续进步的思维方式，与传统思维模式迥然不同。在传统思维模式中，人们认为自己的能力是有上限的，因此容易陷入安于现状、不思进取的境地。然而，现在的经济形势已经发生了变化，低增长代替了高增长，低迷代替了繁荣，管理红利与技术红利代替了人口红利，"胆大、勤奋、快速行动"这些曾经通向成功的品质可能正在成为企业获得更大成功的最大障碍。

新时代，中国的**人口红利**正在加速消失。未来的市场竞争中，只有抓住**管理红利**的企业，才能建立竞争优势。我们要提升企业经营管理能力，掌握经营管理技术，从战略、组织、人才、机制的角度提升企业管理能力。而企业管理者要想有效实践，首先需要从思维层面开始转变。

具有变革型思维的人愿意拥抱变化，相信通过变革企业的经营管理能力可以持续提升，因此更愿意挑战自己，追求卓越。要攫取管理红利，具有变革型思维是前提。这是因为，只有具备变革型思维的企业家和员工，才能够在不断变化的市场环境中持续创新，不断精进。他们会视变化为机会，变挑战为动力，不断创新以适应市场的发展。

对于咨询人来说，变革型思维是必需的基础能力。在指导企业变革时，咨询人要倡导变革型思维，引导管理者转变思维模式，让他们积极拥抱企业变革带来的变化，及时跟上时代的步伐。攫取管理红利的关键在于应用变革型思维，但这并不意味着必须完全抛弃过去的成功经验。相反，应该在保持原有优势的基础上，学习新的管理理念和手段，实现管理升级。只有这样，企业才能在不断变化的市场竞争中保持领先地位，实现可持续发展。

1.2.2 脚踏实地践行管理机制

变革型思维不仅能帮助我们洞察世界的变化，还能引导我们以谦卑的心态去学习他人的成功经验。很多企业都遇到过相同或类似的问题，当我们遇到问题时，应该向那些已经成功解决问题的标杆企业学习。

然而，我们发现很多企业在学习标杆企业的过程中并没有取得显著的成效。这是为什么呢？原因可能有些讽刺：中国人太聪明、太灵活了。他们刚看懂标杆企业表面上的做法，就开始在自己的企业"灵活变通"地加以运用，最后看似先进的机制不仅无法落地，反而对企业的经营管理产生了负面影响。

要想真正达到向标杆企业学习的效果，企业就一定要坚定决心。我们曾经辅导过一家贸易型企业，它在学习阿里巴巴时遭到了很多质疑甚至嘲笑。大家认为，这家企业与阿里巴巴分属不同的行业，从运营模式来讲，该企业与阿里巴巴有天壤之别，阿里巴巴运营的复杂程度可能是该企业的100倍；此外，从规模来看，阿里巴巴是该企业的几百倍。大家都觉得这两家企业没有任何可比性。但是两年后，这家企业在自己的领域超越了所有的对手。为什么会这样呢？其实企业管理的底层逻辑是一样的，跟所在行业、企业规模没有多大关系。这家企业之所以能获得成功，得益于其找到了专业的顾问，在对企业进行深入调研后，把阿里巴巴的管理机制进行拆解、分析、论证，从**战略、组织、人才、机制**管理模式的维度，在管理咨询顾问的指导下，脚踏实地践行管理动作并逐一落地。

因此，勇于借助外力，向标杆学习，是快速提升企业组织能力的有效途径。同时，我们要保持谦卑和敬畏的心态，认真学习他人的成功经验。本书后面的章节将从管理咨询顾问的角色认知、能力模型、成长发展及不同类型的典型案例，呈现企业家或企业管理者结合自身情况进行调整和优化的方法。

学习科学的管理体系，可以将成功变成一种可复制的惯例，而非依赖英雄或牛人的个人能力。过去，企业常常依赖个别人的天赋和技能创造惊人的业绩，这种方法不仅风险高，而且不具备可复制性。通过学习科学的管理体系，企业可以建立起更加成熟、稳定的管理机制，提高运营及经营能力，从而获得更大的市场竞争力。

当企业的管理体系越来越成熟时，企业将进入一种健康状态：无论业务规模多大，哪怕达到上百亿元，都可以随时替换相关负责人，而不会对企业经营与发展产生任何负面影响。这表明，企业已经不再过度依赖个别人的英雄主义，而是通过科学、稳定的管理体系来保证企业的持续性和稳定性。

我们坚信，未来企业家及企业管理者可以在成熟的管理体系中找到正确的方法，不断完善管理机制，使企业站在"舞台"的中央。

1.3 中国管理咨询行业的发展

1.3.1 中国管理咨询行业的发展阶段

世界上第一家管理咨询公司诞生于美国波士顿，而后美国芝加哥大学商学院教授詹姆斯·麦肯锡在1925年创立了麦肯锡咨询公司，开创了现代管理咨询的新纪元。随着世界经济的发展，企业规模的不断扩大，世界各地的管理咨询行业逐步发展起来。其中，发达国家的经济发展尤为突出，商业活动相对更加活跃，企业也更早地理解和接受了管理咨询的理念，对管理咨询的需求较多，管理咨询行业发展更为迅速。改革开放以来，不断有西方企业来中国投资兴办分公司和子公司，中国的管理咨询行业快速发展起来。

中国管理咨询行业的发展大体可以分为四个阶段：孕育阶段、形成阶段、成长阶段和成熟阶段。

1. 孕育阶段

改革开放后，我国引入市场经济模式，起初我国政府对运作市场经济模型没有经验，亟须借鉴国外优秀企业商业模式实践的成功经验。另外，国内政策放开后，外企陆续在国内投资成立分公司和子公司，国内本土企业面临着激烈的竞争和复杂多变的外部经营环境。为了让本土企业的核心竞争力上升到一个新的高度，政府开始重视管理咨询行业。自1980年开始，国内企业管理协会组织有大型企业实践经验的高级管理者，从西方国家引入企业管理咨询的实践咨询方法，对管理咨询有了初步的了解及认识，主要帮助政府部门熟悉市场经济运行规律和为企业的商业化转型升级提供建议。中国管理咨询行业进入孕育阶段。

2. 形成阶段

随着改革开放的不断深入，在外资企业引入的影响下，国内本土企业开始关注管理咨询行业。由此，国内管理咨询市场的份额逐渐扩大，国外管理咨询公司纷纷在我国成立分公司、子公司，国内越来越多的组织，包括国企、私企、大学研究院等不断成立管理咨询公司。管理咨询行业飞速发展，并基本形成了行业的相关模式。管理咨询公司开始专注于提升管理咨询能力及技术，为政府、大学、企业提供了大量的帮助。管理咨询行业专业化的能力得到了市场的认可，行业向着专业的方向发展。

3. 成长阶段

管理咨询行业在成长阶段发展非常迅速，国内市场对管理咨询行业的认可度不断提升，"金点子""策划"等公司成为企业追捧的对象，但这种高度认可只是昙花一现。随着市场的深入，企业对管理咨询公司给出的建议及方案提出了更高的要求，管理咨询行业逐步进入规范化发展阶段，并且企业决策层的观念也发生了根本性变化，需要管理咨询公司给予更专业的建议。这时，具有丰富实践经验的高智力人才开始进入管理咨询行业，各行各业的管理咨询意识增强，管理咨询人才培训体系得以建立，同时知识共享也推动着管理咨询行业不断成长。

4. 成熟阶段

随着国内市场经济的不断发展，企业经营更需要管理的支撑，管理咨询公司的普及，让企业对管理咨询公司的依赖性越来越高。管理咨询行业聚集了许多高知型人才，他们通过不断积累沉淀案例，不断提升专业能力，成为管理咨询公司的核心力量。管理咨询协会和政府相关部门也积极规范管理咨询行业，使行业逐渐进入成熟阶段。

1.3.2　中国管理咨询行业的发展现状

国内管理咨询行业历经40多年发展，已有管理咨询公司20多万家，年均营业收入达千万亿元，但大部分管理咨询公司的规模、业务体量都不大，属于"小而美"的公司，正处于高速发展阶段。在国内大环境整体下行的情况下，我国处于新经济模式探索阶段，这对管理咨询公司来说既是机遇也是挑战。

从经济环境来看，战争、疫情、贸易等将进一步影响我国的经济发展，同时我国经济结构调整的步伐仍然较慢。因此，我国未来将长时间处于"经济新常态"，这将直接影响企业的盈利能力和发展前景。从宏观政策分析，我国经济减速的主要原因是经济结构的供需不匹配，供给侧改革仍将是我国未来的主要宏观政策。从社会文化层面来看，我国企业管理层对咨询行业的认知越来越深刻和客观，既不会将咨询行业神化，也不会对咨询行业存有偏见。从技术环境来看，AI智能技术的发展为我国带来了翻天覆地的变化，这不仅为咨询行业的发展提供了新机遇，也拓宽了咨询行业的服务渠道。未来，咨询公司将以更多更新的服务方式出现，为企业提供更具实际意义的帮助。

1.4　管理咨询顾问的"前半生"

1.4.1　管理咨询顾问可以理解为企业的"医生"

国内管理咨询公司通常有两种服务模式，一种是"做项目"，另一种是"做顾问"。"做项目"时，管理咨询顾问需要从客观的视角，为企业准确"把脉"，并提供相应的解决方案、协助进行落地执行。通俗理解就是企业有具体的问题需，比如战略梳理、集团化管控、组织架构、绩效管理体系、薪酬体系、任职资格管理、股权激励方案设计等模块的方案及实施，而这些都需要先对企业进行深入的调研、访谈、研讨、论证等才能给出有针对性的解决方案，并且在企业实施落地方案的过程中还需要管理咨询顾问不断纠偏，确保能达到预期的项目效果。在这种服务模式下，管理咨询公司做得较多，企业做得相对较少，因为占用管理咨询公司更多的时间，所以咨询费用一般比较高。"做顾问"，就是当企业的经营管理者有困惑，或者想踏入一个陌生领域，但又对这个领域了解不深时，管理咨询顾问为其提供思路和框架，帮助企业提升认知。"做顾问"服务模式下，管理咨询顾问需要对外部环境、行业知识、管理逻辑有深刻的认知，以弥补企业的认知空白。在"顾问"合作中，管理咨询公司做得相对较少，仅需提供认知层面的知识或经验即可，因为占用的时间较少，所以服务模式的收费相对低一些。简单来说，"做项目"是提供方案，"做顾问"是提供认知。

　　如果给管理咨询顾问这个职业下个定义的话，就是具有丰富的管理知识和实践经验的人，用掌握的管理咨询技术及专业领域的实践能力，帮助企业解决成长中遇到的问题，推动企业的变革与成长。

　　薪酬方面，咨询行业相对传统行业来说收入要高一些，毕竟管理咨询顾问都是拥有大型企业实践经验的高级知识分子。管理咨询顾问是一个高智慧的工作，级别不同，收入差异也会非常明显。因为每个项目都是独家定制的，在项目团队中，顾问、项目经理、合伙人扮演的角色各不相同，根据承担的责任和对项目的贡献形成了薪酬梯队。优秀管理咨询顾问的薪酬在人才市场上还是有一定竞争力的，项目经理的薪酬数倍于管理咨询顾问，优秀的项目经理收入比较可观，月薪可达10万元左右，而更高薪酬的项目经理、合伙人就需要资历、经验、业绩和品牌方面的累积及市场的认可了。咨询公司的老板根据咨询订单的情况来确定是否盈利，如果业务规模比较大，收入就很可观了。

1.4.2 管理咨询顾问的"门槛"

管理咨询顾问的收入相对可观，通过服务不同企业和辅导企业高管、老板，还能不断增长见识及提升能力，但管理咨询行业对人才的要求比较高，能够进入管理咨询公司的一般都是985、211院校硕士及以上学位的人才，部分本科学历但实践能力强的人也有机会加入。管理咨询工作本身对人的学习能力有极高的要求，能考入国内双一流大学，一定程度上能证明这个人的学习能力比较强。同时，管理咨询顾问之间需要沟通协作，有相似学术研究背景的人在眼界、观念、协作、沟通方面，往往具备同样的特点。除了学历以外，管理咨询顾问还要有领域专长，因为给客户提供的管理咨询服务有明显的行业与领域特征。管理咨询顾问需要对宏观政策与市场进行探索，然后为企业提供整体的战略规划设计，最后进一步落实到组织管理、流程管理和运营层面的问题诊断、业务规划、流程再造、方案实施等。另外，数据分析能力和逻辑思维能力也极其重要，部分企业管理咨询项目需要对数据进行分析研究，才能最终得出结论。

虽然管理咨询顾问的薪酬相对较高，但因为项目可能在全国各地，管理咨询顾问经常要全国各地飞来飞去，而且要想在短短几个月时间内解决企业多年来都解决不了的问题，管理咨询顾问必须集中精力，高效率地进行智力工作，研讨到夜里两三点是很正常的事情，熬夜写方案更是家常便饭，所以高薪一定是高付出才能得来的。

1.4.3 管理咨询顾问需要具备的能力

1. 管理咨询顾问必须具备逻辑思维能力和结构化思维能力

管理咨询项目组要求管理咨询顾问能在60秒内清晰地表达自己的观点，使客户理解并信服。所以，管理咨询顾问必须具备逻辑思维能力和结构化思维能力。

2. 管理咨询顾问要有大胆假设、小心求证的能力

管理咨询顾问需要具备大胆假设、小心求证的能力，以确保管理咨询方案的可行性和实施效果。一方面，管理咨询顾问需要具备大胆假设的能力,在分析过程中需要基于所获得的信息和数据,提出合理的假设,并以此为基础制定咨询方案。另一方面,管理咨询顾问需具备小心求证的能力,这是确保管理咨询方案可行性的关键。只有在实际调研过程中进行多方求证,多维度论证管理咨询方案落地的可行性,才能够确保管理咨询方案的合理性和可实施性,避免出现疏漏和错误。

3. 管理咨询顾问要有快速学习的能力

管理咨询顾问不仅需要在短时间内深入了解和熟悉行业或企业的经营管理运作情况,而且要专注某一两个管理职能和行业,以提出专业和针对性的咨询建议。因此,快速学习能力在管理咨询行业是一项必备的能力。

4. 管理咨询顾问要有良好的沟通表达能力

管理咨询顾问的工作中,七成以上的时间都在沟通和表达,诊断企业问题时需要与企业中高层管理者沟通确认,然后和项目团队研讨问题及举措并提供专业的报告和方案,输出初稿后还要与企业高层管理者确认方案的可行性。在项目前期,管理咨询顾问需要在企业高层管理者面前提出项目建议书,并且能把方案讲解清楚,让企业高层管理者接受咨询方案或购买咨询服务;项目入驻后,咨询顾问要向客户传达结论或发布项目成果,得到客户的认可,同时还要对企业全员宣导方案。

5. 管理咨询顾问需要具备奋斗精神

管理咨询项目往往采用驻场式咨询模式。驻场咨询意味着咨询顾问将长期驻扎在企业内部,深入了解企业的运营模式、管理模式和企业文化,这样才能发现企业的问题和机会,为企业提供更具针对性的解决方案。但企业条件参差不齐,管理咨询顾问要有奋斗精神,克服一切困难,融入企业团队。

6. 管理咨询顾问要有较强的团队领导能力

管理咨询项目需要的往往是一个团队整体的力量,团队成员通常包括项目总监、项目经理、项目顾问。项目启动后,在进行问题诊断及方案讨论时,团队内部可以唇枪舌剑、剑拔弩张,但在讨论结束的那一刻,即使有不同的观点也要保留,团队必须用统一的意见书写方案,用一个声音对客户输出。

7. 管理咨询顾问需要树立专家形象

管理咨询顾问以专家身份为客户提供服务，对于客户提出的疑难问题，如果不方便马上回答，切勿直接回复"不清楚"，可以说"这个问题我们也一直在讨论，现在还没有成熟的结论"，等结论成熟了再给客户一个满意的答复；或者可以转移话题，比如讲一些其他企业相似的案例，如果没有十分把握千万不要轻易下结论，以免被客户逼入死角，没有缓和的余地。

8. 管理咨询顾问要有企业"医生"的诊断能力

（1）望诊——望五官，知五脏。

"视其外应，以知其内藏，则知所病矣。"管理咨询顾问要深入企业内部和业务一线，全方位、有目的、有重点地观察企业的内外部环境、具体业务的运作情况、实际业务运作方法等。通过"望"，管理咨询顾问要对企业有初步的概念性和全局性的了解、认知和感受。

（2）闻诊——听声、嗅气、察盛衰。

闻诊，讲究以患者说话、气息的强弱、清浊、缓急等变化，来辨别病情的虚实寒热。在管理咨询工作中，管理咨询顾问要听企业内部及利益相关者的声音，包括正面的、反面的、内部的、外部的，正所谓"兼听则明，偏听则暗"。要听企业各级员工在正常上班时及茶余饭后都在聊哪些与企业有关的话题；要听企业会议上各级人员都在说什么，是如何说的；要听企业所在产业的上游供应商和下游客户对其如何议论、评价；要听同行业圈子内的人员对这家企业是如何评价的。通过"闻"，管理咨询顾问要从多方面听声音，以此对企业有更为广泛范围内的全局性的了解、认知和判断。

（3）问诊——开诚布公，心正药自真。

问诊，就是要让诊断对象卸下思想包袱，敢于揭短亮丑，勇于承认不足。管理咨询顾问要通过专业访谈、小组讨论、问卷调查等多种工具和方法，对企业各级员工和其他企业利益相关者进行样本抽样以及有重点、有导向性、有技巧的问询，从专业角度收集各类相关信息和数据，同时对收集的信息和数据进行专业化处理和分析。

（4）切诊——详尽分析，不断求证论证。

切诊，指摸脉象，以此来判断内脏功能的强弱，以及气血津精是否通畅。管理咨询顾问要通过企业的战略、组织管理、经营数据、管理机制及流程，深入分析并模拟问题背后的真实情境，借此深入了解企业内部运作情况及存在的问题。

1.4.4　思考与启示：对症下药，实行医治

企业就像一个人，一生总会遇到许多问题和病症。管理咨询顾问就像企业的医生，需要具备深厚的专业能力及丰富的执行案例，才能对企业的病症了如指掌，然后对症下药，实行医治。

1.5　管理咨询顾问的客户关系管理

客户关系管理在现代企业管理中越来越受到重视，近几年最热销的办公软件之一就是CRM[①]。我们从事人力资源管理工作多年，在工作中深刻感受到客户关系管理对整个项目质量的影响，无论甲方还是乙方，都有必要系统地了解客户关系管理的方法。

1.5.1　管理咨询项目中客户关系管理的概念和意义

管理咨询项目中的客户关系管理是指在管理咨询项目实施过程中，管理咨询顾问通过采取各种措施，积极影响客户，从而推动项目进程，促进项目成功，提高客户的满意度，最终目标是促成客户的转介绍与复购。客户关系水平对项目运作有着全面的影响（见表1-1），客户关系水平影响着客户对项目的关注点和投入程度，同时也决定了管理咨询顾问在项目中的角色定位。客户关系水平是客户在对管理咨询顾问言谈举止、沟通表达等个人综合素质进行判断的基础上形成的。

---

① CRM是一个以客户为中心的软件系统，专门用于管理与客户的关系。

表1-1 客户关系水平对项目的影响

客户关系水平描述	客户关注点	顾问精力投向	客户获得	成功的标志
基于服务：甲方、乙方的合作关系仅基于合同的要求，有初步的信任	客户预期是问题的答案，判断顾问是不是专家	做方法的解释工作	信息	顾问及时、高质量地给出问题的答案
基于需要：客户认为顾问是课题专家并熟悉相关领域	客户预期是解决经营难题	帮助客户解决具体经营问题	解决方案	经营问题得到解决
基于关系：客户觉得顾问是有价值的资源，形成了个人之间的好感，双方成为工作外的熟人	客户或组织	提出深刻见解	观点、理念的改变	客户会重复交易
基于信任：顾问备受客户信赖，双方成为商业上的合作伙伴	客户会与顾问探讨个人问题	理解客户	尖锐问题的安全港	各种各样的标志，如创造性的定价等

1.5.2 管理咨询项目中主要的三种客户关系

在管理咨询项目中，管理咨询顾问和客户之间的关系主要可以分为以下三种。

第一种是商务合作关系。双方是基于合同的要求，管理咨询顾问给客户提供咨询服务，要求管理咨询顾问以职业化的标准服务满足客户的需求，让客户满意。

第二种是师生关系。客户请管理咨询顾问的根本目的是解决自己无法解决的问题，并向管理咨询顾问学习管理技能和方法，这种情况下管理咨询顾问往往被称为"老师"。这就要求管理咨询顾问既要学高为师,有解决问题的专业能力,还要身正为范,言谈举止间都要注意对别人的影响。

第三种是私人关系。前两种关系是工作内容赋予的,而私人关系是在工作中自然形成的一种关系,私人关系的交往程度反映着客户对管理咨询顾问的信任水平。私人关系往往会影响到项目的运作,管理咨询顾问应适度把握和协调私人关系,让私人关系对项目完成有正面的促进作用。

1.5.3　管理咨询关系要求的三种角色定位

管理咨询顾问与客户之间的三种关系,决定了管理咨询顾问的三种角色,分别为职业顾问、专家和朋友(见图1-4)。

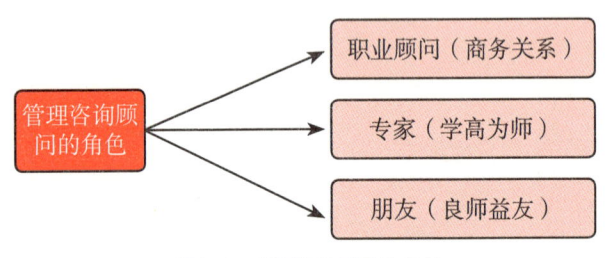

图1-4　管理咨询顾问的角色

1. 职业顾问

管理咨询关系是一种商务关系,客户有解决问题的需求,管理咨询顾问提供解决问题的服务。在这种服务与被服务的关系中,管理咨询顾问应具有以下职业角色的意识。

(1)诊断者。管理咨询顾问的首要职责是收集资料和分析事实。事实能弥补直觉的不足,架起信任的桥梁,逃避事实所开具的药方一定是错误的。认清事实是问题诊断的主要手段,若能把所有的事实搞清楚,问题的成因就能显现出来,那么客户遇到的问题也就清楚了。

(2)分析者。管理诊断包括分析,经营管理都以数据为基础,企业都在用数据进行管理。未来,分析者将获得更多的机会。分析者要全面了解各种信息,通过信息分析与梳理,发现事实的真相。

(3)研究者。一个优秀的管理咨询顾问本质上应该是一个学术研究者，在业务领域进行深入的研究及探索，并且能把研究成果应用到客户项目实践中，助力咨询成果的落地。

（4）培训师。管理咨询顾问需要把领域内的专业技能及方案进行转移，要在企业组织的研讨会或培训现场宣导方案或培训专业技术。

（5）辅导员。在企业项目辅导的过程中，管理咨询顾问要像辅导员一样辅导企业，可以建立项目激励管理机制，利用利益驱动机制落地。

（6）促进者。客户和管理咨询顾问都会认识到，组织内部需要一个有思考力和解决力的专家，能够在自己的领域把专业技术应用到企业实践中，俗称专家能力的释放。它的目标是帮助客户企业中的人去推进实际的业务，并且帮助企业将认识转化成商业实现。

（7）项目管理者。项目管理成败是决定管理咨询项目成败的关键，管理咨询顾问要把项目的资源、进度、问题解决的情况管控到位，在让项目盈利的同时确保高质量输出，达到预期的效果。

（8）创新者。任何组织都需要创新能力，管理咨询顾问要对客户企业的外部环境、组织变化提出创新的想法，只有具备丰富的经验和开阔的视野，才能解决客户的问题。所以，创新能力对于管理咨询顾问尤为重要。

（9）参谋。早期也称为谋士，主要是指领会战略意图、设计战术动作的人。在管理咨询顾问的工作场景中，管理咨询顾问要根据客户所处的发展阶段，为客户提供有价值的谋略，帮助客户实现他们的目标和梦想。

管理咨询顾问的核心价值是帮助客户解决问题，其所有行为都以为客户解决问题为导向。管理咨询顾问要清楚明晰商务合同，掌握好合同内容的边界，把每一项工作、每一个问题的细节和质量把握好，保证项目成果交付能够在企业应用落地。同时，管理咨询团队要给客户呈现统一的形象，理论、方法、商务沟通等都要在内部讨论达成一致后再向客户输出及汇报。如果管理咨询团队的成员之间在具体问题上存在分歧，一定要在内部讨论清楚，形成一致意见后再汇报给客户。

管理咨询项目通常需要经过深入调研才能诊断问题，而深入调研就一定会对客户的商业运作模式、战略及其他的商业信息有所了解。管理咨询顾问一定要坚守商业道德，对了解到的客户的商业信息保密。比如，在和客户沟通或撰写文章时，如果需要举具体的案例，要隐去企业的名称和涉及商业秘密的信息。

2. 专家

客户聘请管理咨询公司，往往是因为遇到了棘手的问题，而自身能力或精力有限，无法妥善解决，所以要找"外脑"来解决问题。这就要求管理咨询顾问对专业问题有深入的研究，能够解决实际问题。另外，"专家范儿"能够满足客户的心理预期。具体而言，作为专家的管理咨询顾问，应满足以下几点具体的要求。

（1）独立性管理。管理咨询顾问对专业的问题要有自己独立的见解，不能完全被客户的意见左右。客户往往不能清醒地认识自己的问题，如果完全按照客户的想法去解决问题，很可能导致咨询失败。假如客户的想法可以解决问题，他就不用找管理咨询顾问了。

（2）授人以渔。这个理念是被讲得最多的，不论从客户的利益角度看，还是从管理咨询公司的品牌发展看，管理咨询项目很大一部分工作就是技术的传授。管理咨询顾问不仅要有意识地在项目整个过程中传授管理咨询公司的理念和方法，更重要的是采取各种方法，促进客户内部各个层级的员工主动接受新的理念和方法，积极参与到项目中。

（3）越俎代庖。在管理咨询项目启动会上，双方需要对管理咨询项目工作进行分工，对管理咨询顾问与客户的工作内容进行细致的鉴定。一般而言，管理咨询顾问主要负责提供管理思想、方法和工具，而具体的工作需要客户方的员工来完成，管理咨询顾问对客户方完成的工作进行优化完善。管理咨询顾问不可代替客户去做具体的工作，这样既不利于客户的学习，也不利于管理咨询顾问对项目的把控。另外，对于需要客户方上下级博弈才能确定的工作，管理咨询顾问也不能盲目地给出结论。例如，绩效目标的设定应该由客户方内部上下级之间博弈后确定。

3. 朋友

管理咨询顾问与客户方内部员工的私人关系反映了客户对管理咨询顾问的信任程度。客户对管理咨询公司品牌的认知完全是通过与管理咨询顾问的个人交往来判断的，良好的私人关系会促进项目成功。但管理咨询顾问对私人关系的处理要慎重，因为客户并不是一个整体，客户方内部不同层级可能对咨询有不同的态度，管理咨询顾问不能抱着"客户都是朋友"的态度与客户交往，而要看清楚客户内部的"政治地图"①（见图1-5），有针对性地处理客户关系。

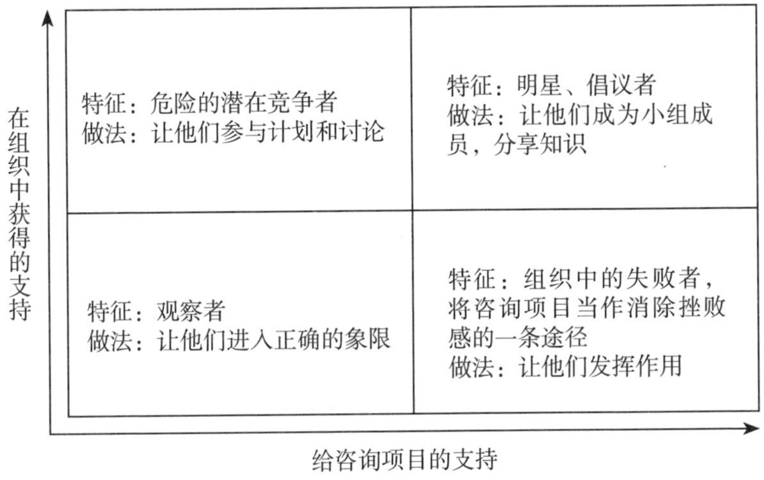

	给咨询项目的支持（低）	给咨询项目的支持（高）
在组织中获得的支持（高）	特征：危险的潜在竞争者 做法：让他们参与计划和讨论	特征：明星、倡议者 做法：让他们成为小组成员，分享知识
在组织中获得的支持（低）	特征：观察者 做法：让他们进入正确的象限	特征：组织中的失败者，将咨询项目当作消除挫败感的一条途径 做法：让他们发挥作用

图1-5 客户的政治地图

梳理客户关系是管理咨询顾问的基础工作，管理咨询顾问明确自己在客户关系中扮演的角色，按照角色要求办事，才能做到说话得体，办事得当，进而促进项目成功。

1.5.4 思考与启示：怀匠心，践匠行，做匠人

做好项目，需从落地的视角做好项目全过程管理，对方案精雕细琢，对细节精益求精，在项目设计、方案演练、落地实施等各个阶段，坚持以理想为基，久久为功而不改初衷，精益求精而臻于至善，怀匠心，践匠行，做

---

① "客户的政治地图"是清华大学经济管理学院王以华教授提出的，意在帮助管理咨询顾问更好地梳理客户关系。

匠人。

对任何事都要保持独立思考的能力，抛开成见，没有什么问题是不能沟通的，也没有什么矛盾是不能解决的，关键是找到其中的平衡点。作为管理咨询顾问，我们要学会换位思考、升维思考，明辨利弊，最终把事情做成。

服务至上，持续做好管理咨询项目落地服务，把每一件小事做到位，细致用心地做好客户全周期服务，想企业所想，消除企业的痛点，才能真正实现口碑相传，持续深耕发展。

1.6 管理咨询变革项目落地的关键因素

当前，管理咨询行业高速发展，管理咨询公司水平参差不齐，而管理咨询公司与企业之间也存在一定的信息差，并没有达到"良币驱逐劣币"的市场效果。在企业变革过程中，合作的管理咨询公司及项目团队的水平对项目成败至关重要，那么如何在复杂的市场中识别出好的管理咨询公司呢？商场如战场，实战才是王道，企业越来越需要实战型顾问，而不是理论型顾问。企业需要的是价值导向的咨询，而不是方案导向的咨询；企业需要的是能够提供整体解决方案的顾问，而不是只擅长做业务的顾问；企业需要的是擅长做管理变革的咨询伙伴，而不是只擅长分析问题与方案设计，或者只会做问题导向的变革与改进策略的管理咨询公司。因此，选择一家适合自己企业的管理咨询公司是项目成功的关键。

管理咨询本质上是管理咨询公司与企业共商、共创、共成长的一个过程，是由管理咨询公司具有丰富企业经营管理理论知识和实践经验的专家顾问与企业项目承接人员紧密配合，运用科学的企业管理方法和工具对企业进行调研、诊断，确认存在的问题，剖析产生问题的根本原因，提出符合企业实际且切实可行的解决方案，并指导方案的推行实施，从而推动企业实现高质量发展。

1.6.1 既要"授人以鱼"，也要"授人以渔"

管理咨询的价值主要有两点：**一是授人以鱼**，为企业提供一套基于企业现状的管理体系，帮助企业提升组织力及经营效益；**二是授人以渔**，在项目展开的过程中，通过战略管理、组织管理与文化、营销管理、业务与干部管理、项目管理、目标管理、沟通协调管理、管理者角色认知、人力资源管理等主题的分享及探讨，让参与项目的企业员工学习和掌握科学的管理方法及技能，帮助企业提升整体的管理能力和员工的职业素养，为后续管理体系落地奠定基础。

管理咨询公司评价一个项目是否成功要综合以上两点价值，也就是说，既要"授人以鱼"，也要"授人以渔"，要让管理体系扎实落地。保证管理咨询项目成功需要重点关注以下五个方面。

1. 谈单顾问与实施顾问一致

前期接洽后觉得谈单顾问了解企业，对问题分析到位、痛点抓得准，提供的解决方案也是量身定制的，但等到项目实施的时候，才发现谈单顾问很少来企业，而是交由另外的管理咨询顾问来实施，感觉实施顾问的水平与谈单顾问的水平有一定的差距，项目越做越不踏实。很多企业在管理咨询项目实施过程中都有类似的感受，所以企业都知道谈单顾问与实施顾问之间是有差距的，前期选择顾问团队时一定要关注实施顾问团队的能力。谈单顾问是打动企业管理者的先驱，这很重要，但实施顾问才是真正深入一线为企业解决问题的人，他们的水平高低决定了项目成败。

2. 项目全周期严格管理并执行到位

项目合作后，管理咨询公司与企业根据项目协议内容和目标进行深度沟通，制定详细的项目推进总计划，并细化为每周的周计划，明确相关内容的交付节点和双方职责分工。在项目执行过程中，管理咨询公司的项目人员要主动沟通、主动推进，遇到项目推动问题时及时与企业方高管沟通协调，发挥各自优势，协同解决，严格按照既定计划执行。

3. 管理咨询顾问一定要坚持问题导向

爱因斯坦曾经说过，如果他只有一小时来解决某个问题，他会花55分钟思考问题，5分钟用来解决问题。这个做事原则也可用于管理咨询顾问的工作，做顾问一定要坚持问题导向，要把问题形成的原因等了解清楚。分析问题的常规方法有公司资料分析、人员访谈、问卷调查等，在设计问卷、访谈提纲时，需要有清晰明确的目标，把相关的问题逻辑分析清楚，尽可能把资料收集完整，从而挖掘问题的根源所在，把问题界定清楚，进而提供正确的管理咨询方案。

4. 企业项目承接人决定项目成败

管理咨询项目合作后，管理咨询公司与企业都需要任命项目经理，而企业的项目经理是项目沟通的重要桥梁，在管理咨询项目推进过程中起到重要的作用，需要协调企业相关人员高效推动项目。否则，即使企业一把手重视并支持项目，也不可能关注每个细节，也会导致项目推进不顺利。

5. 管理咨询项目推进时企业需保持定力

管理咨询项目方案开始实施，意味着项目进入尾声。但方案是否可以持续落地与改善，关键在于企业的执行能力。一般所有方案实施都需坚持**先固化、再僵化、后优化**的原则。企业变革时往往会有不同的声音出现，因为涉及各方面的利益，这时企业需要坚定目标，坚持推动方案落地，并定期进行复盘与调整。

以上经验都是根据一些企业的实际场景总结出来的，在选择管理咨询公司前，企业一定要先自我评估什么样的管理咨询公司才能为企业解决问题，只有选择合适的管理咨询公司，准确发现问题并提供科学的方案，制定好项目全周期计划与目标，监督落地效果，才能促进项目成功。

1.6.2 思考与启示：坚定信念，不畏艰险

管理咨询顾问在项目一线随时面临各种挑战，解决问题的能力就是自己最直接的价值体现，一定要有一种"不服输"的精神，不畏艰难，坚持"修炼升级"。能适应不同挑战的人，才能获得最快的成长。

行百里者半九十，越接近成果的时候，越要心中有静气。目标清晰，不要轻言放弃，用最终的胜利说话。

管理变革工作如同登山，随时都可能遇到意想不到的困难，但目的地只有一个，我们要坚定信念，不畏艰难，走最科学的路到达山巅。

1.7 管理咨询顾问的成长路径

优秀的管理咨询顾问，"既要抬头看天，也要低头走路"，在给企业做管理咨询辅导的时候，既要有战略的高度，也要能落地为企业解决具体的问题。通俗地说，管理咨询顾问要挖掘出企业存在的问题，不仅要从企业短期、中期、长期的角度提出并论证系统的解决方案，还要能够有效地推动方案落地，而不是"头痛医头，脚痛医脚"。同时，管理咨询顾问还要将自己的见识、经验、方法论传授给企业的高管，帮助企业管理团队提升管理能力，**做到既"授人以鱼"，也"授人以渔"**。因此，管理咨询顾问既要综合素质高，也要有经验沉淀和悟性。专业技术能力可以通过学校学习或后期工作中的各种培训获取，但经验唯有通过处理案例去积累。管理咨询顾问只有对行业、经营模式、业务领域、共性问题等有所沉淀，才能把优秀的做法应用到项目中。管理咨询顾问成长的路径可以划分为以下四个阶段。

1.7.1 苦练基本功，提升实践能力

985、211院校毕业的也好，企业管理者转型的也罢，选择进入管理咨询行业，一定要提前想清楚为什么要进入这个行业。

职业发展遇到了瓶颈？
想走更专业化的职业发展道路？
管理咨询顾问的工作背景更有利于后期职业生涯的发展？

刚刚进入管理咨询行业时，需积累咨询的实践经验。这个阶段，管理咨询顾问要多向项目经理了解管理咨询的业务流程，争取能进入一个全新的项目，能够全周期跟进一个完整的项目。有机会进入项目就要多深入企业学习，通过调研来学习企业的业务模式、常态化管理动作，积极主动

撰写与客户相关的方案，了解方案设计背后的逻辑及呈现方式。要多去和企业的管理层沟通，遇到项目情况主动协调，提升综合的项目管理能力。一个新人至少要完整参与3个项目，历经1年左右的时间才能胜任管理咨询工作。

1.7.2　精通一个模块，走专业化发展道路

对管理咨询的技术有所掌握后，一定要深入研究自己所擅长的专业模块，将某一个专业模块打造为自己所擅长的专业，进而转化为自己的个人品牌IP。比如，在人力资源领域，可以研究组织发展、激励模块、人才发展模块、企业文化模块等。这样，在做项目时能够具体地负责一个模块，并能对某个模块的结果负责。此外还可以进入另外的模块进行实践，不断提高方案设计能力和推动项目成果落地的能力。

其实，这个阶段往往比刚进入管理咨询行业时更辛苦，既要做专业研究，也要把自己负责的模块化工作落地。由于涉及多模块同时推动，交流、沟通、协调、汇报能力往往非常重要，也是推进项目的关键。

一个专业的管理咨询顾问，至少要有2~3年的管理咨询经验，并且在专业模块有一些研究成果，比如版权知识、专利等，或者在专业刊物上发表过文章。

1.7.3　提升全局观，掌控项目全周期

历经单模块、多模块的交叉设计和推进落地的工作后，在推进项目时往往不会只考虑某一个方向，而是考虑项目的全局推进落地，能掌控项目全周期就基本已经达到了项目经理的程度，但项目经理不仅仅要推进方案，还有更高的要求和标准。

项目经理前期需配合商务谈单，能与客户进行专业上的对话。达成合作后，项目经理需要对管理咨询项目进行全周期的规划，识别项目的重难点，带领团队从战略的高度去设计方案，并且带领团队逐一把方案推进落地。一个成熟的项目经理，专业能力只是基础，还必须具备很强的行业研究能力、商务能力、沟通表达能力、推进方案落地的能力等，且后面几个

能力更为关键。

一个专业的咨询管理顾问至少要有4~5年的管理咨询经验，才能独立负责一个项目的交付完成，成为一个项目经理。因为要独立谈单，所以此阶段最好有独立的版权课程、自己擅长专业的独立著作等。

1.7.4 转型与创业，人生的多样化抉择

到这个阶段，管理咨询顾问一般都能独立开展管理咨询产品的业务，既可以选择留在原公司晋升，也可以选择自己创业，还可转型成为企业的职业经理人。

选择创业前，管理咨询顾问一定要评估自己的创业条件，必须满足客户的能力要求，具备创业的综合素质等。比如，要有找业务和合作渠道的能力、公开课成交的能力、个人IP品牌打造的能力等，只有通过这些能力不断提高自身的知名度，才能创造更多的合作机会。管理咨询行业创业成功是非常艰难的，中途会历经很多挫折。

管理咨询顾问在客户处取得成功并不代表去甲方做职业经理人就能取得成功。做第三方在身份、企业变革时有着先天的优势。真正进入企业做职业经理人，角色要进行转变，需从方案设计型转变为落地实施型，既要抬头看天，更要低头走路。另外，甲方企业的人际关系对于管理咨询顾问转型也是一种重大的考验。

一颗蛋，从外面敲开注定只能被吃掉，从里面啄开，说不定就能长成一只鹰。力虽相同，方向不同，结局也不同，所以对于管理咨询顾问而言，要向上生长，向下扎根，不急不躁，勤学习，不断锻炼自己的专业能力，多积累自己的管理咨询案例，真正做到自我提升，才能站得稳，走得远。

人生没有一劳永逸，要保持空杯心态，不断学习提升，充实自我；不断攀登高峰，超越自我。其实，成长就是一个不断挑战困难、征服逆境、战胜自我的过程，只有不断跳出舒适圈，才能获得意想不到的成果。在管理咨询顾问的职业生涯中，我们可能遇到各种各样的困难和挫折，要把每一段经历当作学习、成长的机会，扎扎实实做好工作，共同承责、共

同成长。这对我们而言何尝不是一种磨炼和考验，又何尝不是一种人生的突破？

做管理咨询项目，不能"差不多"就行，每个细节都能体现管理咨询顾问的价值，要把自己当成一颗螺丝钉，紧盯死守，不折不扣地落地管理动作，只有每一个螺丝钉都钉牢了，项目才能完美交付。

CHAPTER 2

战略及集团化管控

集团公司战略梳理与集团化管控实施

如何实现企业战略的落地呢？第一，需要对战略进行解读并将其转化为可落地执行的方案，也就是"战略解码"；第二，需要有针对性地设计组织管控模式来支持战略措施落到实处。战略解码并不是简单地定个目标，组织管控也并不是画个组织架构图、成立几个事业部就能完成的。组织管控要以战略发展目标为出发点，从组织架构、集团管控、业务流程、风险管控、财务管控等各个方面进行全面提升，构建系统全面的管控体系。本章所写JK光电集团的案例是我们研、产、销类型企业的代表案例之一，集中展示了研、产、销企业面临的管理问题及其解决方案。

2.1 集团战略与组织管控背景和面临的问题

2.1.1 项目合作缘起

2017年9月，我们受邀来到深圳市高新技术产业协会，现场给协会的高、精、尖会员企业分享"战略梳理及组织管控"和"构建全面激励体系模式"理念，现场有80多位企业家学员。分享最后的提问环节，深圳市JK光电集团（以下简称"JK集团"）总经理W总找到我们说道："我们公司计划上市，但前期一直在做经营的事情，管理明显感到乏力，尤其是集团组织管控及全面激励的问题。"

课后W总与我们进行了初步的交流，表示非常认可我们分享的管理理念。于是，W总邀请我们到企业深度沟通企业具体情况。通过与W总及该企业高管团队的沟通，我们对JK集团进行了初步调研，对战略定位、上市计划、客户升级、人才团队、管理机制等有了初步的了解，并出具了基于企业战略的人力资源管理项目建议书。向W总汇报完项目建议书后，只隔了十余天，JK集团就与我们签订了项目合作协议书，启动了JK集团战略梳理及人力资源管理升级项目。

JK集团是一家专注于手机摄像头生产的国家级高科技企业。在智能手机大爆发时代，JK集团的业务量迎来了"井喷式"增长，公司总人数从1000多人迅速发展到近3000人。JK集团拥有强大的研发团队、技术团队和管理团队,并先后获得过百余项专利。凭借极高的自动化设备生产水平、强大的技术优势、稳定的品质表现、丰富的产品线和综合配套能力,JK集团能够满足国内外各类客户的不同需求,牢牢占据行业的领先地位。

项目组初步了解发现,JK集团主要面临三大挑战。

1. 客户升级的挑战

从功能机、山寨机、智能机到互联网手机,每个阶段的转变,都引发了中国手机市场的巨大变迁。国内手机市场开始从华强北的山寨机向品牌机转型,JK集团敏锐地意识到了相应的机会与挑战,着手进行客户升级。客户升级背后是企业整体交付能力、人才素质、运作流程的升级。**需要一手抓业务,一手抓管理,管理者面临的挑战比较大。**

2. 文化冲突的挑战

客户升级背后是强烈的人才渴求,公司对于核心技术人员、管理人才都有较大的招聘需求。在较短时间内,JK集团通过猎聘的方式从同行业企业中招聘了大量的技术人才及管理人才。很多从大型企业出来的人才明显带有原企业的风格与烙印,管理冲突开始显现。价值观的一致性需要时间的"**沉淀**"与事情的"**磨合**",但在做事上一定要达成一致,要在短时间内明确工作职责和流程。

3. 资金缺口的挑战

JK集团处于高速扩张阶段,为提高市场占有率、满足客户订单需求,企业需要新增大量生产设备,资金需求逐渐增大。目前,JK集团的资金需求依赖自有现金流和银行贷款。为了落实长期发展规划,JK集团计划筹备IPO上市。

在筹备IPO上市之前,JK集团需要做好充分的准备。首先,制定一个明确的财务规划,确保公司的财务状况符合上市要求。其次,树立良好的企业形象和声誉,提高公司的知名度和美誉度。最后,规范公司的运作流程和管理体系,确保公司的治理结构和运作机制符合上市要求。

2.1.2 行业格局与趋势分析

1. 增长曲线，业绩持续高速增长

2000—2007年，传统手机厂商诺基亚、爱立信、摩托罗拉等逐渐对功能机扩展功能，这一时期属于智能手机的导入期。2007年，苹果公司推出第一款iPhone手机，自此，智能手机在苹果公司的引领下进入爆发式增长期。2007—2015年，全球智能手机出货量复合年均增长率达到35.7%；2016年，智能手机出货量达到14.73亿台，同比增长2.5%。

2. 行业寡头崛起，重新洗牌

在行业发展趋势利好的刺激下，竞争愈加激烈。各类型资本开始进入行业，国有资本、民营资本采用高维竞争模式，后来者居上。原有企业想要生存，就必须抓住黄金发展期，快速做大做强，迅速形成规模效益，否则很有可能被淘汰。

3. 利润空间被挤压，向管理要红利

整个行业处于激烈竞争的状态，很多厂商竞标订单除了拼技术、拼方案、拼交付实力，也在拼价格。因为起量比较大，很多大型企业为追求规模成长不惜牺牲短期利润。毛利空间逐渐被挤压，企业需更加重视内部管理，向管理要效益。

4. 人才争夺白热化，竞争对手频频出招

行业短时间内爆发式成长，关键核心人才极其稀缺，而技术人才培养需要一定的周期。企业为了解决快速交付的问题，不惜高薪猎聘人才，在短期激励不具备竞争优势的情况下，大部分企业启用长期激励的模式进行承诺。给予核心技术人才、高管期权与股权激励成为行业标配，即使这样，也很难满足企业内部的人才诉求。

2.1.3 管理咨询项目需求分析

项目组通过与JK集团的高层管理者初步接洽，发现JK集团的需求主要体现在以下几个方面。

1. JK集团的业务高速发展，需要科学化的管理体系支撑

JK集团业务发展势头强劲，企业规模迅速扩张，正由规模化阶段向规范化阶段过渡，随着产品线不断拉长，业务迅速扩张，企业员工不断增加，团队进一步扩大，对管理提出了更高的标准及要求。

企业持续稳健的发展需要管理跟上经营。如果说经营是剑身，管理就是剑柄，管理始终是经营的基础。管理始终贯穿于整个经营过程，没有管理，就谈不上经营，更谈不上发展。只有齐头并进，才能所向披靡。

2. 组织力打造需要优化现有组织管控模式

企业未来形成集团化、事业部制的组织管控模式，可能会遇到以下几个问题：

集团化管控模式如何与公司战略、业务相匹配？
集团总部与事业部的集权、分权如何设置？
如何在保持事业部灵活经营的同时保证集团总部的有效控制？
异地办事处的管理如何更有效？
公司引进的高级人才如何排兵布阵才能形成最强组织力？
如何规划适合企业未来3~5年发展的组织模式？

3. 企业长远发展更加需要建立良好的人才管理机制

JK集团非常重视人才，尤其近两三年引进了不少行业内的高级人才。但新引进的人才能否发挥其价值，取决于企业是否具备责、权、利明确的组织机制，以及合理授权、控权的管理模式。

原有团队成员的成长和激励，依赖于企业建立健全合理的人力资源管理体系。筑巢引凤的人才机制包含人才引进机制、人才发展和培养机制、绩效机制、薪酬机制等。

4. 企业上市，更需要坚实的管理基础

JK集团正在积极筹备上市，而且准备工作一路顺畅。企业要上市，就要给股民交一份满意的财务报表。为此，更加需要完善、科学的管理体系，实现管理助力经营，提升投资者的决心和信心，这也是企业长期持续盈利的有力保障之一。在中国，不少企业为了上市而上市，一鼓作气上市成功了，却终因内部管理混乱和疲弱，业绩迅速下滑，让股民苦不堪言。

企业要持续发展，须知根深才能叶茂，好的机制是一个组织基业长青的基础；要苦练内功，不断增强自己的"**体力**"和"**耐力**"，才能步伐稳健地走向行业前列，更好地为客户、企业和社会创造价值。

2.2 集团战略组织管控分析与诊断，拨开云雾见月明

2.2.1 管理咨询调研方法

1. 员工访谈法

被访谈人员涵盖企业基层员工、中层管理者和高层管理者，包括业务部门人员和职能部门人员。总部、事业部、子公司分别有针对性地做深度沟通及访谈。访谈是一种非常有效的调研方法，也是抓取问题的一条重要途径，如果能够快速取得员工的信任，被访谈对象会说出企业真实的困惑及关键问题。员工的肺腑之言对项目非常重要。

（1）访谈的注意事项。

事先动员：事前组织项目管理会，邀请高层管理者对访谈做动员工作，重点阐述访谈的目的及作用，提高员工的配合度，鼓励员工坦诚沟通。

提前准备：管理咨询顾问需要根据客户的行业性质、主营业务、企业规模、发展阶段等情况，提前设计调研访谈提纲，尤其是对客户在需求洽谈阶段提及的痛点问题，需要进行深入挖掘。客户方则需要根据管理咨询顾问的要求，提前确定被访谈人员名单及访谈时间，并准备独立的访谈间。

真诚专业：管理咨询顾问在访谈过程中必须遵循真诚的原则，体现自己的专业性。只有展现出真诚专业，被访谈人员才会敞开心扉。在访谈前一定要告知被访谈人员，访谈内容是保密的，最终呈现的报告只有问题汇总，不会体现问题的出处。因为只有被访谈人员把问题呈现出来，管理咨询顾问团队才能找到相应的解决方案，从而达到公司、员工与顾问团队三方共赢的局面。

充分尊重： 尊重是贯穿访谈始终的基本原则，只有被访谈人员感受到足够尊重，管理咨询顾问才能获取第一手信息。由于基层员工在访谈时通常会有紧张感，顾问可以先用一些轻松的话题消除对方的紧张情绪。

深挖求证： 在收到被访谈人员反映的问题时，需要了解问题背后的真实原因，并进行求证。对于被访谈人员因局部思维造成的认知偏差，也必须加以引导。访谈中可以谈经验看法，但必须以交流和问询的方式进行，否则被访谈人员很有可能不会再如实作答。管理咨询顾问求证是为了知道事情全貌，避免一叶障目。除了跟当事人进行确认，也可以跟流程相关的其他同事、主导流程的领导者进行确认，确保对问题有全面、透彻的把握。

分析判断： 咨询项目团队结束访谈后，及时召开碰头会，就一些相关问题进行沟通、交流。召开碰头会的目的就是形成客观真实的判断，提升后续提案汇报时问题提炼的专业性与可信度。

（2）访谈核心关注点及访谈方向。

对不同层级的人员，访谈的方向不一样，具体的访谈方向如表2-1所示。

表2-1 各层级人员的主要访谈方向

对象类别	主要访谈方向
董事长、CEO	·企业战略及发展，1~3年的发展规划 ·经营目标达成率的分析与解读 ·对行业态势的理解及对竞争对手的分析 ·对公司的核心竞争力及优劣势的看法 ·公司产品和市场现在的重点及将来的重点 ·公司的使命、愿景、价值观 ·公司的组织架构设计及关键人员的胜任力情况
高层管理者	·对公司战略的理解及看法 ·对经营目标达成率的分析，在经营实现上的主要难点 ·公司与竞争对手的优势和劣势 ·公司的企业文化和团队氛围 ·公司的主业务流程，以及流程上存在的主要问题 ·所负责板块的管理瓶颈 ·公司在架构、人才、激励方面的主要问题

续表

对象类别	主要访谈方向
中层管理者	·公司的主要业务流程 ·与贵部门相关的流程是哪些，贵部门在流程中担任什么角色，与其他部门（包括外部）如何对接 ·部门的组织架构 ·部门哪些地方做得比较好，哪些地方需要改善 ·部门在未来面对的主要挑战是什么，如何应对 ·部门在人才、考核、激励方面的具体做法是什么，有何建议
基层员工	·目前主要的职责与考核标准是什么 ·公司是否提供相应培训，对自己的帮助大吗 ·对于公司的企业文化的看法 ·所在部门与其他部门之间的协作如何，流程是否顺畅

2. 资料查阅分析法

JK集团项目调研收集资料：近三年的战略经营文件（包括战略目标、战略方向、经营目标、财务报表），组织管理文件（包括组织架构、职位体系、权责体系、职级体系等），公司基本管理制度与流程，重要会议记录，人力资源相关的招聘、培训、绩效、薪酬类文件，近三年的财务数据，日常运营数据，等等。

项目组对所有数据进行了分类整理，结合访谈内容对问题进行诊断，分析哪些制度约定未执行，哪些管理动作无据可依，哪些制度没有依据实际发展阶段进行升级，并完成对现有制度的整理分析方案。

3. 问卷调查分析法

这里我们用"人力资源指数问卷调查分析法"[①]对JK集团的人力资源现状进行调查和分析。需要注意的是，问卷发放对象应占员工总人数的30%以上，需包含企业每个部门的高层、中层、基层人员，确保抽样具备

[①] "人力资源指数问卷调查分析法"是测定企业人力资源实际状况的一个量化指标调查分析体系，主要通过问卷表的形式从15个维度对企业员工进行调查，获取企业人力资源开发与管理的真实情况。这15个维度包括目标管理、工作效率、企业精神、组织结构、内部合作、管理参与、企业氛围、员工关系、员工发展等。

代表性。

调查结果显示，JK集团的人力资源指数分值为2.92分，与行业人力资源指数平均分值3.31分存在一定的差距，说明该企业人力资源管理状况相对比较落后。

JK集团人力资源指数的15项要素中，部分要素分值偏低。其中分值最低的一项要素是"管理参与"，为2.53分，反映出JK集团在管理动作上就没有注重发挥员工的集体智慧，缺乏良好的渠道和机制了解员工的想法和意见，可能导致不能很好地激发员工的创造力，员工较少为企业分忧、操心，责任心较弱，执行力偏低。另两项分值偏低的要素是"员工发展"（2.72分）和"企业氛围"（2.83分）。员工发展分值低说明员工认为企业给他们的发展平台和机会不够，挑战性较小，成就感不强；企业氛围分值低说明企业缺乏凝聚力、员工归属感不强。相对来说，JK集团人力资源管理指数中工作效率分值较高，第一事业部工作效率分值为3.20分，第二事业部工作效率分值为3.24分，员工认为公司整体效率比较高。

2.2.2 调研诊断分析呈现——解决组织未来发展的关键问题

1. JK集团的SWOT分析

（1）优势（Strengths）。

JK集团当时的主要优势在于：抢占了行业市场先机，踏准了发展节奏，并且已形成一定的规模优势；拥有一批优质客户，与客户共同成长，且客户认同度较高；品牌知名度较高，性价比方面有一定的优势，行业内口碑较好；高层团队结构合理，拥有先进的管理思维与行业经验，且引进了经验丰富的技术人员和管理团队。

（2）劣势（Weaknesses）。

JK集团的主要劣势在于：管理流程及机制没有持续优化，沉淀不足；工厂流程有待完善，制度支持不够，管理能力有限；不重视企业文化建设，团队凝聚力较弱；管理层暂未形成合力，组织整体运作能力、运作效率有待提升。

（3）机会（Opportunities）。

JK集团的主要机会在于：智能手机更新换代速度快，行业机会大；贴合新项目需求的研发进展较好，有望年底投产；管理机制升级，提升管理效能，降本增效，提升管理竞争力。

（4）风险（Threats）。

JK集团的主要风险在于：行业竞争加剧，如何由从属地位转变为主导地位；高速发展带来的管理问题如何解决；行业利润不高，如何通过优化管理增加利润；归零思维，如何控制成本费用。

2．组织架构的主要问题及原因分析

（1）JK集团管控模式未真正形成管理系统。

JK集团组织分布及未来的发展规划以集团化管控模式发展为导向，目前组织管控体系不完善、不成熟，集团化管控模式未真正形成，未建立集团化汇报管理机制；集团化的财务管控模式未真正实行，集团财务内控系统未建立；集团化的人力资源管理体系未建立，处于探索期。

（2）组织机构臃肿，人浮于事，效率低下。

摊子大，层级多，人员多；管理岗位的排布组合不合理，存在因人设岗现象；审批流程冗长，办事效率低下。

（3）职责边界不清晰，交叉重叠。

职责不明确，责权不清；岗位职责交叉现象在多个部门出现，员工不清楚自身岗位的责任。

（4）高速发展期，组织架构变化大。

组织架构随企业高速发展频繁调整，架构变化大；人员能力与架构的匹配性有待梳理。

（5）架构问题产生的原因分析。

企业快速发展，JK集团引进了一批行业人才，目前正处于与企业的磨合阶段，正是识别人才与企业发展匹配性的最佳时期；企业处于高速发展期，架构变化频繁，并且架构本身不具备稳定性，急需引进专业化人才支持企业发展；事业部制架构刚有雏形，集团管控模式正处于探索阶段。

3．管理机制的主要问题及原因分析

（1）绩效管理机制形同虚设。

试行的绩效管理机制，未跟战略目标进行强关联，考核指标偏定性；

未建立系统的指标体系，对关键运营数据虽有检测，但相互之间未打通；绩效结果未实现应用，暂未跟薪酬、晋升等进行关联。

（2）激励体系激励性不足。

行业人才缺乏，人才起薪较高，难以制定科学的加薪方案；直接上司对下属薪资没有知情权，无法决定下属的薪资与升迁，管理难度较大；缺乏激励机制，员工认为公司唯一的奖励来自年终奖，但对奖金的核算与工作表现如何关联并不清楚；激励机制的缺失，使员工未形成自动自发的工作态度，主要在上司传递的压力下工作。

（3）流程体系建设不足及未持续优化。

企业处于高速发展阶段，企业管理者近几年的焦点都在订单交付上，忽视了体系建设；内部流程节点随着架构的频繁调整不断变更，变更后又没有进行相应的培训与宣导，执行者不明确，导致企业整体工作效率低下。

（4）责任追溯机制不完善。

对中高层实行以引导、包容为核心的管理风格，使得决策效率低下，目标不明确，管理人员成长速度慢。

通过访谈及资料分析发现，基层管理者及员工所受处罚较多，但施以处罚时沟通不足，员工对此较为抵触。

（5）人才培养体系尚未建立。

缺少整体的企业人才规划，对人才的培养途径、培养方式未制定相应方案，内部人才成长缓慢；未制定年度培训计划，人力资源部未对企业内部培训进行统筹与跟进，仅由部门做零散的技能培训；未对技术人员设计成长路径及级别评定方式，技术人才加薪依据不明确，行业挖角现象严重。

（6）机制问题背后的原因分析。

内部管理没有跟上企业业务发展，管理机制不完善；专业管理团队是近两年逐步引入的，人才正处在适应企业发展的过程中，疲于处理日常工作，对于机制建设的关注度不够，人力资源相关机制建设滞后。

4. 团队管理的主要问题及原因分析

（1）团队未形成合力，个体风格差异较大。

近两年引进的高层管理者大多来自规范化的大企业，经验丰富，理念先进，带有明显的原企业风格烙印，高层管理者之间的差异较大；个体能力强，工作沟通时偏向自己的经验判断，难以达成共识，未形成团队合力。

（2）管理人员的管理能力参差不齐，有待提升。

行业人才紧缺，部分人才引进时在职位上有所拔高，管理能力、决策能力、领导能力难以达到职位标准，加之缺乏体系化培训，能力提升的速度没有跟上企业发展的步伐；基层管理人员管理技能缺乏，对管理的认知不够，缺乏管理工具与方法。

（3）团队问题产生的主要原因。

来自不同企业的中高层管理人员带有明显的原企业作风，加之JK集团忽视对企业文化的倡导，企业里很容易形成小团体，团队力量分散；企业高速发展阶段掩盖了很多管理问题，致使部门管理者对自我能力认知不足。

5. 公司企业文化的主要问题及原因分析

（1）部门之间有沟通壁垒，造成管理黑洞。

部门保护主义严重，部门之间的沟通协作很不顺畅，影响了工作效率的提升。

（2）企业文化未进行体系化梳理及落地推进。

企业在发展中有一些好的工作作风与价值倡导，但未进行提炼与宣导，中基层员工感受不到；企业文化活动没有规划，也没有计划性地组织开展，员工归属感不强，基层员工流失率大；个别员工反映工作中存在强压式的管理风格问题，批判多于鼓励，指责抱怨多于自我承担，企业文化的倡导不够。

（3）人文关怀不足，缺乏凝聚力。

中间管理层向下传递的人文关怀不足，缺乏凝聚力；管理层沉浸在"事"里，对于"人"的关注度不够，对部门的氛围营造缺乏关注，未对部门内部团队士气作引导，更多地靠管理者的言传身教，但层层传递后效果大打折扣。

（4）企业文化问题产生的原因分析。

企业未进行企业文化的提炼，使命、愿景、价值观在高层管理人员行为中有所体现，但未形成书面文字，亦未进行全面宣导，中基层员工感受不到，人员流失严重；不断引入的新人才在管理风格上与原有管理者存在各种差异，当理念无法达成一致时，部门保护主义势必让管理者封闭自我；人力资源部对企业文化建设的关注度不够，全员都在为"订单交付"而努力，为适应高速发展而组织资源，但对企业文化关注较少。

2.3 战略组织管控方案，从管控失效转变为管控有效

深入调研诊断后，项目组在我们自主研发的集团管控咨询架构（见图2-1）的基础上，结合JK集团的管理现状提出了集团管控解决思路，澄清战略发展方向，设计组织管控模式。

2.3.1 项目的总体解决方向

优化组织架构，使其精简、高效、低耗。
完善管控机制，统一方向，统一步调。
建立绩效机制，激发潜能，提高效益。
健全薪酬机制，提升士气，引留人才。

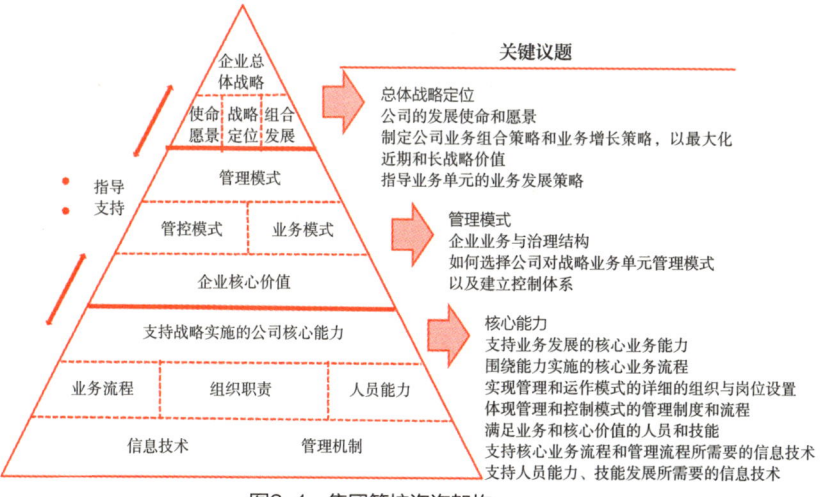

图2-1 集团管控咨询架构

2.3.2 组织管理模块解决论证

组织管理模块的主要问题及解决方式如表2-2所示。

表2-2 组织管理模块的主要问题及解决方式

模块	主要问题	解决方式
组织管控	对于事业部分公司和子公司的管控模式，管控权限待清晰界定	·明确管控方式 ·明确财务授权体系 ·明确人事授权体系
组织结构	·总部架构不明晰，营销、供应链不能实现资源共享最大化 ·事业部产品类似，但管理层级、职位名称差异都很大	·明确总部架构 ·规范各事业部架构层级、职位名称
组织职能	·部分职能粗放或缺失（如物料和存货管控、订单结算、标准成本、企业文化等职能） ·职能边界不清晰，很多边缘职责容易扯皮	·基于企业的战略、业务发展，梳理主业务流程，依据业务流程界定部门职责 ·完善空白职责，逐渐健全企业的关键职能
组织发展	·人才发展未建立体系，目前更多的是靠猎聘满足内部人才需求 ·员工发展通道单一，目前只设管理通道	·将人才发展职能及规划纳入人力资源的核心职能，并配置专业人才进行系统性管理 ·打通专业晋升通道
定编定岗	·直接人员、间接人员配比高于业内同行 ·为确保快速交付下的人海战术升级，需逐渐开始注重人才质量	·减少管理层级，扩大管理幅度 ·合理配备人员，严密测算，保持直接、间接人员配比比例

2.3.3 JK集团组织构架调整的整体思路

1. 明确集团管控模式

对各事业部进行管理，明确各事业部相应的职责和权利，建立以全面预算管理为主体的完善的财务控制体系和核算体系。

2. 组织精简、高效

合理配备，裁减冗余人员；围绕主体业务流程优化设计事业部架构，使直接人员和间接人员配比保持平衡；减少管理层级，扩大管理幅度。

3. 权、责、利相统一

理清部门职责重叠或有责无权、有权无责现象，逐步实现权、责、利相统一。

4. 组织调整与人力资源配备相协调

设立新岗位或强化原岗位职责，履行组织尚未开展的部分职能。

2.3.4 JK集团组织管控思路设计

1. 集团定位及组织管控模式设计

从管控的角度出发，总部需要明确对事业部、分公司及子公司的管控模式，以确保总部能够有效地管理和监督下属公司，并促进其长期发展和价值创造。

一方面，总部需要为下属公司提供稳定的基础和支持。这意味着总部需要制定明确的战略和政策，确保下属公司有清晰的目标和方向，能够有序运营并实现可持续增长。此外，总部还需要提供必要的人力、财务和资源支持，帮助下属公司实现其目标。

另一方面，总部需要确保下属公司能够创造价值，并为其业绩表现负责。这包括对下属公司的业务计划、预算和财务报告进行审核和监督，以确保其在业务运营中能够实现预期的收益和利润。此外，总部还需要关注下属公司的市场竞争力、创新能力和客户满意度，以确保其能够持续地创造价值。

在明确总部定位后，还需要对JK集团当下阶段的组织模式进行深入探讨及研究，为集团选择合适的组织管控模式，集团组织管控模式中集团的定位及价值如表2-3所示。

表2-3 集团组织管控模式中集团的定位及价值

对管控模式的理解	创造价值的基础	举例	创造价值的前提	可能影响价值的方面
战略规划及控制	通过制定公司总体战略、改变公司的业务组合来创造价值	·买/卖业务 ·内部创造新的业务 ·通过投资创造新业务 ·通过并购、收购及内部重组重新定义业务组合	·总部需对资本运作及资产价值有深入的认知 ·总部需要对各业务单元的未来发展趋势有深刻的把握	·对各业务发展趋势缺乏把握 ·非经常性的兼并收购
协调各业务单元的运作	通过协调各部门活动，制定内部交易方案，共享技能/经验，优化资源配置，以发挥协同效应，从而创造价值	·公司制度和指导方针 ·公司决策机制及流程 ·公司交易价机制 ·资源配置	各业务单元需有类似的运营层面的关键成功因素	过分鼓励各单元追求协同，转移高管层对本业务单元的管理精力
管理单一业务单元发展	通过指导、服务、控制业务单元的战略及经营来创造价值	·批准或否决业务单元战略规划 ·审批主要的固定资产投资计划 ·设定绩效指标并积极监控 ·任免业务单元高管层	总部对各业务单元的市场趋势及内部动作有丰富的经验	制定不合适的业务体系及业务目标，不合理的管理幅度和深度。例如冗繁的预算制定体系、投资计划审批体系

续表

对管控模式的理解	创造价值的基础	举例	创造价值的前提	可能影响价值的方面
职能及共享服务	通过提供职能服务以及共享服务创造价值	·提供职能上的专业技能 ·提供更有效的共享服务 ·协助各业务管理层实施独立服务或关联服务	总部需具备丰富的共享服务运作经验	强制要求各业务单元使用同样的共享服务，忽视业务的独特性

集团管控模式的核心是集权和分权的选择，最为传统的划分方法是"三分法"，即财务控制型、战略控制型、运营控制型三种集团管控的基本模式，在此基础上还衍生出"四分法"等其他划分方法，但其基本思想都是一致的。

（1）财务控制型。

所谓财务控制型，就是总部作为投资决策中心，以追求资本价值最大化为目标，集团通过控制下属子公司的股权来支配子公司。集团主要负责资本运作，不同区域下属子公司的业务领域、实行财务控制的集团企业、子公司之间业务联系往往不大。集团总部以财务、资产管理为核心，总部组织机构相对简单。财务控制型管控模式的优点是集团公司与子公司的关系相对简单，以资本为纽带，重点关注子公司的财务指标数据，为子公司经营能动性的发挥提供更大的空间。

采用这种集团管控模式的企业，产权比较清晰，子公司成为完全独立的经营主体，更能调动子公司的积极性；但容易出现信息反馈不及时、不通畅的情况，导致集团对子公司失去实际控制权。

典型企业代表有摩根财团、洛克菲勒财团、黄埔集团等。

（2）战略控制型。

所谓战略控制型，通常不只单纯以资本增值为目标，还会根据集团的情况进行整体战略部署，以总部为战略决策和投资决策中心，以追求集团总体战略目标和协同效应为基础而进行管理，管理模式为战略布局和业务规划、协同。子公司必须与集团战略立场一致，服从于集团的整体战略。集团集中决策，子公司决策权仅限定于一定范围。

战略控制型与财务控制型在集团与子公司之间的权力分配上有所不同。在战略控制型模式下，集团可在重大决策权责上对子公司进行有效监控。集团与子公司通常在产业链上有一定的互补关系，子公司可共享集团资源和渠道。同时，集团内部的职能部门可服务于子公司，避免各子公司重复设置职能部门。

这种管控模式强化了集团在职能管控方面的优势，有利于发挥管理上的协同效应。

典型企业代表有联想控股、万科集团、海尔集团、壳牌石油、飞利浦等。

（3）运营控制型。

所谓运营控制型，就是总部作为经营决策的中心，对集团资源进行集中控制和管理，对下属子公司拥有绝对的控制权，总部给予子公司具体的业务指导，子公司依靠总部职能部门的支持开展工作，子公司在经营和管理上没有自主权，且子公司的经营收益都由总部来支配。

这种管控模式有利于发挥和放大企业集团的运营优势，协同效应降低了运营成本，提高了运营效率。

典型企业代表有IBM、华电集团、首钢集团等。

上述三种管控模式的特点各不相同，JK集团组织管控模式的选取主要遵循以下四个原则：

第一，充分利用集团资源，以管理集约化为目标。

第二，追求集团整体利益最大化及平衡各成员间的利益。

第三，努力实现集团内部业务和管理流程的高效运作。

第四，遵循风险最小化原则，确保企业集团经营过程中遇到的风险在可控范围内。

JK集团选择哪种组织管控模式，取决于企业战略、业务关联性及管理团队的成熟度。在管控模式上，JK集团的现状是各事业部、子公司之间的业务关联性强，客户相对集中。另处，集团管理概念才刚刚提出来，加上JK集团即将开展IPO，需加强内部风险控制、成本管理、效率管控。经过项目组及JK集团高管分析论证及内部研讨，目前阶段JK集团适宜采取**运营控制模式**。加强集团总部建设，对事业部、子公司建立不同的授权机制。因子公司都在省外，且产品类型相对来讲有所差异，所以需加大放权力度。

强化集团概念，逐步确定集团管控模式，将集团打造成战略管理中心、运营监控中心、牵引动力中心、资源服务中心。JK集团具体的组织管控模式见表2-4。

表2-4 JK集团组织管控模式

功能	功能描述	功能实现思路
战略管理中心	制定政策和战略，规划协调产业发展体系，支持事业部发展	·制定战略思路与决策 ·加强对下属事业部和子公司的战略性投资，以及资本运作项目的统筹安排和管理
运营监控中心	·集团对资产进行管理，对资产的存量、增量、配置、收益进行管理 ·集团为推进事业部发展，对事业部运行情况、结构性的信息以及重大事项进行监督、指导、控制	·明确界定集团对下属事业部和子公司的控制与管理范围，下属企业自觉进行汇报和请示 ·建立内审机构，对各事业部财务状况进行审计 ·在时机成熟时，引入全面预算管理体系，以实现监控和放权的最有效平衡
牵引动力中心	集团成为事业部发展的动力助推器，通过观念引导、人事激活、利益激活、权力激活推动事业部的有序发展、壮大	·制定事业部和子公司的激励考核方案 ·在保证监控的前提下逐步放权，激发事业部和子公司的活力
资源服务中心	集团通过组织资源共享、服务、协调等支持下属子公司的发展	·资源共享：建立共享信息平台，建立共享人力资源平台，如统一培训、共享专家系统 ·进行内部资源调配

2. JK集团的组织架构设计

我们给JK集团的组织架构设置建议如图2-2所示。

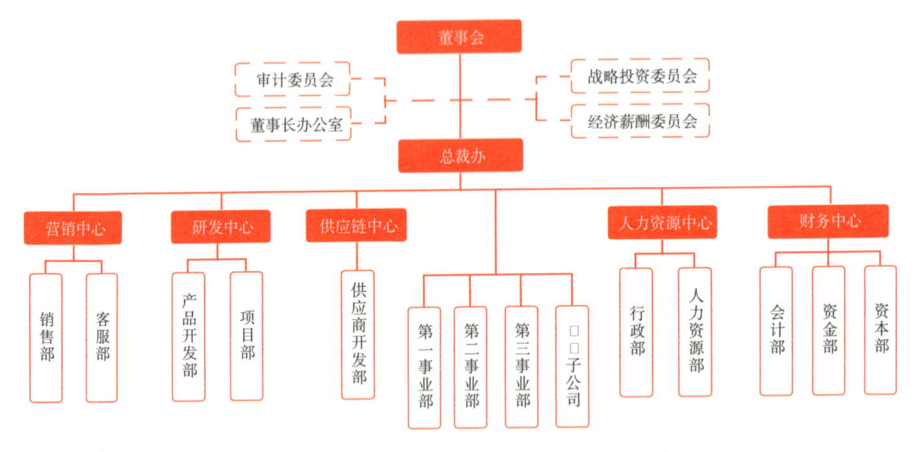

图2-2 JK集团的组织架构设置建议

（1）组织架构说明。

资源共享：能够共享的职能归集到集团，最大限度实现资源共享，避免重复建设。

营销：因为集团各事业部及子公司营销产品类似，客户群体相对集中，所以只有集团总部具有营销职能，事业部及子公司并不承担营销职能。

研发：共用的基础设计、创新性设计放在集团总部，基于交付的项目设计、基础升级与迭代放在事业部。区分职能边界，便于提升核心研发职能的共享与资源投入的集中性，最大限度提高研发投入产出比。

供应链：供应商的开发与管理职能归属集团，订单的采购执行职能归属事业部，集中寻找供应商资源，发挥规模采购优势，争取较大的价格优惠。供应链管理采取集团相对集权的方式进行管理，对采购的灰色地带进行监控。

财务、人力与行政：以BP（Business Partner，业务伙伴）的方式在各事业部分别成立团队，确保高效运转。总部承担核心的规划、统筹、政策制定、风险把控等职能。

（2）核心部门职能。

在此组织架构下，JK集团核心部门的具体职能如表2-5所示。

表2-5　JK集团核心部门的具体职能

部门	具体职能
营销中心	职责概述：制定营销政策、目标及计划，建立和培养营销团队，落实销售目标 ・制定营销策略、目标和行动方案，开展销售活动，确保实现年度销售目标 ・收集行业客户信息，寻找目标客户，分析成交机会 ・拜访客户，了解客户需求，促进成交和合约签订 ・通过客户的维护和动态跟进，提高订单量和销售额 ・依据公司报价流程对客户订单进行报价 ・了解客户订单交期状况，协调资源处理异常，满足客户需求 ・按客户账期，对应收账款进行催收 ・收集市场信息，了解市场动态，为公司决策提供依据 ・通过营销制度、销售流程、工具建设、培训（包括产品知识、销售技巧、话术等），组建高素质的营销团队
研发中心	职责概述：规划公司产品开发方向与目标，进行产品开发项目管理，引领产品发展方向，满足客户需求 ・进行市场需求调研，了解产品未来趋势 ・依据市场调研结果，规划公司未来产品开发方向，制定产品开发思路、技术发展路线 ・组织新项目、新技术可行性研究 ・负责开发管理体系的建立、完善及运作，产品项目开发流程的规划、审查与监督 ・负责对材料的性能进行检测，以确保公司选材的正确性与成本的最优化 ・按照公司有关规定，对产品开发成本进行全程监督和控制 ・负责新产品的技术研究与分析，提升公司技术竞争力 ・进行相关培训，沉淀技术成果，培养技术人才

续表

部门	具体职能
供应链中心	职责概述：负责供应商开发、合作洽谈，主导供应商的审厂，定期更新供应商资料 · 收集行业信息，整理供应商资源，并定期更新 · 负责供应商的开发，进行合作条款沟通与谈判，保持采购成本优势 · 主导供应商的审厂，召集相关部门进行相应认证，并汇集相应资料 · 制定年度Cost Down计划，与事业部采购共同推进执行 · 协助处理采购执行过程中订单交付的交期、品质问题
人力资源中心	职责概述：负责人力资源管理、行政管理、信息管理和相关管理体系建设，满足运营和发展需求 1. 人力资源管理 · 建立和规范集团人力资源管理体系 · 根据集团战略，制定和执行人力资源规划及政策 · 人力资源开发，引进优秀人才，培养干部，进行人才储备 · 组织建立培训制度，培养内部培训师，进行专业培训，提升员工技能 · 建立和完善绩效管理体系，实现卓越的绩效管理，落实公司的战略目标 · 改革和完善薪酬福利管理制度，落实具体薪酬福利工作，留住优秀员工 · 建立和完善能力等级素质标准，为员工设置晋升通道 · 塑造和宣传企业文化，开展企业文化活动，提高企业的凝聚力和向心力 · 员工入职、考勤、转正、社保、晋升、离职、劳动合同管理和员工关系的管理工作 2. 行政工作 · 负责员工食堂、宿舍等日常管理 · 负责防火、防盗等安全管理工作 3. 信息化 · 公司信息化系统的综合管理，日常运行维护，确保信息系统安全稳定 · 负责IT设备日常的维护与维修工作，监控设备的使用情况 · 建设集团门户网站，并定期维护、更新

续表

部门	具体职能
财务中心	职责概述：负责财务政策、制度的制定，日常财务管理，合理控制费用和成本 • 负责集团公司财务管理制度的建立、实施和修订工作 • 检查各事业部生产经营计划及经营指标的执行完成情况 • 负责财务相关报表的汇总、分析、呈报工作 • 为集团的重大经营决策提供财务数据支持 • 负责集团、事业部各项费用的审核、报销、记账及会计报表编制等工作 • 编制集团、事业部的年度财务预算，并对执行情况进行监控 • 监控集团、事业部财务支出，审核并控制各事业部、各部门的各项成本和费用 • 负责集团、事业部员工薪资发放，代扣代缴个人所得税等 • 负责集团、事业部财务票据、有价证券、现金和财务印章的管理 • 负责集团、事业部资产的清核及固定资产的登记造册工作，协助各部门进行物资盘点
经营单元体	职责概述：负责事业部日常运作，规范事业部内部管理，实现事业部营业目标 • 落实集团总部会议精神、会议决议，负责事业部制度、流程建设工作 • 根据集团战略规划与经营方针制定事业部发展规划、经营目标、经营计划，并确保目标的达成 • 严格按照预算进行成本、费用管控，完成事业部盈利目标 • 负责事业部产品研发，依据客户需求进行产品设计，满足客户需求 • 依据客户订单进行评审，按订单量准备物料，确保订单顺利完成 • 不断进行工艺、现场改善，完成订单交付 • 负责对原材料来料进行检测，对在制产品品质进行监控，提高产品良率，降低成本 • 负责对事业部资产、设备进行管理与维护 • 负责事业部团队建设，提升事业部人员能力

【架构——交锋下的专业坚守】

在组织变革中,一定会出现双方意见相左的情况。任何一种模式的应用都是对权责利的重新划分,对项目组而言,权责利的划分主要考虑的是方案的科学性及实践性,但对于各事业部或部门而言,则意味着权利和权益的争夺。这种情况下,项目组必须坚守原则,要知道激烈的交锋必然存在。设计架构体系时,对于研发、供应链设在总部还是下放至事业部的争议很大。事业部基于快速交付的原则,希望能在事业部设立相关部门,这样可以更快速地实现资源的调动。事业部担心核心职能部门设在总部,没法及时给予支持。

JK集团供应链中心李总曾开玩笑说:"如果研发力量支持不够,我们一个小细节都要找总部确认和支持;如果供应商交付质量和交期迟迟没法满足,我们连换供应商的权力都没有,那如何保障订单的交付与销售额的完成?我这个事业部老总也太难当了。"

最后,面对各事业部及各部门领导,项目组详尽地剖析了存在的分歧和原因,阐明了自己的观点。最终集团领导拍板"按项目组的方案来做,有意见的保留或者提上来",确定了基于产品规划的研发、前瞻性的产品设计、专利设计、开发标准化等职能归属总部,基于订单的产品设计职能归属事业部,并与工程、技术实现快速对接。

供应商开发职能放总部,采购执行职能归事业部。对于不能很好满足交期或质量要求的供应商,事业部可自行调整下单数量,并且在向总部反馈实际情况后,可在资源池中更换供应商。

架构涉及权责利,其设计必须经过严密的认证,保持必要的沟通,达成基本共识后再推进执行。

3. 授权管理体系

授权管理体系作为企业经营管理过程中各种权利行使的基本规则,是企业的根本性制度,也是企业的根本"宪法"。古人云:"付之以责,授之以权。"对企业而言,授权是企业赋予管理人员或机构为履行其职责而在其职责范围内,合理支配集团各项资源的权力。集团完成职责梳理后就要开始建立相应的授权体系与标准,对各事业部、子公司需建立人权、财权的下放标准，及议事规则和决策机制；战略规划、目标制度、核心机制建设均由总部统筹；各经营单元目标拆解，过程管理由事业部自主确定方案；集团按季度组织各经营单元高管述职，月度合并经营财务报表，实时了解经营动态。

管理理论之父亨利·法约尔[①]曾经说过，权力和责任是一种必然的联系，当行使权力时，责任就会出现，就像玛丽和她的小羊羔一样形影不离。使工作得以完成的权力必须每时每刻都存在，否则就会出现耽搁和无秩序。所以，给管理者相应的职权保障，是其能更好地履行责任的基础。

美国著名管理学家赫伯特·A.西蒙[②]曾说："管理就是决策。"而权限管理不只是一个授权的动作或表格，其中包含很多专业的体系构建方法，需与企业当前阶段的战略规划、管控模式、组织架构相适应，同时，必须考虑岗位说明、部门职责、创建者、执行者、维护者等多个方面。有效的授权体系建设需把握一定的原则，具体如下。

（1）权限清晰明确原则。

授权是用于工作的权力，是在特定范围内、一定层次上的处理权与决定权。授权应充分考虑各下属部门或子公司的实际管理和经营情况，既不能与公司现有的制度及流程规定相违背，又要有各下属部门或子公司专门适用的条款。要明确规定权力使用的范围与条件，使被授权者了解自己的权限范围，鼓励其充分用好所得到的权力，同时注意避免出现越权行为。

（2）逐级授权原则。

授权应该逐级下放，应该在有直接关系的上下级之间进行，不可越级授权。既不可以代替自己的上级把权力授予自己的下属，也不可以将自己的权力授予下属的下级，更不能代替下属把权力授予他的下级。

---

① 亨利·法约尔（Henri Fayol），法国人，管理实践家、管理学家、国务活动家，被后人尊称为"管理理论之父"，古典管理理论的主要代表人物之一，同时亦为管理过程学派的创始人。

② 赫伯特·A.西蒙是1978年诺贝尔经济学奖获得者，美国著名管理学家，他的理论对管理学的发展方向有巨大的影响。

(3)授权适度原则。

授权还应遵循适度原则。合理授权应做到授权而不失控,授权不足将造成下属部门或子公司难以充分发挥积极性和主观能动性,上级领导工作琐碎且事务繁杂;授权过大、无分寸则近似于弃权,将导致内部失衡或失去对某一业务单元的管控能力。因此,授权需平衡企业管理的分权与集权,防止"一放就乱,一管就死"。

(4)信任与牵制原则。

授权应建立在上下级之间充分信任的基础上,只有建立良好的信任关系,才能做好授权。同时,授权之外仍需上报上级批准,被授权者应认真对待所得到的权力,明确职位权力不是个人权利。但是,在相互信任基础上的授权并不代表上下级之间互不相干,相反,应有更多的交流与沟通,授权之内进行有效监督,以此消除上级的担忧,同时使下级获取必要的支持与帮助,上级不能因为对个人的信任而放弃对系统的控制。

集团总部设立人力资源中心与财务中心,各事业部、子公司同时配置人力、行政与财务人员,实行双线管理。总部出具相关政策、制度,下属事业部与子公司执行相关政策与制度。人权与财权设置明确的审核、审批权限。

人力资源管理的权限一般可分为三类:任免权、评价权、奖惩权。

(1)任免权。

任免权包括任用权、免职权、调岗权,这是管理者选择下属和任免下属的职权。管理者在权力范围内可选择最合适的下属配合其完成工作任务,同时对于不合适的下属有说"不"的权利,这是人力资源管理职权中最重要的职权。很多管理者上任时会倾向于选择自己中意的下属团队,但管理者应抛却惯性用人思维,要基于绩效目标进行最佳人才组合。

(2)评价权。

评价权是指衡量下属员工劳动创造与工作要求是否有效的职权,只有绩效符合要求,才能确保职责的有效性,价值评价是价值分配的前提。管理者分配任务,提出工作要求,就必须对员工工作成果的有效性进行评价,这是保障工作要求和结果相一致的过程。工作职责向谁汇报,就由谁进行评价。

（3）奖惩权。

管理者对下属员工绩效表现采取相应激励措施的职权，也是管理者评价权的保障。绩效评价结束后，管理者如果不能决定下属的奖惩，就无法树立管理威信，将影响后续工作的开展。

财务管理权限围绕企业融资、资产管理、资金管理、财务预算、对外担保等事项展开，具体如下。

（1）融资。

融资由集团总部制定全集团融资管理规定，对融资决策、资本结构规划、融资主体、融资渠道、融资方式、融资过程监控、融资效果评价、资本归还等事项作出明确规定，对事业部、子公司融资需求方案的提出、审查论证、审议决策、审批实施四个步骤进行管理。

（2）资产管理。

集团对各事业部、子公司进行资产管理，制定相关会计政策，进行重要资产登记、重要资产盘查等。从价值角度加强对子公司的资产管理，对存货计价方法、固定资产折旧、无形资产摊销等政策作出明确规定，并对登记在册的重要资产进行不定期的抽样盘查。

（3）资金管理。

设立结算中心对资金进行统一管理，办理各事业部、子公司现金收付与往来结算业务，计算各事业部、子公司在结算中心的现金流入净额和相关利息成本或利息收入，实行收支两条线。核定日常留用现金余额作为最高保障金额，统一拨付各经营单元因业务所需的现金，监控资金使用情况。资金支出原则包括事前控制与事后监督相结合、区别对待原则及重要性原则。事前控制与事后监督相结合是指所有资金款项在支出前必须由相关责任人审批，支出之后也应由相关责任人对实际款项进行审核。根据各经营单元现状及公司战略发展现状，对各经营单元采用不同的控制力度。

（4）财务预算。

集团采取全面预算的方式，涵盖业务预算、资本支出预算、财务预算三部分。预算编制要基于战略分解与计划预测，另外还需要编制月度滚动预算，即每月编制后三个月的滚动预算。对计划和预算执行情况按月度、季度、年度进行跟踪和分析，据此考核各责任主体对目标达成的贡献。每年10月根据集团总体经营计划和战略部署，按照集团统一要求，编制下一年的资金预算，集团财务汇总编制集团年度资金预算，报集团董事会批准。

（5）对外担保。

集团不允许子公司独立对外担保，但可以在集团授权或安排下开展担保工作。

JK集团建立科学合理的授权管理体系，将实现全方位权责利对等。成功的授权管理体系是"自上而下"的管理系统，体现授权管理，有助于授权机制本身的权威性，同时具有很强的可操作性和灵活性，通过有效的事前管理和必要制约，可防范对外风险与系统风险。另外，授权体系的成功建立能使企业战略规划和上级意志得到充分贯彻，同时充分调动下级单位及员工的积极主动性。长远来看，授权管理体系将成为所有制度、流程制定的指导性文件，对企业由人治转向法治、建立先进的管理系统和企业文化产生深远影响，推动企业健康稳定发展。

4．定编定岗

不管人力资源和企业组织如何变革，管理的核心要素不变，任何管理工作都离不开"人"和"岗位"。企业科学合理地对组织中的人员和岗位进行系统规划非常重要，而承接落地时，定岗定编是其中重要的工具之一。

定岗定编是指在企业组织结构确定的情况下，采用科学方法确定企业岗位设置和各岗位人员数量的过程。企业在具体操作时可能有"双定管理"的说法，即劳动定额管理和定员管理。但不管如何定义，定岗的过程就是岗位设计和安排的过程，它所要解决的主要问题是组织向其成员分配工作任务和职责的方式。

（1）定岗。

在JK集团完成组织架构设计后，项目组引用"职位评估七要素分析法"对职位进行全面分析。职位分析是人力资源管理工作的基础，其分析质量对其他人力资源管理模块具有显著影响，同时对定岗也具有至关重要的作用。

项目组对修订后的岗位职责与现有岗位进行对比分析,并选择适当的岗位设计方法。在此过程中,项目组使用了包括**组织分析法、关键使命法、流程优化法和标杆参照法**等多种方法,结合JK集团的实际情况制定出最优的定岗方案。

随后,项目组与相关人员进行交流,推进新方案的试点,通过实践不断调整和优化方案,确保岗位设计的合理性和有效性。

(2)定编方法。

JK集团项目中用的定编方法是预算控制法、业务比例法和人员配比法。

预算控制法:集团依据年度营收情况,制定管理费用与人力成本总预算,各事业部、子公司依据集团预算调整本单位预算后执行,将预算执行情况纳入考核体系。

业务比例法:各事业部依据业务总量与订单结构,确定人工成本费用,直接人工费用根据业务量的变化允许浮动,集团管控总体比率、季度预算的实际执行情况。

人员配比法:通过直间比例[1]控制企业品质人员与制造人员的配比,根据公司与业内均值之间的差异进行调整。

(3)定编成果。

JK集团严控间接人员所占比例,通过减少层级的方式,全集团管理人员减少了15人;品质部、物料部等通过重新梳理流程、岗位设置的方式减少了41人;产线管理人员,通过减少线长层级、增加助拉人员减少了54人。为了后续公司扩张,线长不承担具体的管理职责,但仍给予津贴,为后续管理人员做储备。本次定编定岗梳理完后,全集团合计减编110人。

在集团业务高速发展的红利期,企业高层的所有焦点都在业务扩张上,对成本的关注相对较少。当我们的分析结果出来时,各部门起初还是

---

[1] 直间比例通常指企业直接人员(即直接为公司创造收益的员工,如生产人员、销售人员)与间接人员(即为公司提供服务,但不直接为公司创造收益的员工,如行政人员、财务人员等)的比例关系。

抱着相对保守的态度沟通，他们认为每天的工作都非常饱和，大家为了交付业务经常加班加点，已经非常辛苦。个别部门甚至认为我们是在没事找事，为了定编故意卡他们。

项目组分析遇到的具体问题后，确定了相应的对策。第一，学会借力，让财务部门拿出近年来管理费用与人力成本的数据，分析管理费用增长趋势。第二，说服经营负责人接受定岗定编的思路，并告知其后期的考核及薪酬会跟总人力成本支出密切相关，请他们高度关注并支持定岗定编一事。第三，用数据说话。比如，一个岗位一个月的平均工资大概是4000元，加上其他各种福利大概是每月5000元，一年就是6万元，节省一个编制，就可以节约6万元。在经营例会上跟各级管理人员说清楚，间接人员的薪酬将采用总包制，一线员工的人力成本按订单销售占比计。如果间接人员数量超过薪酬总包设计的编制人员数，那么该部门人员的平均工资就会减少。如果少于薪酬总包，可以从节省的薪酬当中拿出一部分作为该部门员工的效率奖金。一旦涉及大家的钱包，大家马上就会关注了。第四，找到突破口。物料员占比相对较高，间接人员的突破口就先从物料员开始调整。优化物料员的作业流程，从原来的产线物料员各自去仓库领料，变更为由仓库指定时间配送至各车间物料接收点。物料员省去了穿脱防护服的时间，同时还提高了效率。物料员根据第二天的排产，提前将物料计划发给仓库，便于仓库提前配料，统一配送，这样做节约了大量人力。流程优化提高了效率，节省了人力，以学标杆对先进的模式，举一反三地思考，要求各部门负责人根据案例思考本部门人员的优化方案，对于执行落地较好的部门给予表扬。很快，所有部门开始行动，至此，定编定岗的人员优化开始逐渐被大家接受，业务部门负责人作为第一责任人开始积极推动此事。

5. 组织管控方案落地

JK集团战略性人力资源管理体系方案设计只是变革的起点，方案落地才是重头戏，项目组一边设计方案、研讨方案，一边逐步对方案进行落地实施。

（1）从试运行到方案固化的宣导及指导。

设计的方案需要不断研讨，不断落地实施，对于试点实施阶段产生的问题逐步解决，最终才能形成人力资源管理体系标准及标准化文件。项目组对集团的各事业部、子公司进行宣导及指导，让大家真正地理解、接受方案，对于各级组织提出的问题，整理成反馈问题的报告。

（2）坚定不移地运用绩效薪酬管理。

人性是趋利的，要想方案达到预期的效果，前期就要把所有的重要任务与绩效薪酬结合起来，构建一个良好的激励驱动体系，用利益机制驱动企业全员将方案落地。

2.4 咨询效果：促进业绩增长，提升管理效率，壮大人才队伍

项目组历经四个多月，一百多个日夜的奋斗，最终完成了集团化管控方案的落地工作：战略梳理、组织管控模式设计、岗位体系、授权体系等模块逐一落地。项目组对每一个模块都进行了全方位的分析、设计、论证，既分析了每个模块之间的相互关系，也对每个模块内部运作事项不断拆分。比如权责体系环节，项目组与JK集团各个层级一起不断地研讨、调整、完善、论证，把每一个事项对应的流程、表单、模型建立起来，力求集团化管控模式能顺利落地。在方案设计阶段，一边设计方案、讨论方案，一边进行方案落地试点。当方案趋于成型，试点问题逐步解决时，项目组就与JK集团的项目承接人员一起进行方案的大范围推广，一直跟踪到执行落地。

任何一个项目，就算投入再多精力也无法保证所有模块都能按照预期的效果落地，为了提升项目落地效果，项目组构建了一套科学的项目管理考核机制，把所有重要任务与项目奖金挂钩，利用利益去驱动大家执行到位。

所有方案执行完成并不意味着项目就此结束了，只是最艰辛、最艰难的时刻暂时告一段落，后期项目组定期与JK集团管理层一起复盘，对方案落地阶段的问题及时进行纠偏。也就是说，一个组织的变革，历经数年都

是正常的，所以我们需要持续地去帮助客户，让客户稳健成长。

到撰写本书时，JK集团管理咨询项目完成已有6年时间，拿起手机拨给JK集团总经理W总，听说我们要以JK集团为原型案例编书时，W总非常高兴，感谢我们当年的付出及一直的陪伴，正所谓"扶上马，送一程"，才让JK集团顺利穿越行业发展周期。下面我们一起来回顾一下JK集团这几年集团化管控落地的效果及成绩。

从经营结果层面看效果：JK集团管控的本质是通过"明确集团战略，落地集团战略，提升集团的执行能力"，最终实现集团价值最大化。JK集团获得可持续发展，业绩每年保持50%的复合增长率，成为业内Top3企业，市场占有率逐步提升。成功对赌上市，部分高层股权激励兑现落地。

从集团管理层面看效果：明确集团的职能，以及集团与各事业部、子公司之间的管控模式。将集团打造成战略管理中心、运营监控中心、牵引动力中心、资源服务中心。明确职位职责，减少扯皮推诿，加深任职者对职位职责的理解，促进职业化。设定绩效指标，层层分解公司的经营目标和经营压力，实现"千斤重担人人挑，人人头上有指标"，制定绩效标准，使每位员工都成为职位的经营者。导入绩效责任制，从总裁、集团高管到事业部中高层管理人员，签署绩效承诺书，建立业绩导向制，提高管理团队对于效益的关注度。只要各部门开始关注公司整体效益，部门间就会相互支持共同达成公司的总体目标和效益。各部门对于数据、指标的关注，极大地提高了员工的责任心与积极性。成本管控也从原来的严盯严管，变成各部门自发地、有意识地去监控，各部门成本管控意识得到大幅提升。

从管理能力提升看效果：参与成员的反馈集中在两个方面。一是感受到企业的关怀和激励；二是感受到业绩的巨大压力。另外，他们对基于人的管理有了系统性的认识并掌握了一套科学的方法。JK集团开始关注整个管理的体系化与规范化，建立了很多新的管理机制，使企业管理日益规范化。

通过管理咨询项目的推进，从"授人以鱼"的角度，为企业提供了一套基于企业现状的管理体系，帮助企业提升组织力及经营效益；从"授人以渔"的角度，在咨询的过程中，通过调研、研讨、培训、分享等形式，项目过程中进行了以项目管理、领导力、时间管理、管理者角色认知、HR管理等为主题的分享及探讨，让JK集团参与本次项目的人员掌握了科学的管理方法及工具，帮助企业提升了管理人员的职业素养和管理团队的整体管理能力，为企业长远发展奠定了基础。

2.5 思考与启示：组织管控变革的难与痛

随着我国民营企业的规模不断扩大，涉及的业务领域也在不断扩张，跨行业、跨地域经营将成为大部分民营企业的发展方向，企业战略的变化必然带来组织的变化，事业部、子公司都有复杂的背景，如何从单一组织经营转为集团化管控经营是很多企业面临的首要难题。很多企业找咨询公司做组织管理项目，其实大多并不清楚自己真正需要的是什么，结果虽然启动了组织变革项目，但最终效果都不尽如人意。

关于组织构建或组织管控升级的项目，有几点思考及启示分享给大家！

1. 离开战略谈组织管控、组织变革都是胡扯

组织是战略目标落地的基石，企业要往哪儿走，方向是什么，企业文化是什么，业务计划如何落地等，都需要深刻理解战略，才能更好地分解目标及进行方案落地。

2. 市场永远是组织变革、组织建设的核心要素

组织既要承接战略，还要满足客户和市场的需求，以实现真正承接战略，实现战略目标的达成，从市场角度考虑，当企业发展到一定阶段时，组织建设就需要思考价值链、产品、客户等因素的耦合，不同需求的组织形态及组织管控模式都会有不同的呈现。

3. 人才是组织的桶底，没有人才，一切都是空谈

把合适的人才放在组织体系内，是组织管理及变革的核心工作之一，人才是一切的根本，人对了，事就对了；人成了，事就成了。组织人才管

理是组织变革老生常谈的话题。

4. 企业"一号人物"对组织变革工作的态度非常重要

集团组织一定要认真评估企业的实际情况，想清楚是否真的要进行组织变革；如果进行组织变革，"一号人物"能否强烈而坚定地支持，这一点非常重要。在企业变革过程中，"一号人物"容易在各种声音中动摇，所以"一号人物"的定力非常重要。当内部管理人员进行变革时，"一号人物"需要给予足够的资源及信心支持，聘请第三方顾问协助完成组织变革，也需要"一号人物"全力支持，最终才能达到预期效果。

CHAPTER 3

目标管理

突破6亿用户，OKR驱动目标实现

| 管 | 理 | 红 | 利 |

VUCA时代，如何在充满不确定性的环境下达成企业战略？OKR管理模式聚焦最具价值的目标，实现日常工作充分支撑战略，让企业战略高效落地。OKR管理模式运用360度对齐策略，使员工紧密结合为一个整体，将每个人的努力凝聚到同一方向，让各自的贡献成果相互叠加。严密的思考框架，促进员工对业务有深入的了解，从根本上提升工作能力；员工的广泛参与，将个人的成长与企业的发展融为一体；公开透明的场域，促进管理者和员工的自律，实现个体的自我管理，使责任落到实处。本章撰写了我们与深圳市DY科技有限公司合作应用OKR管理模式的过程，借此同大家一起探讨游戏类企业的管理问题。

3.1 问题的表象：几亿用户增长带来的成长烦恼

深圳市DY科技有限公司（以下简称"DY科技"）主营游戏类项目开发，公司成立时间短，定位于6～12岁益智类游戏开发，以"激发想象空间，创造快乐童年"为使命，在游戏平台运营的业务基础上，不断尝试进入IP文创、编程学习等领域，扩展业务边界。DY科技找准行业赛道快速成长，已发展为超800人规模的企业。近年来，平台游戏在全世界范围内风靡。DY科技的平台产品MNZO从发布到用户过千万直至上亿，运营数据飞速增长，成为国内平台游戏的领头羊。

3.1.1 第二业务增长曲线的困境

DY科技创始人Z总是某地高考状元出身，北大高才生。在鹅厂[①]游戏团队从事研发工作期间，Z总研发出的多款游戏成为鹅厂的主力流量产品。游戏大火为鹅厂带来了巨大的利润并树立了极好的声誉，也让Z总成为鹅厂的"红人"。虽说在鹅厂工作可以获得不菲的收入，但由于各种原因，Z总最终还是选择从鹅厂游戏团队离职，独自创业，经历多次失败

---

① 鹅厂是广大网友对腾讯的昵称。

后，Z总终于开发出MNZO产品，并在短时间内积累了上亿用户。

一方面，随着MNZO产品用户的不断增加，DY科技员工规模从几十人迅速增至几百人，管理难度增大，同时也出现了人才供给不及时等问题。另一方面，因为游戏产品的生命周期非常短，DY科技需要尽快找到企业的第二业务，抓住市场机会，实现第二次增长。所以DY科技亟须构建一套完善的企业管理体系。

一次偶然的机会，我们在清华大学某活动中与Z总相识，Z总邀请我们来到他的公司，经过简单沟通及初步诊断后，达成了人力资源管理体系升级项目的合作意向，签订合同后项目组马上入驻DY科技并启动了项目。

1. 业务增长的管理阻碍

通过项目组的初步了解，DY科技的问题主要表现在以下三个方面。

（1）业务高速增长，管理难度加大。

员工规模从几十人迅速扩大到几百人，管理难度随之加大。原来以项目聚焦为主的管理模式，很难实现精细化管理。游戏用户数破亿，项目也由野蛮生长转变为精细化运营，但很多管理动作难以执行到位。团队成员大部分为"双一流"高校生，是典型的知识型管理团队。

（2）规模化成长阶段，人才成为企业发展的首要问题。

公司发展进入快车道，对人才的需求更加旺盛，对运营、技术、研发人才的要求也在不断升级。面对人才短缺问题，像大数据工程师、引擎工程师、架构工程师、运营工程师等岗位，可以对标百度、阿里、腾讯、今日头条等企业定向猎挖，以支撑人才供给。另外，通过校园招聘储备应届毕业生，融入新鲜血液。但要想把人才留住，就需要一套管理机制来保持企业的组织活力。

（3）如何保持业务的持续增长。

公司不能只追求短期的财务结果，仅关注营收、利润指标，要将重点放在长期可持续发展上，要重视产品的用户体验和用户满意度，在商业化进程中眼光要更为长远，不过度追求当期变现。公司要重点关注运营类指标，比如用户活跃度（包括日活、月活数据）、用户数量等核心指标。但如何保证公司产品的持续成长性；如何联动产品、运营等团队，实现部门之间的横向协同，实现运营数据的持续增长，也是企业在高速发展阶段需要考量的问题。

2. 找准"第二曲线"破局点，实现多维度布局

互联网发展快、变化快，用户可选择性非常高，游戏产品的生命周期非常短。如果能够找到企业的"第二曲线"，抓住市场机会，企业就可以实现第二次增长。企业创始团队也在考虑新的业务增长点，如文创电商、直播、开发者模式、动画电影等，通过多维度布局，推动"第二曲线"的实现。

3.1.2 管理咨询项目需要分析

1. 从目标到计划的管理模式建立

随着团队的扩增，原来项目推进制的管理模式较难实现跨部门协同，急需一套新的管理模式从目标到策略再到任务逐层拉通，解决跨部门协同问题。公司高层经过内部沟通，决定采用OKR（Objectives and Key Results）管理模式，建立目标管理机制，同时试行目标与关键结果考核机制。

2. 建立体系化机制，增强人才吸附力

在互联网高速发展期，很多优秀的创业项目在整体形势较好的情况下获得了不错的估值与融资，整体呈现一片欣欣向荣的繁荣景象。很多新成立的互联网公司在资本助推下，在抢占市场、抢夺人才上不计成本，在招聘高校优秀毕业生时开出较高的薪酬。如何设计有吸引力的薪酬模式，同时在确保公司薪酬成本可控的基础上做好薪酬管理，成为本项目的核心诉求之一。

3. 筑巢引凤，组建高效团队

人员快速增加也给企业组织管理带来挑战，企业急需一批优秀的管理者来解决内部团队的管理问题。内部如何识别人才，如何做好内部团队晋升；是否需要从外部招聘一些有管理经验的中层管理人员，为企业带来先进的管理思想与成熟的管理体系；内部培养的管理者与外部招聘的管理者如何做好团队融合等，也是本项目需要解决的主要问题。

3.2 OKR管理，管理界的瑞士军刀

OKR管理模式成为很多组织必备的管理工具，现代管理学家彼得·德鲁克提出：知识型组织中的每个人都是管理者。知识型企业的员工都是高知分子，而OKR管理模式的管理逻辑恰好适用于管理高知分子。同时，OKR是管理界的瑞士军刀，适用于大多数环境，在生产研发、互联网、房地产等企业都能使用。我们团队研究OKR管理模式多年，曾服务过多家互联网、电商等企业，发现所有企业在经营过程中遇到的难题都很类似，比如战略方向判断是否准确；团队配置与目标是否匹配；是否有试错机制，机制是否合理，在发展与危机中是否可以平衡；如何让组织高效运转，让业务高速发展；当团队目标不同，理解不一致，执行效率不一致时，如何协调；等等。

项目组结合过往的经验，通过对目标管理的研究及咨询，探索出一套能落地的OKR管理体系实践方法（见图3-1），帮助企业解决OKR管理模式实施难的困扰。

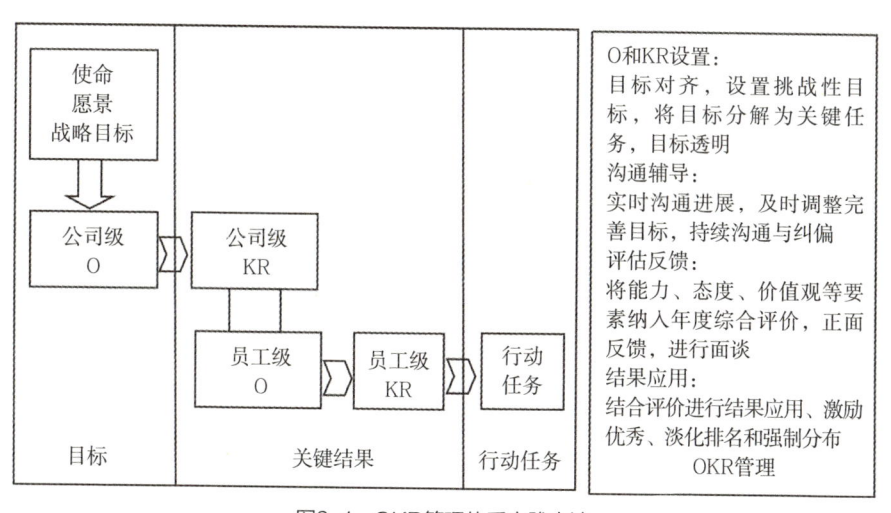

图3-1 OKR管理体系实践方法

3.2.1 OKR管理模式的具体逻辑

OKR管理模式在谷歌、Facebook、Linkedin等企业得到了广泛的使用，国内很多互联网企业也在尝试用这种管理模式。国内也有一些用得不错的企业，比如字节跳动。字节跳动在企业内部践行OKR管理机制后，开发了"飞书[①]"软件，并将其变成一个营利性产品，推向市场。

OKR管理模式具有的简单、敏捷、聚焦、公开透明、自下而上、前瞻性思考等特点，对于推动知识型管理团队的自我管理非常有效。

简单、敏捷、聚焦： OKR管理模式的表达与呈现非常精简，组织的OKR管理模式与个人的OKR管理模式都强调少而精，便于理解与管理。

公开透明、自下而上： OKR管理模式要求目标与关键结果在组织中纵向对齐、横向对齐，统一步调，相互支持。这里所说的对齐是动态的，从目标设定到实施过程都要对齐。其基本假设是，组织面临的环境是变化的，因此企业制定的计划就可能被打乱，企业内的各个部门、各个岗位就应当重新对焦组织的总体目标，实现新的协同。

前瞻性思考： 强调基于未来目标的挑战性，关注企业长期健康发展，在产品布局、人才布局上做投入，针对企业长期发展可能遇到的挑战制定预设问题解决方案。

3.2.2 实施OKR管理模式可能遇到的挑战及其应对策略

OKR管理模式实施土壤： OKR管理模式强调透明、简单，需要良好的企业文化做支撑。官僚式的组织机构是无法有效导入OKR管理模式的，因为企业内耗太大，OKR管理模式在内部推行的沟通成本会非常高，且无法保障有效对齐，结果将会变成"各扫门前雪"。所以，在导入OKR管理模式之前，企业必须先识别自己的企业文化及现状，相对来说，开放型组织导入的成功概率更大。

---

① 飞书是字节跳动公司于2016年自研的新一代一站式协作平台，是保障字节跳动全球数万人高效协作的办公工具。飞书将即时沟通、日历、云文档、云盘和工作台深度整合，通过开放兼容的平台，让成员在一处即可实现高效的沟通和流畅的协作，全方位提升企业效率。

OKR管理模式选择： 因为强调聚焦，"O"的选择与"KR"的选择就必须符合"二八定律"，但很多时候管理人员很难作出取舍。在设置OKR时，管理人员要不停地提醒自己"聚焦、聚焦、再聚焦"。聚焦核心目标与核心策略，抓住核心矛盾，重点突击解决。

OKR机制不与绩效和奖金关联： 因为强调目标的挑战性，很多公司遵循西方公司的"OKR不作为最终评价、不与考核关联"的模式，也有一些企业实行OKR与KPI双轨制模式，目标管理的部分用OKR来进行日常校核，而考评阶段回归KPI模式，用实际达成核算最终绩效得分。但此种模式容易让员工不知所措，无法明确目标，最终不是OKR流于形式，就是KPI考核饱受诟病。因此，我们采取了简单的"考"与"评"的方法，简化流程，用OKR工具贯穿目标管理到绩效管理的全过程。

3.3 OKR管理方案，让动态战略落地成为可能

3.3.1 企业实施OKR管理模式的前期准备工作

1. OKR文化盘点

落地OKR机制的核心是理解企业的文化特点，看企业是否具备开放、包容的文化特征，能否很好地承载OKR这个管理工具。企业文化氛围自诊可参考表3-1进行。

表3-1 企业文化氛围自诊表

评价维度	二级维度	单项配分	自评分值
沟通模式	企业沟通非常简单，很多场合可直抒胸臆，不用拐弯抹角	10	
	遇到争议时，可据理力争，工作中不回避冲突	10	
	管理人员对下属的沟通和提案持尊重与接纳的态度	10	
	沟通时允许存在多种声音，鼓励多视角与不同观点	10	
企业氛围	企业氛围融洽，不压抑	10	
	企业没有派系，凝聚力强，人人平等，互相尊重	10	

续表

评价维度	二级维度	单项配分	自评分值
议事规则	谁主张，谁召集，一切以组织目标为准绳	10	
	尊重客观事实，以解决问题为出发点，不存在"官大一级压死人"现象	10	
组织效率	组织效率极高，遇到瓶颈问题，员工会主动解决	10	
	审批程序不复杂，不存在因权力设置审批点的现象	10	
加分项	没有梳理企业文化体系，但内部在大是大非上有统一的判断依据，可加5分		
	有明确的使命、愿景、价值观体系且深入人心，可加5分		
评分标准	S（卓越，10分）；A（优秀，8~9分）；B（良好，6~7分）；C（较差，3~5分）；D（差，3分以下）		

企业文化氛围得分在80分以上说明企业具备较好的土壤，适合导入OKR管理工具。得分在60~80分之间的企业，在导入OKR管理工具前需加强企业文化的开放、平等、尊重等因子建设。得分在60分以下的企业，暂不适合导入OKR管理工具。所以企业在导入OKR管理工具前一定要对企业文化氛围进行诊断，只有在企业文化适合的情况下导入，OKR管理方案才能落地。

2. OKR管理工具导入前管理人员的自我学习

组织管理人员参加OKR管理模式自主学习会，举办OKR专题读书会，阅读约翰·杜尔的《这就是OKR》、克里斯蒂娜·沃特克的《OKR工作法》等，提炼书中的主要内容，梳理OKR的知识框架，同时鼓励他们畅谈对OKR的理解与认知，再通过行动学习法尝试回答以下问题：

你所理解的OKR是什么？
OKR有什么作用？
OKR理念中的哪一点最打动你，为什么？
OKR提炼的关键点是什么？
如果在你的团队中使用OKR管理工具，你认为可以解决什么问题？

OKR实践中，你认为可能遇到的挑战是什么？
书中哪个案例让你印象深刻，为什么？

3.3.2　OKR管理工具实施路径

OKR是一套战略落地工具，是一套组织变革工具，是数字化时代将动态化的战略和活力组织有效连接的一套实施工具。OKR管理工具实施路径由战略务虚会、目标共创会、OKR对齐确认、OKR发布、OKR运行、OKR复盘评价、OKR校准七个步骤构成（见图3-2）。

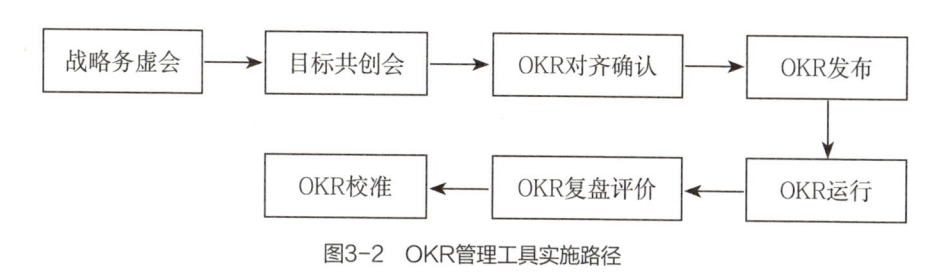

图3-2　OKR管理工具实施路径

3.3.3　OKR战略务虚会落地举措

OKR机制制定的前提是企业战略及目标清晰。DY科技正处于快速发展阶段，外部环境变化迅速。公司要对接资本市场，需要更好地判别外部市场机会，找到可持续增长点，所以每年公司都要经过比较缜密的战略分析与战略设计，找到下一步发展方向及重点。为了更好地开展战略务虚会，项目组提前为高管团队准备了一份调研问卷，让高管按照调研问卷收集企业资料及信息，将战略务虚会与目标共创会放在一起进行研讨。

1. 研讨会的目标

研讨会的目标主要包括：梳理、澄清公司发展的战略方向、目标和路径；通过战略研讨沟通增进中高层管理人员对战略的参与、理解与认同，并找到与自身价值的关系；找到组织结构设计、绩效指标和目标分解的重要输入或参考依据。持续实现业务领先的OKR战略管理方法如图3-3所示。

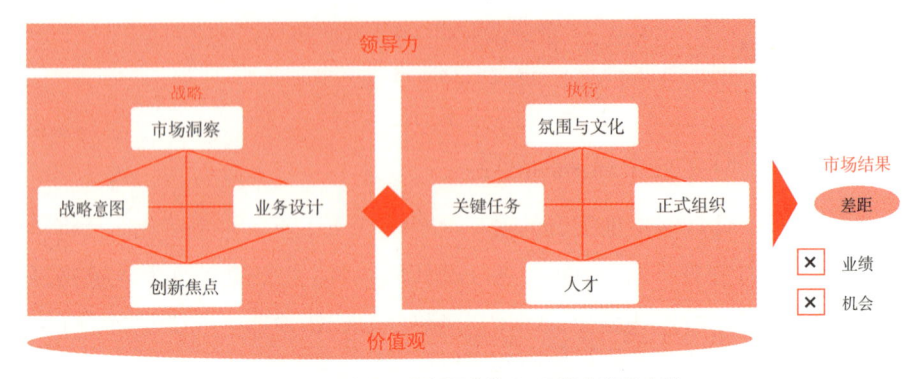

图3-3 持续实现业务领先的OKR战略管理方法

2. 差距分析

进行双差分析，达成差距共识。双差分析是指对比分析市场结果和期望业绩，找出差距。通过这种分析，高管团队可以明确了解当前的市场状况和业务运营状况，识别需要改进的领域。双差分析的结果可以帮助高管团队达成共识，即为了实现期望业绩需要采取哪些行动来填补差距。

对现有的和期望的业绩之间的差距的感知触发战略创新。高管团队发现现有市场结果与期望业绩之间存在差距，就会对现有业务设计或执行策略产生怀疑。这种对差距的认知可以激发高管团队进行战略创新。

业绩差距是现有经营结果和期望值之间差距的一种量化陈述。这种差距可以通过数据或指标进行量化，以便高管团队清晰地了解差距的大小和影响。

机会差距是现有经营结果和新业务设计（产品与服务设计）所能带来的经营结果之间差距的一种量化评估。这种差距也可以通过数据或指标进行量化，以评估新业务设计可能带来的潜在影响。

在某些情况下，业绩差距可以通过提高执行效率、优化流程或调整运营策略等方式来填补，而无须进行根本性的业务设计改变。这意味着高管团队可以采取一系列措施来提高现有业务设计的效率。

为了填补机会差距，企业需要探索新的业务模式，开发新的产品以满足市场需求。

在进行差距分析后，高管团队需要明确企业的战略目标和优先事项并达成共识。这些目标和优先事项应该与企业的愿景和长期规划保持一致，并契合市场需求和竞争环境。

在确立战略目标后，高管团队还需要将这些目标分解为具体的、可衡量的指标和行动计划。这些指标和行动计划应该与每个团队成员的职责和角色相匹配，以确保在整个组织中实现目标的一致性和有效性。

通过差距分析，企业可以更好地理解市场需求和了解竞争环境，识别战略机会和改进领域，并制定行动计划来填补差距并实现目标。在这个过程中，高管团队可以共同努力，达成共识，推动战略创新和业务发展。DY科技的差距分析如表3-2所示。

表3-2 DY科技的差距分析

差距类别	主要差距描述	形成差距的主要原因
公司有哪些业绩差距	·活跃用户数量的增长速度相较于前一年的增长速度放缓 ·公司的商业化进程需进一步探索	用户增长进入瓶颈期
公司有哪些机会差距	IP商业化进程推进较慢	缺乏有生命力的产品
与行业内主要竞争对手相比，我们在哪些方面还存在差距	·内容创作在创新性上存在明显差距 ·IP商业化在布局上有明显短板	产品定位精准性不佳、专业人才缺失造成产品及运营上的差距

3. 市场洞察，破解企业战略制定难题的关键

弥补业绩差距可以通过加强战略执行来实现，但要弥补机会差距则需要新业务设计，而新业务设计又需要以市场机会和客户需求为出发点，市场洞察就是在探寻达成未来战略目标的市场机会。

了解客户需求、竞争者动向、技术发展和经济状况，找到市场机会，目标是清楚市场上正在发生什么以及它们对公司来说意味着什么。

分析该细分市场的主要竞争对手和目标客户群的痛点需求。

通过市场洞察的五看——看趋势、看市场、看竞争、看客户、看自己，了解行业趋势，为下一步规划提供依据。

市场洞察的深度和广度决定了企业的眼界，决定了企业未来发展的方向。市场洞察的质量决定了企业战略的水平，决定了企业未来发展方向的准确性。

人人都是情报源，都可以为我们提供市场洞察相关的关键信息和数据。

4．用户分析，助力精准定位用户

大数据时代，数据分析关系到产品战略的决策，根据数据分析结果，企业能更精准地制定产品及营销规划。随着应用商店和社交网络的兴起，网络游戏的市场规模空前扩大，大数据对于游戏运营，特别是延长产品寿命的积极作用越发明显，也便于企业开展更有效的活动进行品牌推广。根据DY科技所在行业的特性，项目组从用户分类、用户偏好及痛点、关键购买因素的维度对用户展开分析（见表3-3）。

表3-3 DY科技的用户分析

用户分类	·游戏用户主体：青少年 ·IP周边用户主体：年轻父母（为孩子准备礼物时购买）
用户偏好及痛点	·偏好：故事性强、新奇、好玩、有趣 ·痛点：家长对于游戏的管控
关键购买因素	·升级或者炫酷的游戏配件 ·对游戏人物的喜好（购买IP类产品，例如手办、书包、公仔、拼图等）

5．竞争与动向分析，应对同行竞争

开展竞争与动向分析，一方面，要从竞争需求的角度寻找新产品或是优化现有产品；另一方面，对此前未满足的客户需求产生的新产品概念进行深入分析与研究。项目组对DY科技的竞争与动向分析主要从市场变化、主要竞争对手、竞争策略、竞争格局、标杆这几个维度展开（见表3-4）。

表3-4　DY科技的竞争与动向分析

市场变化	·赢家通吃，在行业的市场份额越来越高 ·单纯的游戏变现路径较窄，同时用户留存也受到较大挑战
主要竞争对手	DG、CT、MV
竞争策略	·布局全球市场，通过游戏做益智类培训 ·全平台发行，在广告投放上预算充足 ·利用实体玩具打通线下市场
竞争格局	·全球市场被国外竞争对手抢占较大份额，DY科技在国内市场具有较大优势 ·国内市场竞争对手起步早，产品市场占有率较高，但DY科技对国内市场用户群体的研究较深，产品针对性较强，而且在国内市场的运营推广较竞争对手也有一定优势，平台覆盖面广
标杆	竞争对手全球化运营布局推广、产品迭代、线下IP运作同步推进

6. 公司的核心竞争力分析（资源分析）

美国学者普拉哈拉德[1]和美国学者加里·哈默尔[2]提出的核心竞争力理论，已成为分析企业核心竞争力和成长力的一个重要工具。项目组主要从商业模式、技术、财务、品牌、产品、人员、管理水平等维度对DY科技的核心竞争力进行分析（见表3-5）。

表3-5　DY科技的核心竞争力分析[3]

资源要素	优势	劣势
商业模式	（略）	（略）
技术	（略）	（略）
财务	（略）	（略）
品牌	（略）	（略）

---

[1] 普拉哈拉德为核心竞争力理论的创始人之一，密歇根大学商学院教授。
[2] 加里·哈默尔是著名的战略管理咨询公司Strategos的创始人和董事长，前伦敦商学院战略及国际管理的教授。
[3] 因本案例涉及企业保密信息，本表及后续部分表格只展示项目组成，不作详细信息展示。

续表

资源要素	优势	劣势
产品	（略）	（略）
人员	（略）	（略）
管理水平	（略）	（略）
其他	（略）	（略）

3.3.4 企业战略意图的实施途径

战略意图用于设定企业的发展方向和最终目标。战略意图通常由四个基本要素组成：使命、愿景、价值观和战略目标。

使命是公司存在的原因。使命是企业的原点，它定义了企业存在的根本目的和价值。使命是企业的发心，它驱动着企业不断前行，不断追求进步和创新。使命也是企业的因，它代表着企业的初心和初衷，指引着企业向正确的方向发展。

愿景是指企业的终点、诉求和长期战略目标。企业希望做成什么，为社会贡献后想得到什么结果？愿景是企业的终点，它描绘了企业未来想要达到的目的和状态。愿景也是企业的长期战略目标，它指引着公司不断进取，不断超越自我，不断追求更高的目标。愿景还代表企业希望为社会贡献的结果，它激励着企业不断努力，为社会创造更大的价值。

价值观是企业在实现使命和愿景过程中所遵循的行为准则和方式。价值观是企业实现使命和愿景的关键因素，它规范着企业的行为和决策，代表着企业的文化和管理风格。价值观还营造了企业的氛围，影响着员工的工作态度和行为方式，也影响着公司与合作伙伴、客户的关系。

战略目标可以称为"中长期目标"，是为愿景奋斗过程中的阶段性里程碑。而近期目标是指一年期目标，通常也称为"年度经营目标"。可量化的战略目标或经营目标是战略意图中最容易理解和传递下去的部分，例如三年翻一番、每年至少增长40%等。

在战略意图中，使命、愿景和价值观是企业专属的底色，它们通常放在一起作为企业的"本质性定义"，而战略目标则驱动着企业年复一年地增长。通过设定明确的使命、愿景和战略目标，企业可以更好地指导自身发展，实现长期的成功。在DY科技这个项目中，我们与DY科技创始人深度沟通，梳理出企业的使命、愿景、价值观，同时也对战略目标的制定逻辑进行了研讨。

3.3.5 企业战略目标设想

与DY科技高管团队对企业战略的理解达成一致后，项目组从产品、服务、市场、客户、技术、时机等维度初步构思了DY科技的战略目标设想（见表3-6）。

表3-6 DY科技的战略目标设想

维度	战略目标设想
产品	（略）
服务	（略）
市场	（略）
客户	（略）
技术	（略）
时机	（略）
其他	（略）

之后项目组依据战略目标设想梳理出DY科技未来三年（2021—2023年）的战略目标（见表3-7），以经营收入、估值、活跃用户数量、利润率、市场份额为经营指标设定对应的目标值。

表3-7 DY科技2021—2023年的战略目标

经营指标	2021年	2022年	2023年
经营收入（亿元）	（略）	（略）	（略）
估值（亿元）	（略）	（略）	（略）
活跃用户数量（人）	（略）	（略）	（略）
利润率（%）	（略）	（略）	（略）
市场份额（%）	（略）	（略）	（略）

最后项目组依据DY科技的战略目标梳理出DY科技2021—2023年的主要发展路径，具体如表3-8所示，推导出DY科技明确的战略意图，包括不同阶段的战略重点、主要发展思路、主要阶段的里程碑。

表3-8　DY科技2021—2023年的主要发展路径

战略意图	2021年	2022年	2023年
不同阶段的战略重点	提高用户数量，提升用户活跃度，确保核心运营指标的高成长性	通过布局海外市场，孵化业务线，提升公司竞争壁垒，构建"护城河"	重视收入与现金流，启动IPO，规划上市进程
主要发展思路	构建产品，保持产品迭代频率；多维度运营策略，提高产品曝光度	通过主产品横拓产品线，尝试多条腿走路；进入亚洲市场，开始布局海外产品路径	多维度发展产品线，拓宽营收与变现路径
主要阶段的里程碑	活跃用户数量达××；资本市场估值达××	成功孵化两条产品线；海外市场用户数量达××，活跃度达××	主营产品收入达××；孵化产品收入达××；做好IPO上市前的准备

3.3.6　组织、人才、文化是OKR机制落地的保障

1. 组织氛围与人才

战略规划团队有责任对组织能力的提升提出建设性的要求或方案，并推动相关部门去落实。

2. 正式组织是执行的保障

在开展新业务时，一定要投入核心的管理资源，为确保关键任务和流程能有效执行，需建立相应的组织结构、流程体系、绩效考核标准和激励系统，并根据战略和业务流程布阵点兵，突出组织协同与责任共担。同时，通过经营例会抓好战略落地跟踪管理和复盘，复盘是实现闭环和改进的好办法。另外，绩效管理与战略要相互结合，与战略管理形成闭环。

3. 人才要有相应的技能去完成战略的执行

员工必须有能力、有动力来实施关键任务和流程，但在选拔人才的过程中需注意做好人力成本预算和控制。

4. 组织能力评估及提升举措

积极的氛围和好的工作环境能刺激人们创造出色的业绩，比如，领导是否起到了行为示范作用，是否营造了一种激励人心的氛围，等等。DY科技的企业组织能力评估见表3-9。

表3-9　DY科技企业组织能力评估

评估维度	评估意见或建议
基于关键任务对组织架构、人才、领导力的要求，这些方面需要发生哪些改变才能支撑关键任务的实施	·组织架构：构建共享的中后台模式，建立协同的运作流程 ·人才：加强专业人才及管理人才的引进 ·领导力：创始人团队分工与管理清晰
公司需要营造怎样的氛围	创新、开放、尊重、包容
提升或激发组织活力的意见或建议	目标管理机制的建立，项目管理机制的建立，短期薪酬激励机制的明确
现有文化中是否有阻碍任务完成的因素，具体有哪些因素	（略）

深度评估及剖析组织能力，分析影响组织能力的障碍及根本原因，找出最重要的阻碍组织能力提升的因素（见表3-10），依次从组织架构、人才、领导力、组织氛围这几个维度进行分析。

表3-10　组织能力提升的障碍及根本原因分析

分析维度	问题/障碍	深层原因
组织架构	（略）	（略）
人才	（略）	（略）
领导力	（略）	（略）
组织氛围	（略）	（略）

组织能力提升的障碍及根本原因分析完成后，就可以组织团队成员以项目的方式确定销项表。销项表也称为组织能力障碍解决方案及行动计划表（见表3-11），从解决方案描述、行动项目、完成标准、完成日期等方面形成解决方案及行动计划，并落实到具体的部门及责任人，同步还可以制定相应的考核措施。

表3-11 组织能力障碍解决方案及行动计划表

序号	解决方案描述	行动项目	完成标准	完成日期	部门及责任人
1	（略）	（略）	（略）	（略）	（略）

3.3.7 DY科技的OKR呈现

根据前期梳理及研讨，我们形成了DY科技公司级OKR模式，并在内部组织了两次会议研讨与确认OKR模式，将OKR分解至一级部门，形成了DY科技2021年公司级OKR模式（见表3-12）。

表3-12 DY科技2021年公司级OKR模式

O	KR1	KR2	KR3
O1：保持沙盒游戏品类的持续影响力	通过良好的内容及用户体验，提高活跃用户数；月活跃用户数保持在××，日活跃用户数保持在××	积极开拓海外市场，主攻××、××、××三大市场，日活跃用户数保持在××	持续投入品牌活动，核心运营商投入××元，保持在游戏推送品类中排名前3
O2：探索及拓展"第二曲线"业务	新业务开拓按里程碑计划完成，按节点推进开发进程	品牌商业化，文创类品牌输出，全年完成××款新产品试水	益智类教学业务推进，构建线下生态
O3：提升组织能力	完成团队组建，依计划完成人员招聘工作	建立目标管理、绩效激励体系，6月开始试行	持续培养团队，进行梯队人才建设，人均培训时长不少于××小时

注：O代表目标，KR代表关键成果。

公司级OKR模式梳理完成后，企业就可以采用自上而下的方式，共同解析各个团队的重点工作，和团队一起设定团队目标，从而实现企业和团队OKR自上而下的共创。如产品开发中心2021年的OKR设置（见表3-13），就要做到上下对齐，左右拉通。在产品开发中心的OKR中，O1承接公司级KR1，同时对齐公司级O1"保持沙盒游戏品类的持续影响力"；产品开发中心O2，承接公司级O2"探索及拓展'第二曲线'业务"中的KR1"新业务开拓按里程碑计划完成，按节点推进开发进程"；产品开发中心O3对应公司级O3"提升组织能力"，在招聘、培养人才和建设人才梯队等方面基于部门予以承接。

表3-13　DY科技产品开发中心2021年的OKR

O	KR1	KR2	KR3
O1：保持产品的持续竞争力	7月完成游戏主体的内容迭代	8月上线完整新故事系统，完成基础接口服务搭建	7月前开发出完整的活动支持系统
O2：孵化业务开发进度及质量有效管控	2月完成新业务主体开发计划确认	6月上线新业务1.0版本，并且完成测试	8月完成新业务线上线下融合打通
O3：提升开发团队专业技术能力	每季度组织召开内部技能分享会，由技术大咖做内部分享	4月前完成技术团队招聘需求	6月协同HR建立工程师团队晋升通道

DY科技运营中心2021年的OKR如表3-14所示。运营中心O1"保持国内用户数量的持续增长"，承接公司级KR1"通过良好的内容及用户体验，提高活跃用户数；月活跃用户数保持在××，日活跃用户数保持在××"；运营中心O2"海外日活跃用户数达××"，承接公司级KR2"积极开拓海外市场，主攻××、××、××三大市场，日活跃用户数保持在××"。

表3-14　DY科技运营中心2021年的OKR设置

O	KR1	KR2	KR3
O1：保持国内用户数量的持续增长	强化国内版本内容的宣发，实现内容阅读量达到××	组织线上线下互动活动，全年实现用户互动参与率达到××%	新产品运营上线推广，造势宣发，完成每月一场大型用户面对面活动
O2：海外日活跃用户数达××	新拓区域PC端日活跃用户数达××	接入小米、华为、OPPO等海外应用商店App 5家	完成5个大型赛事、8个区域性赛事线下活动
O3：导入开发者联盟，引导用户生态玩家创造内容	暑期上线开发者新版本，提前一个月完成运营布局	开发者作品广泛传播，产生××元流水	建立有序审查机制，保证开发者内容健康度达到××%

DY科技人力资源部2021年的OKR全部来自公司级O3"提升组织能力"，从员工意愿度管理、员工能力管理、企业治理机制建设铁三角出发，围绕人才、机制、文化制定年度工作目标。DY科技人力资源部2021年的OKR如表3-15所示。

表3-15　DY科技人力资源部2021年的OKR（部分示例）

O	KR1	KR2	KR3
O1：构建人才保障体系，满足组织人才需求	2月梳理人才地图，新增3个招聘渠道，招聘成功率达××%	3月完成人才盘点，识别高潜人才，同时明确人才补充需求	启动秋季校园招聘会，计划招聘××人
O2：完成内部机制建设	6月完成目标管理、薪酬体系建设阶段，7月进入试运行落地阶段	完成内部人才培养体系建设，建立内部导师制	内部建立晋升机制，完成初级管理者晋升计划，计划晋升××人
O3：梳理及践行企业文化	梳理企业文化体系、评价标准，每月收集企业文化典型案例	依计划开展企业文化活动	每季度在产品开发、运营端及制度端进行一次企业文化渗透检查

经过充分沟通后，最终公司、部门、员工及合作伙伴都对齐了公司级OKR模式，形成了岗位的OKR（见表3-16、表3-17、表3-18），整个公司朝着共同目标前进。

表3-16　DY科技程序开发专员2021年的OKR（部分示例）

O	KR1	KR2	KR3
确保完成开发任务	依据开发里程碑完成新业务1.0版本开发计划	参与产品测试阶段问题诊断分析，完成产品迭代任务	关注用户反馈，完成Bug修复

表3-17　DY科技海外运营专员2021年的OKR（部分示例）

O	KR1	KR2	KR3
完成海外新区域运营布局	3月前完成新拓区域运营调研，出具运营报告	3月前组建海外兼职运营团队，招募运营人员××人	6月前涨粉××人，完成粉丝激活

表3-18　DY科技招聘专员2021年的OKR（部分示例）

O	KR1	KR2	KR3
满足人才招聘需求，确保人才招聘成功率达××%	新增招聘渠道××个，新增猎聘渠道××个	提高简历收采数量，每个需求岗位每月确保收集精准简历数量××份	提高到面率，每个招聘岗位确保到面率达××%

岗位OKR与部门级OKR之间不是简单的对应关系，因为一个部门往往涉及多个岗位，并且岗位之间有明确的分工。所以对齐OKR的过程中，要根据部门目标思考该职位应该提供什么，进而形成可量化的标准。上级的目标不是下级的全部，下级的目标也不是上级的附庸，更多应该是自身的主动思考、主动规划，以及针对团队总目标形成贡献的自我管理。

【OKR模式研讨花絮】凝聚改革共识，拿结果

在共创公司级OKR模式的时候，顾问引导结束后，项目团队将DY科技的相关人员分小组进行共创研讨。在作业晾晒环节，项目团队各小组研

讨出的目标一共有十几个。每个小组都有各自明确的主张，认为这些目标都是聚焦后必需的选择项。最后顾问引导各小组从"股东与财务、市场与客户、员工视角、生态视角"重新对现有目标做归集和减法，将公司级的目标限定在3~5个。有了这个统一的方向，各小组在激烈讨论后再次归集的目标就变得非常相似了。起初我们认为大家是在统一的认知领域里寻找目标，但在实际共创环节发现各种千奇百怪的现象都出现了。我们采取的是先发散后归集的方式，当然也可以一开始就做好框架限定，各小组在框架内寻找对应的目标，但没有发散的过程，团队在思考问题的时候比较容易设限，从而导致创新性不足。

在将公司级OKR分解至一级部门的时候，各小组对于OKR承接有多种不同的声音，一种教科书式的方法是上级的KR就是下级的O，对KR进行简单拆解；另一种方法是分析和对齐上级的O与KR的策略。运用两种方法进行拆解后，大家发现了明显的区别，KR的直接承接在一级部门尚存在一定的逻辑性，但向下再拆解岗位OKR时就行不通了，因为二者无法对齐。当大家从策略角度开始思考，以职位分解角度为出发点时结果就得到了较大的改善。大家反映：不应该只关注上级的目标O，而应该主动思考"我应该怎样做""我能作出什么贡献"，这个贡献有支撑上级目标的，也有实现自身使命、完成策略性工作任务的。这个部分对横向部门的对齐也有较大的启发意义。

例如，公司级目标O："探索及拓展'第二曲线'业务"；产品开发中心目标O："孵化业务开发进度及质量有效管控"；运营中心目标O："导入开发者联盟，引导用户生态玩家创造内容"；人力资源部目标O："构建人才保障体系，满足组织人才需求"。

从示例中可以看到，公司级目标O要通过层层分解才能最终达成。另外，产品开发中心从产品开发模块支持"第二曲线"业务的开展，运营中心的运营上线会滞后于开发阶段，所以DY科技2021年重点从"开发者联盟"入手，鼓励高端玩家自主创造内容，加强该生态的运营推广。人力资源部从人才保障体系入手，支持"第二曲线"业务目标的达成。

3.4 OKR管理实施的关键

3.4.1 OKR模式如何关联考核

由于OKR模式强调目标制定的挑战性，如果跟考核关联就势必会形成自我博弈，所以OKR模式通常不设置考核。但企业在实际运作过程中如果完全没有考评机制，人才识别、绩效评估、绩效应用就无法落地。如果企业内部用OKR进行目标管理，用KPI模式进行考核，那么相应就需要制定两套不同的标准，两套机制同时运行对管理的挑战与要求就非常高。在DY科技，我们用OKR模式进行目标管理，但用直接上级及业务关联同事的评价作为考评依据。

DY科技借助OKR软件实施管理，每个人的OKR在系统中都可以看到。在系统中，被考评人可以用"360度评价"让周围的同事进行打分。因为OKR强调透明，所以每个人在各周期的OKR都非常清晰。在业务合作需求模式下，各自的表现都可以呈现出来，大家心里也就非常清楚了。

1. 自我总结

被考评人在考评期先对各项OKR的完成情况做总结，并附上自评，要求必须写明具体的数据与做法。

示例：Lily在该考核周期的自我总结

重点工作1：开发可云端控制的业务组件；
完成情况：开发可云端控制的业务组件10个，月均用量80万次；
自评：累计组件更新60余次，累计节省研发工时约300个。

重点工作2：浏览器兼容性解决方案；
完成情况：统一了各业务线浏览器兼容标准；
自评：自动引导用户解决浏览器不兼容问题，研发成本为0。

在该总结中，考评人可以对被考评人的表现进行评分。因为研发为探索性工作，存在一定的失败成本，所以某些实践即使失败，也不能将责任完全归因为被考评人主观不努力。从这份总结不仅能看到被考评人的目标完成情况，同时也能够看到她的工作思路。

2. 360度评价

被考评人通过系统中的"360度评价"模块邀请上级、下属以及同级别业务相关人员进行评价。如果被邀请人没有时间评价，或者工作交集少，缺乏评价依据，需在系统中作出说明。

绩效评价分为S、A、B⁺、B、C、D六个等级，对应中文分别是卓越、超出预期、符合预期+、符合预期、待改进、不合格。

被邀请评分人员除了给出相应的评分等级，还需要说明原因。

例如，评分人员给予Lily的部分评价如表3-19所示。

表3-19 对Lily的360度评价（部分）

做得好的	待改进的
参与开发的量很高，解决方案接入过程中很少遇到问题，关注研发效率，组织了相关技术分享	对业务的支持方面，可以思考得更深入一些，比如版本迭代模式

3. 自我评估

自我评估和360度评价都是自我总结，在看到其他同事的评价后，被考评人一方面要进行自我反思，另一方面要再次审视自我评估的客观性，看到自己的盲区。自己给自己打分，意在让上级知道你是如何看待自己的。

绩效考评上，没有惊喜，没有惊吓。如果最后的得分出乎意料，那么极有可能是双方之间沟通不够，或者员工的自我认知有偏差，这时候就要做好绩效沟通与反馈。

4. 上级评估

上级可以根据员工总结、自评等级、他人评价与评分来作出综合判断，给出等级评价。但上级评估在考评程序上就是最后一步吗？答案是否定的。

5. 绩效校准

上级完成等级评估后，还需要跟他的上级一起做一轮绩效校准，因为他对于信息的判断可能也是有偏差的。

如何进行绩效校准呢？仍以Lily为例。首先，把Lily放在她所属的小部门里，看这个绩效等级与日常表现和结果之间是否对应，再把Lily放到整个大的产品开发中心，看这个绩效等级的合理性，这样校准出的等级才是被考评人最终的绩效等级。

绩效校准的过程可以实现对齐标准、培养管理者、盘点人才三个目标。

6. 绩效确认

绩效等级确定后，就进入最后的绩效确认环节，在此过程中还可以完成绩效面谈的动作。

因为考核程序相对复杂，考核评价的出具通常需要较长时间，所以不建议频繁考核。我们在DY科技推行的是半年度考核、月度绩效复盘的方式，通过加强过程绩效管理，降低最终评价的难度，同时在这个过程中建立目标管理抓手。

3.4.2 OKR复盘会议如何开

"复盘"一词原是围棋术语，指的是每次对弈结束以后，双方棋手把刚才的对局再重复一遍，从而有效加深对这盘棋局的印象，也可以找出双方攻守的漏洞，这是围棋棋手提高棋艺的一种方法。在OKR会议中，OKR复盘会议十分重要，在整个OKR周期中起着至关重要的作用。比如，上个考核期的目标达成情况如何，下个考核期目标是否需要调整，外部发生了什么变化，我们需要采取哪些具体的措施等，这些都是复盘会议要解决的问题点。

1. 会议周期及时长

周期：每月一次。

时长：每次尽量控制在2小时以内，要求提前分析和准备。会上描述自己的OKR执行情况，讨论有分歧的地方。

2. 参会人员

部门复盘会议：部门成员都应参加，因为这个会能够反馈和解决问题，大家要把OKR执行过程中遇到的问题、挑战、困惑全部进行沟通。

公司复盘会议：公司CEO和各部门负责人参加，各部门负责人简述自己部门的OKR以及执行情况，讨论为了公司整体的OKR，部门具体作出了哪些贡献。

3. 会前准备事项

梳理个人的OKR情况并打分，找到自己做得好的地方，或者确定自己可以做得更好的地方。

4. 会议流程

个人复盘，同步数据、资料，各自分析。

分析的重点在于找到成功和失败背后的主观原因和客观原因。主观原因主要指自己的努力、遗漏、怠慢等导致的结果。客观原因主要指外在环境，如时机、他人的帮忙等导致的结果。这时很多人容易陷入一个误区：功劳在自己，责任在他人。如果达到目标，就归因为自己的努力；如果没有达成目标，就归因为客观条件不支持。

为了避免陷入这个误区，分析时一定要综合来看，否则容易骄傲自满或怨天尤人。一般来说，复盘时主要聚焦在主观原因上，因为这相对可控，而客观原因要少提及。

有了以上准备，接下来就是总结提炼出有益的经验。

但我们发现，这些经验有时候很难套用到新场景，因为没有考虑到它的挑战点和风险点。

挑战点：影响成功的难点环节。比如，要写好一篇文章，即使知道流程，但也会面临一个重要的挑战，即如何找到灵感。

风险点：影响成功的风险环节。比如，要持续运营好一个自媒体平台，有一个重要的风险点，那就是不要涉及敏感内容。

针对挑战点和风险点，我们需要明确对应的解决方案，在寻找解决方案时我们需要考虑以下内容。

（1）备选方案，即如果这条路走不通，可以选择哪条路；

（2）负面清单，即哪些事情不能做；

（3）利益相关者，即可以向谁求助；

（4）信息渠道，即可以在哪里找到对应的关键信息；

（5）方法工具，即可以借助什么工具战胜难题；

（6）止损建议，即遇到什么情况时要果断放弃。

最后，输出会议结果，具体包括以下内容。

（1）总结提炼目前OKR执行中存在的问题；

（2）总结提炼如何优化OKR执行过程，提升执行效率；

（3）明确下一个考核周期的主要目标，厘清需要调整的地方有哪些，再次进行OKR对齐。

3.5 咨询效果：定目标，拿结果，将战略落地

近几年，有很多企业向国外大型企业、国内知名企业学习引入OKR管理工具，但在引入过程中缺少对这种工具的了解和适用性分析，导致实际应用效果不佳。一个企业是否适合采用这种工具，要看目前的管理基础是否足够、团队是否有明确的进取心和高目标制定计划。DY科技遇到的问题较为典型，项目组对于OKR管理模式是否适合、如何采用、过程中如何落地等给出了明确的建议，制定了详细的项目管理计划，并且对下一步工作也给出了明确的指引，结合DY科技的企业战略落地OKR管理方案，最终达成了项目预期的效果，DY科技给予项目组一致好评。

在与DY科技人力资源副总裁会面沟通时，我们回顾了OKR管理模式落地的过程，下面将项目部分效果呈现给大家。

（1）前期战略研讨阶段，让管理团队进一步明晰了现在的竞争格局，明确了未来的发展路径，同时让核心团队对未来发展更有信心。

（2）建立了目标管理机制和过程追踪机制，构建了从目标制定、过程管理到结果评价的闭环，拉通了目标上下对齐、左右协同。

（3）建立了考评机制，考评机制倒逼员工自我成长，同时让人才识

别、人才晋升有了明确依据。考评机制对应的奖金分配以及长期期权机制的结合，激励员工积极向前，共创共担共享。

（4）OKR对企业文化起到了非常好的反向促进作用，OKR模式强调的透明、尊重、开放的企业文化，进一步传承了DY科技的企业文化精髓。

从经营结果上看，DY科技在运作OKR机制后，孵化业务取得明显进展，用户数量及用户活跃度都有了明显提升，进一步提高了公司估值。如同一盘散沙的公司重新凝聚了起来，现在部门与部门之间的协作非常流畅，大家向着同一个目标奋进，十分团结友爱。

3.6 思考与启示：战略管理和落地协同的感悟

外部环境的变化总是会给企业带来巨大的影响，互联网企业、游戏企业、项目制企业等发展迅速，往往是因为选择了一条好的赛道。而要适应新需求、把握新机遇，企业、个人就需要提高敏捷性。在本就复杂的企业如何实现这一点呢？OKR管理模式作为一种全新、高效的解决方案，结合我们对OKR管理模式的研究及实践经验，得出以下启示。

（1）OKR是非常好的目标管理工具，但一定要结合企业的文化特点，从内部区分OKR和KPI，很多企业OKR管理模式运作到最后变成了KPI管理模式，为了考核制定KPI，最终失去了OKR的价值。

（2）OKR机制的共创、引导、复盘，都是为了解决OKR机制理解与认同的问题。公司到部门的OKR设置机制可以采取从上至下的分解，但个人的OKR设置机制建议采取从下至上的对齐方式。让员工主动思考、深度思考如何设置个人工作任务目标才能支持组织目标的实现。

（3）OKR是目标管理机制，不应到了复盘会议阶段才去关注OKR的达成，而应每周、每月都落实到相应的工作计划与任务当中，并且形成良性的反馈机制，及时沟通对齐，确保目标达成。

（4）不将OKR机制当作过场与形式的核心点：一是建立"庆祝胜

利，正视失败，寻找根因"的企业文化；二是OKR机制开展的过程和最终达成的结果，应该是考核的主要来源，并不是说实行OKR机制就不能考核，而是我们如何做结合。一个大型组织，如果长期不考核就进行奖罚，那人才管理就会存在极大的盲区。

（5）OKR机制只是众多企业管理工具中的一种，不能因为OKR机制的流行，就否认KPI考核的科学性。两者都是企业管理工具，不存在好坏之分，只是不同的企业有不同的适用场景。

（6）完备的OKR机制不仅要制定大的"目标"，也要确立易于量化的"关键成果"，在设计OKR模式时切记，不可衡量的目标不能称为有效目标，只能称其为方向。

CHAPTER 4

干部管理

干部强则企业强,打造能打胜仗的干部队伍

我们经常讲"人才是企业非常重要的战略资源",但企业真正的战略资源是干部。用"二八定律"理解就是,干部人数往往不到企业人数的两成,但却是企业的战略资源,是带兵打仗的人。干部稳,队伍人心就稳;干部团结,队伍就坚如磐石;干部有战斗力,带头冲锋陷阵,队伍就势不可当,就能持续打胜仗。干部队伍的能力强弱很大程度上决定了企业的成败。本章撰述了广东DZ激光科技股份有限公司干部管理体系的搭建及实施,以此为引,与大家一起探讨和研究干部管理问题及其解决方案。

4.1 不畏浮云遮望眼,只为寻找真根源

广东DZ激光科技股份有限公司(以下简称"DZ集团")是一家集研发、生产、销售于一体的专用设备制造商,公司成立时间长,在业内有非常高的知名度。DZ集团抓住了智能制造的风口期,在研发与市场方面做了较大的投入,后期发展较快,迅速抢占了市场。

DZ集团上市后开始在相关产业链上进行布局,兼并了两家行业内的中小公司。但是兼并收购发生后,由于管理理念、管理风格存在较大差异,收购的公司与原公司的融合出现了问题。DZ集团对于收购的公司采取的是运营管控模式,对该公司的日常经营管理都有涉足。被收购方的少部分管理者因为理念不同而选择离开,但大多数仍然留在公司。DZ集团面临如何凝聚这一批留下来的管理者,如何设定考核激励方案,薪酬如何并轨等一系列难题。随着公司的业务布局及产业生态的扩张,后期需要更多优秀管理干部,而干部的选拔、任用、培养、激励等一系列问题亦需要企业解决。

4.1.1 缘起,博导的困境

DZ集团创始人T总是某高校博士生导师,擅长技术研发及产品开发,他将大部分精力都用在研发上,也成功让企业在短期内成为细分行业赛道的Top 1。但T总意识到,要想企业长期保持高速发展,战略和组织能力是两

个关键,而战略的核心是干部设计出来的,组织能力也需要干部来承载,因此,对于DZ集团而言,构建一套科学的干部管理体系尤为重要。

我们曾与T总所任教大学的商学院合作过一个课题研究,经商学院何院长的推荐,通过对我们团队过往研究及实践成果的深入了解,T总就DZ集团面临的问题坦诚地与我们团队交流,通过深层次交流诊断后,达成了干部管理体系构建的项目合作意向,签订合同后,项目组入驻DZ集团启动干部管理项目。

4.1.2　干部管理现状识别与问题分析

项目组通过访谈、问卷调研、资料分析等方式对DZ集团干部管理问题进行了梳理,经与DZ集团的高管确认,DZ集团干部管理存在的主要问题如表4-1所示。

表4-1　DZ集团干部管理的主要问题

纬度	子项	主要问题呈现
干部价值创造	人才数量及结构	整体人才数量偏少,中层多为基层提拔,但基层干部数量尚不能满足需求,中层干部缺编更为严重;整体人才结构的合理性不足,中层缺乏时,基层培养不足就匆忙上任
干部价值创造	干部素质	未制定干部素质标准,干部人才的选拔标准不明晰,且很多入司时间较长的管理者明显缺乏竞争意识与危机意识,老员工与新员工的价值如何更有效地发挥遇到瓶颈,引领团队的领导力不足,需提升战略思维与团队领导能力
干部价值评价	评价标准	评价标准不够系统,且各子公司有自成体系的评价标准。需构建基于总部集团统一的评价标准,围绕胜任力、业绩、价值观行为等构建一系列系统的评价标准;未体现动态管理原则,晋升、轮岗、退出等都没有建立相应的标准
干部价值评价	干部盘点	从未组织系统的干部盘点,高潜人才识别、核心人才价值识别等存在空白
干部价值分配	价值分配	价值分配未体现以奋斗者为本,激励政策没有拉开差距,没有实现预设目标

只有正确评价价值，才能合理分配价值和全力创造价值。项目组认为只有建立以"2-7-1价值评价体系"为核心，以干部能力体系为基础，以干部激励体系为牵引的"三支柱"动态干部管理体系（见图4-1），才能有效地突破DZ集团干部管理的瓶颈。

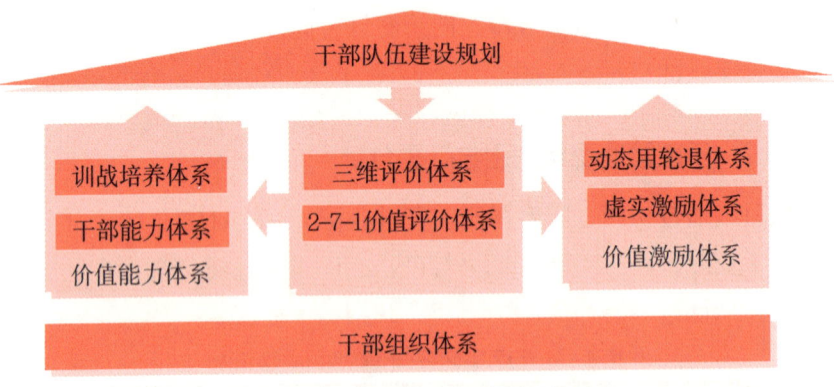

图4-1 "三支柱"动态干部管理体系

4.1.3 干部管理体系建设五步法

我们将针对以上问题形成的解决方案向DZ集团高管进行了汇报，他们对方案非常认可。我们提出了干部管理体系建设五步法的整体框架及思路，围绕干部管理组织、干部队伍规划、干部能力建设、干部评价、干部激励五步建立机制，以制度为基石打造能打胜仗的干部队伍（见表4-2）。

表4-2 DZ集团干部管理体系建设五步法

纬度	子项	内容
干部管理组织	干部界定	界定干部标准、干部分层、干部责任
	干部组织	干部管理部定位、组织架构设置、职责边界及权限
干部队伍规划	干部需求分析	战略经营诉求、关键能力分析、内外供应分析
	干部队伍规划	层级规划、编制规划、选拔招募规划

续表

纬度	子项	内容
干部能力建设	能力标准	干部素质提炼，设定任职资格标准
	训战培养	在职干部培养、后备干部培养、干部个人发展计划
干部评价	三维评价	业绩评价、能力评价、价值观评价
	2-7-1人才盘点	干部述职述能、2-7-1人才盘点分类
干部激励	干部"用轮退"	干部任用、干部轮岗、干部退出
	物质精神激励	内部事业合伙人、物质精神激励标准

确定干部管理机制后，企业就可以通过机制不断地培养，不断地历练，并推行"赛马文化"，按干部任命、角色认知、人岗匹配进行发展和淘汰，选出"尖子生"，然后按照继任计划，对"尖子生"进行干部盘点和短板分析，让企业拥有一批能征善战的将军。

4.2 干部管理，打造能打胜仗的干部队伍

4.2.1 构建科学的干部管理组织

DZ集团干部管理的职能归属人力资源管理部，随着干部队伍的进一步扩大，对于干部管理的专业化程度要求日渐提升，需对干部队伍进行赋能，建立干部管理的运营流程与干部管理机制。基于公司长期战略发展思考，我们与DZ集团高管一致认同，专设干部管理部，对干部进行专项管理。

华为的干部管理模式就值得借鉴。2018年7月6日，华为总裁办签发的【2018】062号文件显示，"在顶层组织设计上，我们要把原来在人力资源部具体管人的权限拿出来，建立一个总干部部，总干部部本身是要管人

的，管全局范围协调干部队伍，管跨领域成长、流动，管干部能力成长，管干部的后备平衡体系……"

传统的人力资源部负责把规则管好，然后交给干部管理部去统筹应用；各级干部管理部是业务领导的助手。人力资源部的规则就好比是管好长江的河道，管好两侧的堤坝；干部管理部就好比是管好水里的船和人，让船和人在河道内的主航道里跑，百舸争流，冲击"上甘岭"。

华为的人力资源部与干部管理部的分工明确，从核心分工、服务对象、基本定位、权力来源、组织特征、管理方向几个维度很好地解释了人力资源部与干部管理部的差异，清晰地界定了部门定位与职责，避免了职责的重复建设。华为人力资源部与干部管理部的定位及职责如表4-3所示。

表4-3 华为人力资源部与干部管理部的定位及职责

类别	人力资源部	干部管理部
核心分工	人力资源部管理规则，包括规则的建议，以及对规则执行的监管	干部管理部管人，管全局范围协调干部队伍，管跨领域成长、流动及干部能力成长
服务对象	以员工为中心，包括员工招聘、员工培养与激励、员工发展等相关工作	以干部为中心，干部管理部要重点管好后备干部的选拔、培养、考核、罢免
基本定位	负责专业化，人力资源部主要负责公司人力资源政策与规则的体系性、专业化建设	负责差异化，干部管理部负责将人力资源政策与规则和业务部门的实际情况相结合，最终让政策效果达到预期
权力来源	人力资源部拥有规则的草拟权，而规则由董事会决策和审核	干部管理部拥有规则的建议权、执行权，通过各级干部管理部将规则应用到各部门的实际管理中
组织特征	人力资源部属于块状组织，除了人力资源部本部，还有人力资源共享中心，以及向下延伸的专业化组织	干部管理部属于线条组织，包括总干部管理部及各部门的干部管理部，是公司整个干部管理的专家中心，简称COE（Center of Expertise），重点管好后备干部的选拔、培养、考核、罢免、配股、调薪等

干部管理——干部强则企业强，打造能打胜仗的干部队伍

续表

类别	人力资源部	干部管理部
管理方向	人力资源部要从权力中心变成服务支持中心，从后台走向前台，负责公司专业的人力资源后台支撑服务	干部管理部要从服务中心变成权力中心，干部体系从前台走到后台，总干部管理部要提出干部管理的理念、标准、授权原则的建议，以科学管理为导向

参照华为的组织模式，结合DZ集团的实际情况，项目组认为DZ集团暂不需要将干部管理部从人力资源部分离，只需在集团人力资源中心成立干部管理部，在下属各经营单元设立干部管理岗位，将职能跑通，承担干部管理的相应职能即可，可以用初始架构模式先试行一年，之后再根据结果优化。图4-2所示为DZ集团干部管理部的初期架构。

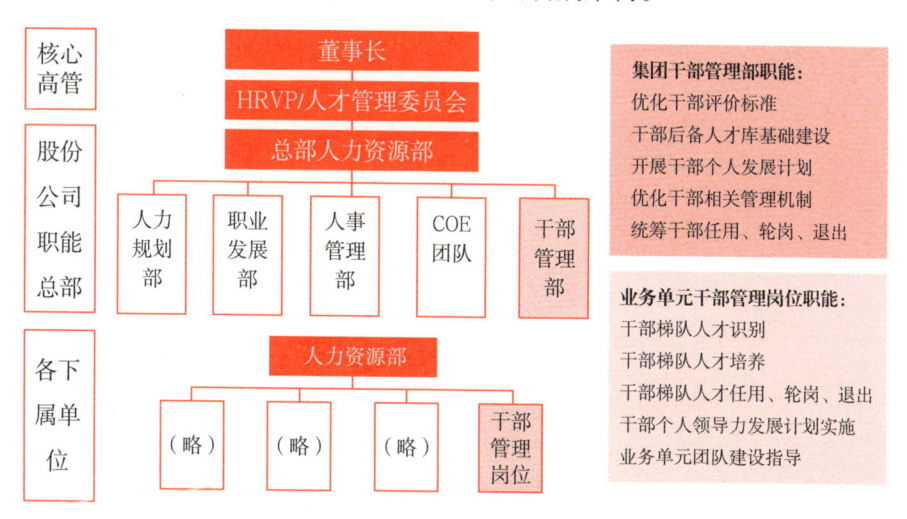

集团干部管理部职能：
优化干部评价标准
干部后备人才库基础建设
开展干部个人发展计划
优化干部相关管理机制
统筹干部任用、轮岗、退出

业务单元干部管理岗位职能：
干部梯队人才识别
干部梯队人才培养
干部梯队人才任用、轮岗、退出
干部个人领导力发展计划实施
业务单元团队建设指导

图4-2 DZ集团干部管理部的初期架构

在确定了干部管理架构后，企业还需明确干部管理各角色的角色定位及责任分配。"明确使命和责任"是干部管理的头等大事，表4-4所示为干部管理各角色的角色定位及主要职责。干部的使命和职责是以企业文化和企业价值为核心，通过管理创造价值，做好价值评价及分配，带领自己的团队持续为企业创造价值，实现集团的目标及发展战略。

099

表4-4 干部管理各角色的角色定位及主要职责

角色	角色定位	主要职责
董事长	集团干部管理总负责人	·审批、签发干部管理政策与制度 ·审批、签发重要干部任免文件 ·重大事项一票否决
人才管理委员会	干部管理重要事项决策机构	·负责、监督集团干部管理政策的决策与活动 ·审核、审批集团干部发展规划 ·审核、审批干部考核与激励政策 ·审核、审批干部后备队伍及运作机制
HRVP（人力资源副总裁）	干部管理体系建设和运行负责人	·组织集团干部发展规划设计及实施 ·组织制定干部激励与考核方案设计及实施 ·组织干部后备队伍建设方案设计及实施
干部管理部	干部管理体系建设和运行组织者、执行者	·组织集团干部发展规划设计及实施 ·制定集团干部激励与考核方案并组织实施 ·组织集团干部后备队伍建设方案设计及实施
各分公司高管	成员公司干部管理总负责人	·公司干部队伍及梯队建设第一责任人
业务单元干部管理岗位	·集团干部政策和制度执行者 ·成员公司干部体系建设和运行组织者、执行者	·落实集团干部管理相关政策与要求 ·制定公司干部发展规划并落地实施 ·公司干部后备队伍建设方案设计及实施

在明确了干部管理各角色的角色定位及主要职责后，企业还需梳理干部管理核心部门的关键职能（见表4-5），厘清未来的工作方向。

表4-5 干部管理核心部门的关键职能

部门	类别	干部关键职能
集团干部管理部	评价任用	负责组织建立集团直管干部的任职资格标准
		负责组织集团直管干部的人才盘点工作
		负责组织集团直管干部的竞聘选拔与任用
	考核激励	负责组织制定集团干部的考核方案并追踪实施
		负责组织制定集团干部的薪酬激励方案并追踪实施
		负责集团直管干部的述职考核与奖惩
	培训发展	负责集团直管干部的后备梯队规划与干部人才库建设
		负责组织制定干部分层培养规划及需求并追踪实施
		负责组织制定集团直管干部的个人能力发展计划并追踪实施
COE团队	管理机制	负责组织集团干部管理制度的制定、优化并监督实施
		负责组织制定集团干部管理年度目标计划预算并监督实施
		负责组织制定集团干部的任用、轮岗、退出方案并监督实施
		负责指导、监督各业务单位干部管理工作

DZ集团干部管理处于初级阶段，此阶段的重点是人力资源总部孵化干部管理功能，成立干部管理部，培养专业干部管理团队，强化干部管理职能。经过一年试行，干部管理团队及其职能已相对成熟，于是DZ集团干部管理部按计划进入独立运行阶段（见图4-3）。

```
（运行半年左右）              （运行1年左右）              （运行2年以后）
干部管理部职能孵化阶段        干部管理部独立运行阶段        集团HR三支柱健全阶段
```

- 成立干部管理部
- 厘清干部管理职能
- 构建干部评价标准
- 建立干部后备人才库
- 制定干部个人发展计划
- 修订干部相关制度并运行

- 统筹集团干部成长与流动
- 管理后备干部培养与流动
- 管理后备干部考核与调薪
- 干部管理相关制度的优化
- 业务单元干部管理赋能

- 集团干部管理专家支持
- 集团业务伙伴HRBP管理
- 后备干部的系统赋能
- 干部个体的精益化管理

图4-3　DZ集团干部管理组织发展规划

4.2.2　干部队伍建设规划

DZ集团干部队伍建设规划框架是基于战略与经营目标需要，对干部的现状进行评估，并对未来干部的能力和结构进行规划。战略的实现与升级需要企业核心能力的支撑与驱动，而干部是支撑组织及战略发展的关键人才，对干部进行识别、保有、提升的过程就是获取、保持、提升企业核心能力的过程（见图4-4）。

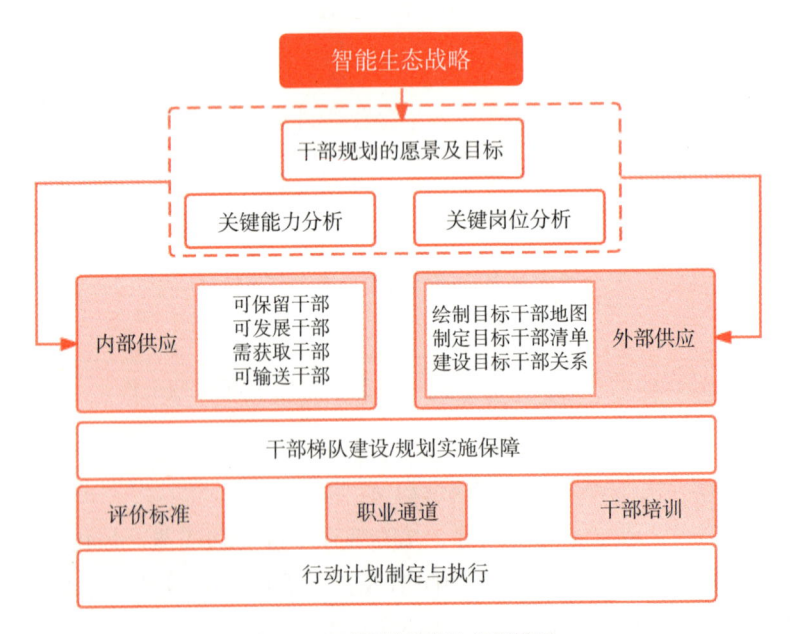

```
                    智能生态战略
            ┌─────────────────────────┐
            │    干部规划的愿景及目标    │
            │  关键能力分析  关键岗位分析 │
            └─────────────────────────┘

  ┌──────┬──────────┬─────────────────┬──────┐
  │内部供应│可保留干部 │绘制目标干部地图  │外部供应│
  │      │可发展干部 │制定目标干部清单  │      │
  │      │需获取干部 │建设目标干部关系  │      │
  │      │可输送干部 │                 │      │
  └──────┴──────────┴─────────────────┴──────┘

         干部梯队建设/规划实施保障
    评价标准        职业通道        干部培训
            行动计划制定与执行
```

图4-4　干部结构和能力规划模型

干部规划的愿景及目标、关键能力分析、关键岗位分析为干部结构和能力规划的依据，而干部规划是以组织战略目标为基础，当组织战略目标与经营方式发生变化时，干部的结构及能力发展规划也随之变化。干部规划是一个对组织所需的干部进行调整、配置和补充的过程，需要有管理活动配合与支持，是对干部梯队规划实施的有效保障。

1. 基于战略的干部队伍需求分析

为了满足DZ集团组织的战略经营诉求，需要进行全面的干部队伍需求分析。在分析和规划干部队伍需求时，应结合组织战略经营诉求进行深入解读和分析，以确保干部队伍与组织发展目标相匹配。同时，还需要关注年度经营目标、业务量以及业务结构变化等情况，以确定干部队伍的数量和质量需求。通过关键能力分析，可以明确支撑战略实施所需的关键能力，从而对干部队伍的能力提出具体要求。此外，还要对干部队伍的种类需求进行分析，包括机构图、岗位图以及关键岗位的识别，以确定不同类型和不同层次干部的需求。在明确干部种类需求后，就可以分析干部数量需求，包括关键岗位定岗定编表、在岗人数和缺编人数，以确保干部队伍的数量和结构符合组织发展需求。最后进行干部能力要求分析，识别关键能力要求，并与现有关键能力进行对比，找出差距，为后续的干部培养和发展提供依据。通过以上分析，可以全面了解组织干部队伍的需求，为组织的人力资源规划提供科学依据。同时，在管理活动的配合与支持下可以确保干部队伍的稳定和发展，为组织的战略目标实现提供有力保障。

2. 干部内外部供应计划

（1）DZ集团内部干部供应规划。

实施内部干部供应规划是为了优化干部队伍的结构和素质，确保组织内部人才的稳定和可持续发展。在规划中，根据干部的实际情况和潜力将其分为以下四类。

可保留干部： 这些干部具备一定的经验和能力，且对组织有较高的忠诚度。他们是组织的核心力量，需要对他们进行适当的培训和激励，以保持他们对组织的忠诚度和工作的积极性。

可发展干部： 这些干部具有潜力和发展空间。他们可能在某些方面存在不足，但通过培训和激励，可以进一步发掘其潜力，提高能力水平，让他们成为组织未来的中坚力量。

需获取干部： 这些干部是组织需要引进或获取的。他们可能是具有特殊技能或背景的人才，也可能是组织急需补充的关键岗位人才。

可输送干部： 这些干部具有发展潜力，但目前还不完全具备担任高层职位的条件。他们需要通过进一步的培训和锻炼，提升能力和积累经验，以适应更高层次职务的要求。

对以上四类干部的规划和管理，可以有效地优化干部队伍的结构，提升干部的素质，为组织的长期发展提供有力的人才支持。同时，还可以为组织提供战略性指导，帮助组织更好地了解行业、职位和技能等方面的需求和发展趋势。

（2）DZ集团外部干部供应规划和管理。

实施外部干部供应规划和管理是为了补充组织内部干部队伍的不足。DZ集团可以按照如下几种方式进行外部干部供应规划和管理。

绘制目标干部地图： 了解潜在干部分布和流行趋势，以及潜在干部的诉求。通过绘制目标干部地图，DZ集团可以清楚地了解行业、职位和技能等方面的趋势和需求，为组织提供战略性指导。

制定目标干部清单： 根据组织的需要和干部队伍的实际情况，制定目标干部清单，包括短缺能力的获取和主动置换等方面。通过分析目标干部的需求和诉求，制定相应的招聘、引进和培养计划，填补组织的人才缺口。

建设目标干部关系： 通过多种渠道与目标干部建立联系，包括校园招聘、社会招聘、内部推荐等。同时，通过建立关系网络，DZ集团可以更好地了解行业、职位和技能等方面的趋势和需求，为组织提供更多的人才资源。

通过以上方式进行规划和管理，DZ集团可以有效地引进和培养优秀干部，优化干部队伍的结构，提升干部的素质，提高干部队伍的竞争力和创造力，为组织的长期发展提供有力的人才支持（见图4-5）。

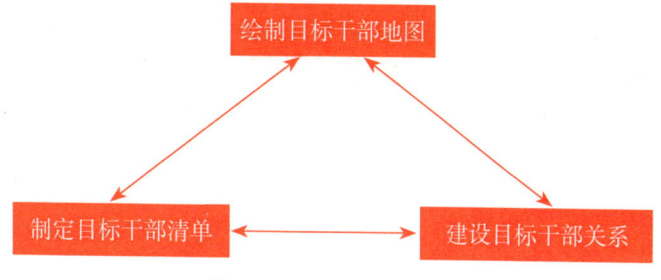

干部管理——干部强则企业强，打造能打胜仗的干部队伍

图4-5 干部管理规划关系

4.2.3 设定科学的干部管理标准

搭建完干部管理组织架构，干部队伍规划完成后，就要着手建立干部任职资格体系，为干部选拔、培养提供标准。干部任职资格搭建的前提是区分高、中、基层管理干部的定位及胜任标准。相对于其他岗位的任职标准，干部的胜任力素质提炼有一定的难度，因为胜任力素质标准全部为定性标准，较难定量。所以在提炼标准的时候，我们采取了分步走的方式：确定各层级干部定位→梳理各层级岗位关键能力→细化任职标准→制定任职资格管理制度。

1. 明确各层级干部定位

任职资格层级是对承担职务（岗位）的资格与能力的制度性区分。依照实际情况和业务特点，DZ集团干部划分为高层、中层、基层三个任职资格层级，每个层级分别有不同的角色作用，各层级干部的角色定位具体如表4-6所示。

表4-6 DZ集团干部的角色定位

层级	包含岗位	定义	角色作用
高层	·集团高管（集团总裁、副总裁、助理副总裁） ·分公司、子公司高管（总经理、副总经理、总经理助理）	高层负责集团整体战略及各业务板块宏观指导，对分管事业群、子公司、部门的发展战略、干部培养、组织文化、经营结果负完全责任	确定公司发展的大政方针，主要是决策，重点是战略决策、非程序化决策和风险决策

105

续表

层级	包含岗位	定义	角色作用
中层	·集团总部二级部门正职、副职、助理 ·子公司部门正职、副职、助理	中层是承上启下的中坚力量，完全负责所辖部门的目标计划、团队建设、建章立制、日常运营、运营效果	作为集团或子公司的职能管理部门，运用各种管理手段以实现公司决策和目标计划
基层	子公司办公室主任	子公司级机构负责人，负责具体任务执行，从事具体管理事务，完全负责所辖机构的计划执行、人才培养、作业标准、绩效结果	贯彻执行管理指令，直接调动和组织人、财、物等生产力要素，为实现组织目标服务

明确高层、中层、基层干部的具体定位。具体从战略管理、职责、管理范围、包含岗位、职级等几个层面入手，明确各层级干部的具体定位（见表4-7）。

表4-7　DZ集团干部其他层面的定位

层级	战略管理	职责	管理范围	包含岗位	职级
高层	确定公司总体的战略和方向	制定本组织、各条线的总目标、总战略，确定本组织、各条线的大政方针，并评价整个组织和各条线的绩效	承担多个部门、多个条线、某些中心、某些事业部的管理职责	集团高管	17~20
				子公司正职、副职、助理；集团总部一级部门正职、副职、助理	15~16

106

续表

层级	战略管理	职责	管理范围	包含岗位	职级
中层	把高层确定的目标分解下去，一般以部门为单位把公司的各项目标进行分解	贯彻执行高层所制定的重大决策，监督和协调基层管理人员的具体工作	负责单一部门	集团总部二级部门正职、副职、助理；子公司部门正职、副职、助理	13~14
基层	把中层分解下来的事转化为结果，把每一个细节都做好或者监督做好，每天都有结果	给下属分派具体工作任务，直接指导和监督现场作业活动，保证各项任务的有效完成	机构负责人、业务团队负责人	集团总部各部门业务经理；子公司办公室主任、业务经理	10~12

2. 梳理各层级岗位关键能力

管理者任职资格反映的是完成关键工作任务所需要的关键能力、行为标准要求和必备的管理知识。通过对关键工作任务的梳理，找到各级管理者的能力短板，明确关键工作任务的能力要求和知识要求，归纳整理，从引领业务、引领组织、引领团队三个维度出发，构建干部的关键能力要求框架（见表4-8）。

表4-8 干部关键能力要求框架

层级	包含岗位	引领业务	引领组织	引领团队
高层	·股份公司&控股公司高管 ·子公司正职、副职、助理 ·集团总部一级部门正职、副职、助理	定战略	优组织	搭班子

107

续表

层级	包含岗位	引领业务	引领组织	引领团队
中层	·集团总部二级部门正职、副职、助理 ·子公司部门正职、副职、助理	定策略	建体系	带队伍
基层	·集团总部各部门业务经理 ·子公司办公室主任、业务经理	拿结果	做标准	带徒弟

3. 细化任职标准

行为标准评价的优点是基于实践、明确问题、衡量改变、目标相关；关键能力认证单元是具有独立性的关键工作任务；关键行为是关键能力所强调必须做到的关键成功行为；行为标准是对关键成功行为规范的细节描述；必备管理知识是支持行为标准必须掌握的管理知识，表4-9、表4-10、表4-11分别梳理了高层、中层、基层管理者能力行为标准项，可以参照表中内容对干部任职标准进行细化。

表4-9 高层管理者能力行为标准项

关键能力	关键行为	行为标准（必做动作）	必备管理知识
定战略	有远见	·关注外部环境及发展趋势，分析市场变化、技术变化、需求变化，洞察机遇、挑战，找到关键战略机遇 ·以全局视角分析当期事业计划执行情况，对目标完成情况、存在的问题、内部资源能力进行分析，明确优势、劣势和改进方向	业务领先模型（Business Leadership Model，BLM）、环境分析、对标分析、行业分析、经营管理诊断

续表

关键能力	关键行为	行为标准（必做动作）	必备管理知识
定战略	敢主张	・组织制定业务战略与职能战略，明确战略行动纲要，推动战略实施并及时调整，抓住关键战略机遇 ・敢于变革，主动创新，发现问题，对标最佳实践，组织制定有针对性、可操作的变革方案并推动实施 ・抛弃打工心态，不做传声筒，对职责范围内的事敢于决策、及时处理；对职权范围外的事及时通报，并附有分析与建议	战略纲要、战略地图、平衡计分卡、目标计划、全面预算、业务战略、职能战略、变革管理

表4-10 中层管理者能力行为标准项

关键能力	关键行为	行为标准（必做动作）	必备管理知识
定策略	建制度	・组织优化组织架构、管理制度、管理标准、工作流程、作业指导书、工作表单、奖惩制度等，使管理体系更合理高效 ・组织下属学习掌握管理制度、管理标准、工作流程、作业指导书、工作表单、奖惩制度等，监督管理体系落地执行	管理诊断、组织优化、制度优化、流程优化、机制优化
	造氛围	・将"四有"团队、八大机制与业务相结合，通过开展有凝聚力、执行力、创新力、战斗力的活动，打造积极进取的团队 ・带头学习、宣贯、践行企业使命、愿景与核心价值观，以身作则，塑造奋斗者标杆，营造奋斗文化氛围	"四有"团队建设、价值观评价、企业文化建设

109

表4-11 基层管理者能力行为标准项

关键能力	关键行为	行为标准要求	关键管理知识
拿结果	追过程	・根据上级部署，与下属共同制定工作计划，就目标结果、工作思路、任务举措、关键控制点、资源支持等达成共识 ・按制定的工作计划及时检查、评估工作进展，对下属工作及时进行有效指导，对存在的问题及时协调解决	目标计划、全面预算、项目管理、监督检查
	抓绩效	・严格执行公司绩效管理制度，根据工作目标计划，及时检查、分析和评估各项工作的完成情况 ・定期总结工作中存在的问题，提出切实可行的改进目标并具体实施，促进工作绩效的不断改进	PDCA（Plan-Do-Check-Act）管理循环、绩效管理、项目复盘

（1）构建任职资格管理制度。

任职资格管理制度可以确保干部选拔、任命有章可循。任职资格管理制度的核心关键要素包括认证内容、认证要素、认证流程、认证表单、结果应用等。在DZ集团任职资格管理制度的设计中，我们聚焦于认证实现的便捷性，为了让体系和流程先建立和运转起来，我们没有将认证做得过于复杂。

（2）明确认证内容标准项。

明确任职资格的认证目的、认证时间、认证内容及认证结果（见表4-12）。

表4-12 认证内容标准项

类别	具体内容
认证目的	任职资格认证的目的是推动各级管理者提高岗位管理能力，以胜任岗位
认证时间	每年第一季度对申请人进行任职资格认证

干部管理——干部强则企业强，打造能打胜仗的干部队伍

续表

类别	具体内容		
认证内容	资历标准	学历、经验	管理者评估、HR评估
	能力标准	管理能力要求标准	关键行为举证、认证答辩、专家评估
	绩效标准	绩效结果（结果为"C"以下的不能取得证书）	绩效数据与绩效评价
认证结果	·任职资格认证的结果只有"达标"和"未达标" ·对未达标的行为标准项，制定改进计划		
结果运用	选拔、培训、晋升、降级		

（3）明确认证流程。

干部任职资格管理中的难点在于定性的标准较难对应，涉及参与评估的人员依据标准进行举证说明。在这个基础上，对认证小组成员的要求是：必须理解业务（甚至本身就在业务一线），对业务形态非常了解，在举证现场能够对举证事项进行点评。

在认证内容选择上，区分高层与中基层的标准。中基层采取"必备知识测试+行为答辩"的模式；高层主要进行行为答辩，默认绩效结果的确认已经前置，但要求在相应的管理条线有相关工作经验。

梳理认证流程，明确各认证节点的核心验证内容，明确输出物。在必备管理知识测试中，需根据企业对管理人员的要求从管理目标、管理任务、管理自我、管理环境等角度，划分高层、中层、基层管理人员需要掌握的管理技能，以此设定需要考核的具体内容。中基层管理人员通过相应培训，参加完相应考核后方可进入认证环节。

认证内容可参考"阿里九板斧"（见表4-13）来设置。

111

表4-13 "阿里九板斧"

对象	目标	能力模块&关键课程		
		业务	组织	人才
脑部力量	高层：事业部及以上层面	定战略	建机制	断事用人
腰部力量	中层：职能部门总监层面	定策略	做导演	搭班子
腿部力量	基层：一线经理主管层面	拿结果	建团队	招人和辞退人

任职资格认证流程主要分为五个步骤，即自评、申请审核、必备管理知识测试、评审答辩、颁证反馈，具体认证流程如表4-14所示。

表4-14 任职资格认证流程

步骤	流程	流程描述	输出
第一步	自评	·每年的第一季度，组织管理者任职资格认证 ·对照相应等级的资格标准进行自评，每条标准后附以数据或关键事件，用以说明是否达到标准要求，达到了什么程度	任职资格自评申请表
第二步	申请审核	直接上级沟通确认，干部管理部组织基本条件初审，包括学历、经验、绩效	认证名单、认证小组
第三步	必备管理知识测试	通过初审的人员参加必备管理知识测试（中基层）	必备管理知识测试得分（中基层）
第四步	评审答辩	申请人关键行为举证，评审小组就行为标准逐条评议，申请人答辩	行为标准答辩得分、改进建议
第五步	颁证反馈	·综合知识测试得分与答辩得分，综合得分80分（含）以上为达标 ·干部管理部颁发相应等级资格证书并反馈认证结果	综合得分、资格证书
得分计算方法		·中基层：必备管理知识测试和行为标准评审，其中必备管理知识测试的权重为30%，行为标准评审的权重为70%，综合得分=必备管理知识得分×30%+行为标准得分×70%，80分（含）以上为达标，通过认证就颁发证书 ·高层：高层不设必备管理知识测试，只有行为标准评审，行为标准得分80分（含）以上为达标，通过认证就颁发证书	

4. 明确任职资格应用

认证结果的应用分两个部分：任用与培养。在任用层面，任用前需进行认证，有任职资格是任用的必备条件。在阶段性绩效考评时，任职资格也是述职述能的重要依据，是能力考评的一部分。在培养层面，任职资格是团队培养、领导力发展的重要依据。依据任职资格标准，企业可以制定相应的课程开发计划。在个人发展上，依据任职资格制定个人能力发展计划，同时可引导个人做好职业生涯规划。

5. 干部培养

干部培养是一个长期的系统工程，本项目的干部培养重点在于确定不同层级干部的培养方向、培养方式，建立内部管理层培养路径，对原有培训体系加以规范。

（1）明确不同层级干部的培养方向。

不同层级干部的核心任务不一样，所要求具备的能力也不一样，所以在干部培养过程中就需要注意各层级干部的培养方向，具体如表4-15所示。

表4-15 各层级干部的培养方向

干部分类	核心任务	要求具备能力
高层干部	定战略、优组织、搭班子	战略制定、组织变革、文化塑造、管理优化、效率提升、激励机制制定、领军人才选拔、干部梯队建设的关键能力
中层干部	定策略、建体系、带队伍	策略制定、目标计划执行、管理体系建设与优化、奋斗文化氛围营造、团队核心人才选拔培养的关键能力
基层干部	拿结果、做标准、带徒弟	具体执行计划制定、具体工作标准制定、现场指导监督执行、传帮带与人才专业化培养的关键能力

（2）明确干部培养模式。

结合课堂培训、辅导反馈、工作实践等进行干部培养，2～3年为一个培养周期。设置通用课程和针对不同职位族的专业课程，并根据实际工作需要，设计学习任务。需要知道的是，70%的经验来自工作实践中的学习与总结，所以大家可以借鉴以下两种培训方式。

①场景化训练。基于现实业务提炼典型业务场景和战例，并以小组为单位进行角色分工，模拟开展业务，最后再就整个模拟过程开展复盘分析，从而有效将培训与业务实际融会贯通，达到"用以致学"的目的。

②战例学习。基于过往现实业务，总结复盘出可复制的流程、工具、模板和经验，形成案例库，为新业务或类似业务的开展提供有效参考与借鉴。

各层级干部训战分类如表4-16所示，其中训战实践占70%，导师辅导占20%，课程训练占10%。各层级干部课程体系设计如表4-17所示。

表4-16　各层级干部训战分类

干部分类	训战实践	导师辅导	课程训练
高层	参加集团专业领域重大课题的制定研讨与总结分享、集团分管轮调计划和年度战略研讨会	向其他人学习，在工作中借鉴、参考别人好的做法，以及在与导师讨论、交流等过程中学习	对不同层级干部，根据任职资格要求设置不同的课程体系。集中培训包括通用课程及专业课程。为高层干部设置商业领袖计划、领航计划，为中层干部设置远航计划，为基层干部设置启航计划，部分优秀者可进入铁军培养班
中层	·协助集团高层完成重大课题与项目规划的同时，带领下属落实项目的执行与项目经验总结分享 ·参加集团轮岗计划 ·负责集团海外项目 ·完成集团/单位指定课题任务		
基层	·作为业务的带头人，主动挖掘本领域的成功经验与方法，与下属一起完成项目经验总结分享与课程开发 ·参加业务序列内跨单位/部门轮岗计划 ·负责集团海外项目 ·完成集团/单位/部门指定课题任务		

干部管理——干部强则企业强,打造能打胜仗的干部队伍

表4-17 各层级干部课程体系设计

层级	方向	课程设计
决策层	战略思维和经营管理	战略思维、经营管理、高效决策、高级客户关系管理、沟通协调、班子管理、授权、企业文化
高层	全局视野和管理协作	跨条线经营、业务洞察、客户关系管理、激发和管理团队、保留关键员工、决策、授权、企业文化
中层	管理团队	战略落地、绩效管理、激发/影响他人、善用差异、平级沟通、压力管理、企业文化

(3)制定个人能力发展计划。

由各单位牵头,后备人才的直接上级与该员工共同讨论制定个人能力发展计划,每季度审察其学习完成情况并给出评价。

干部管理部于每年年中、年底分两次对后备人才的个人能力发展计划制定、完成情况开展审计。

每年年底,后备人才根据本人年度培养计划的完成情况、能力提升情况撰写年度学习工作总结,提交干部管理部,作为年底盘点项之一。

6. 干部个人发展计划

干部个人发展计划(Leaders Individual Development Plan,LIDP)聚焦于DZ集团领导力模型"引领业务、引领组织、引领自己"三个方面,通过业务提升、组织发展和个人突破三个方面帮助集团干部对个人工作中的能力、素质进行复盘,通过上级对员工和员工对自己的优势、劣势分析,共同确定能力发展目标、提升行动计划,干部在一定时间内提升能力以实现职业目标,进而提升DZ集团整体干部队伍能力和素质。

干部个人发展计划将干部个人发展的任务具体化、制度化、流程化,让干部由"执行器"转变为"指挥机"。

(1)DZ集团干部个人发展计划的价值。

对集团:通过对干部绩效提升和个人能力发展的要求,牵引集团中高层干部成为满足"1+5"战略目标的干部,提高集团干部队伍的能力和

115

整体绩效达成率。激发干部的自主学习及发展意识，将DZ集团建设成一个学习型组织，同时帮助DZ集团制定更系统、更有针对性的人才培养策略，提升企业对人才队伍培养投入的有效性，帮助DZ集团掌握干部队伍的发展状态，在干部调配及激励保留时更加主动和有效。

对下级： 在干部个人发展计划的引导下，助力DZ集团中高层干部的领导方式向教练式管理风格转化，提升个人教练能力的同时，促进下级个人能力提升。通过与下级沟通干部个人发展计划，干部将进一步了解下级的工作和个人发展规划，有利于与下级建立更深层的信任关系，提升双方的工作质量和效率。

对干部本人： 在干部个人发展计划的引导下，干部本人能够明确个人领导力发展三个层面的优势与劣势，并通过岗位锻炼、培训发展等形式获得更多引导及组织的支持，从而促进干部自身成长，帮助干部建立个人能力发展意识，逐步实现个人领导力系统化发展，并对重点能力进行短期突破。

（2）干部个人发展计划的实施。

DZ集团干部个人发展计划通过三大方面九个能力维度进行提升，干部可借助填写干部个人发展计划表（见表4-18）对九个能力维度进行评估。

DZ集团干部个人发展计划的实施有六个步骤：干部述职与干部盘点、个人评估、个人发展计划制定、个人发展计划执行、跟踪辅导、发展与评估。

干部述职与干部盘点： 干部述职围绕干部领导力的三大方面进行分析和呈现，干部盘点结合现有绩效与个人未来发展潜力两个维度开展。

个人评估： 个人对评估年份上半年业务、团队和个人三个层面的发展情况进行评估。每个能力维度的评估分数满分10分，最低分1分，6分为合格。低于6分的维度重点写发展计划，同上级约定反馈和辅导的时间，共同填写干部个人发展计划表。

个人发展计划制定： 个人与上级针对评估年份上半年各项能力的评估结果进行分析和沟通。

表4-18 DZ集团干部个人发展计划

维度	管理能力	评估分数	说明	管理能力	评估分数	说明	管理能力	评估分数	说明
引领业务	定策略			做计划			拿结果		
	洞察市场		分析市场变化、技术变化、需求变化，洞察机遇、挑战，找到业务方向	定目标		合理确定年度目标，包括经营目标、管理目标、团队目标	KPI分解		设定各岗位关键绩效指标
	业务设计		选择客户、价值创造、价值获取、盈利模式、资源获取能力	定计划		制定年度计划，并分解到季度、月度	绩效辅导		强化绩效计划制定、执行中的辅导
	创新焦点		创新思路方法，带来新的客户价值	做预算		制定年度全面预算，并分解到季度、月度	绩效考核		开展年度、季度、月度绩效考核
引领组织	建团队			做教练			造氛围		
	人才盘点		做好业绩和价值观评价，形成人才"2-7-1"比例分布	做讲师		掌握课程开发TTT培训技术，通过内部讲师认证	凝聚力		组织开展分享机制和链接机制相关活动
	人才优化		人岗匹配，人才招聘、选拔、任用、晋升、轮岗、淘汰	传帮带		建立师徒制、辅导核心骨干	执行力		组织开展荣誉机制和轮值机制相关活动

117

续表

维度	管理能力	评估分数	说明	管理能力	评估分数	说明	管理能力	评估分数	说明
引领组织	梯队建设		继任计划与后备人才梯队建设计划	LIDP辅导		辅导下属制定个人发展计划，跟踪发展计划实施，提供资源辅导	创新力		组织开展学习机制和创新机制相关活动
							战斗力		组织开展评议机制和赛马机制相关活动
引领自己	沟通力			专业力			价值观		
	演讲能力		吸收他人的演讲经验，参加演讲活动	专业知识		阅读专业书籍和学习专业课程	宣传价值观		利用各种场合宣传价值观
	会议主持		学习引导技术和会议决策技巧，提升会议效率	专业技能		参加专业技能培训	践行价值观		用价值观指导自己的日常工作，做价值观行为表率
	人际协调		协调内外部关系，化解矛盾，调动工作积极性，加强工作相关方的交流	专业经验		丰富专业项目实践，不同岗位工作经验	—		—

注：9个能力维度每项的评估分数满分10分，最低分1分，6分合格，低于6分的维度重点写发展计划。

上级通过教练式问话，帮助下级反思在"引领业务"建设达成过程中做得好的和不足的地方，提出可能的改进方向和建议，同下级共同设定并确认下半年该项能力提升的方向（见小贴士"P+GROW"）。上级通过教练式问话，帮助下级反思在"引领组织""引领自己"过程中做得好的和不足的地方，提出可能的改进方向和建议，同下级共同设定并确认下半年该项能力提升的方向（见小贴士"D+GROW"）。

小贴士：面谈技巧——业务目标的教练式问话（P+GROW）

Performance Review（评价上半年的业务达成情况）：

你是如何评价你个人上半年绩效达成情况的？哪些方面做得比较好？原因是什么？哪些方面做得不够好？原因是什么？如何改进这方面的工作？

Goal Setting（设定/调整下半年的业务目标）：

你是如何理解本部门下半年的工作任务和目标的？这些任务和目标同DZ集团总体"1+5"智能生态战略的联系是什么？

为了达成部门的目标，你个人的职位职责有什么要求？你个人需要达成的具体的业绩目标是什么？这个目标挑战性如何？是什么限制了你追求更高的目标？这些限制真的存在吗？克服这些障碍你需要什么样的支持？克服了这些障碍，目标能够达成多少呢？

Reality（现状）：目前的情况如何？有什么有利条件？达成目标过程中有什么关键的障碍？

Options（路径）：如何做才能达成目标？还有其他的做法吗？

Will（行动计划）：为了达成这些目标，你该如何行动呢？这些行动的时间如何安排？

小贴士：面谈技巧——个人发展目标的教练式问话（D+GROW）

Development Review（评价上半年的个人发展目标达成情况）：

你是如何评价你个人上半年的发展情况的？哪些方面做得比较好？原因是什么？哪些方面做得不够好？原因是什么？如何改进这方面的工作？

Goal Setting（设定下半年的个人能力发展目标）：

要达成下半年的业绩目标，最需要在哪些素质方面有所突破？为什么这些突破有助于业绩目标的达成？要达成业绩目标，这些素质至少需要达到什么等级？典型的行为表现是什么？

Reality（现状）：当前这些素质都处于什么等级？你现在的哪些行为表现证明你已经处于这个等级了？

Options（路径）：如何提升这些素质？还有其他方式吗？你觉得这些方式中最有效且具备操作性的方式是哪个？

Will（行动计划）：为了提升素质的等级，你该如何行动呢？这些行动的时间如何安排？

个人发展计划执行：结合经营重点与三大方面的九个能力维度实施管理知识和个人素质的提升计划，在此过程中持续与上级进行沟通，寻求资源支持与方向辅导。

跟踪辅导：上级与干部管理部对下级个人发展计划实施过程定期进行跟踪辅导与季度复盘，协调并提供下级个人能力发展需要的资源支持。上级在DZ集团管理者个人发展计划表中对下级提出LIDP季度复盘意见；下级在收到上级反馈意见和建议后修订期初目标设定，作为下一轮个人发展计划制定的依据。

发展与评估：干部管理部主导基于价值观与领导力的360度评估。

4.2.4 建立科学的干部评价机制

1. 组织与人才盘点

DZ集团干部与人才盘点是落实战略与制度体系建设的关键环节，从企业生命周期发展阶段来看，DZ集团正处于企业发展的成长期，战略发展目标逐渐清晰，支撑战略发展的人员能力与数量需求增强，需由创始人拉动企业增长的治理方式升级成为依靠制度和机制建设带动企业发展的方式。组织与人才的盘点，将为集团挖掘高潜、高能人才，提升干部核心能力，逐步完善人才队伍建设。

DZ集团发展至今，不可避免地存在一些"大企业病"。如集团内部存在内部"夹心层干部"和"沉淀层干部",其能力不适应公司未来发展,并滞后于企业运行效率。同时,新晋人员未能与现有人员产生正向协同,不利于战略目标的实现。

DZ集团干部评价机制指导思想从四个方面出发。一是业绩为主,干部评价强调目标导向,业绩达成是检验DZ集团干部的首要标准。二是能力为辅,能力是岗位胜任力,是选人的重要条件。能力、绩效共同发展,业绩达成的同时需要评价价值观与"三个引领"能力标准。三是正态分布,坚持2-7-1动态分层分类人才盘点(见图4-6),着重发展、提升、奖励排名靠前的干部,以前轮驱动后轮,带动整体绩效的提升。四是动态激励,通过岗位调动、培训、退出等形式,用危机感、紧迫感激发干部队伍的活力,增强DZ集团整体干部队伍的战斗力。

根据干部评价机制指导思想,项目组认为2-7-1动态分层分类人才盘点是DZ集团干部管理机制的核心,是能力建设、激励机制的基础。2-7-1动态分层分类人才盘点在干部激励、干部机制、干部能力建设三个方面的具体应用如下。

(1)干部激励2-7-1:20%的干部获得最大幅度激励;70%的干部获得物质、精神激励;10%的干部获得负向激励。

(2)干部机制2-7-1:内部为20%的干部优先晋升,70%的干部平级轮岗,10%的干部降级、降职、轮岗、退出;外部根据需求进行干部甄选、干部融入,确保满足干部编制需求。

(3)干部能力建设2-7-1:20%的干部进入铁军后备培养序列,70%的干部进入常规培训序列,10%的干部进行专项帮扶。

DZ集团未来发展需由创始人拉动企业增长的治理方式升级成为依靠制度和机制建设带动企业发展的方式,其关键在于优秀干部和关键人才的输送和培养。通过2-7-1动态分层分类人才盘点,在"大浪中淘沙",把杰出人才提拔到更高的岗位,对优秀的、有潜力的人才进行重点培养;调整不适应公司发展和缺乏能力的员工。通过激励和培养前20%和中间70%的员工,循序渐进,逐步提升底层10%的员工的能力,从而产生组织整体的蜕变效应。

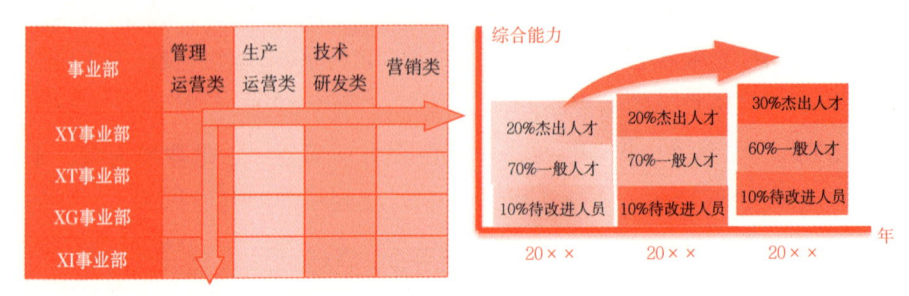

图4-6 2-7-1动态分层分类人才盘点

DZ集团干部盘点从组织盘点和人才盘点两个层面进行，分别对盘点方向、盘点要素、输出结果等流程进行标准化设计，保证输出的结果科学有效（见表4-19）。

表4-19 组织与人才盘点维度

盘点类别	盘点方向	盘点要素	输出结果
组织盘点	·基于未来DZ集团战略，分析现有干部队伍，寻找差距，为专项提升提供依据	·干部结构 ·干部数量 ·干部能力	·形成集团、各单位、部门业务战略，指导未来发展 ·挖掘干部团队优劣势，对标未来事业发展的差距与提升需求
人才盘点	·基于现有干部进行2-7-1动态分层分类人才盘点，发现高潜人才 ·指导干部任用、轮岗、退出等机制	·干部个人业绩情况 ·干部个人价值观行为评价 ·干部个人潜力测评 ·关键人才值价比分析	·干部发展九宫格（绩效评价、潜力评价和价值观评价） ·干部分层分类2-7-1排名 ·干部个人发展计划

盘点流程： 项目组将本次盘点分为三步：预分析、盘点述职校准会与干部个人发展计划制定。预分析从被盘点人业绩结果和能力评价两个维度进行，输出人才九宫格预排序结果。盘点述职校准会环节根据各业务领域

战略与人才结构、人才九宫格预排序结果、干部履历"3D+E"分析等，输出校正人才盘点九宫格、2-7-1动态分层分类排名结果，形成个人盘点报告、2-7-1动态分层分类人才排序（可作为晋升、退出、轮岗、培训等的参考依据）。干部个人发展计划制定环节对干部个人能力提升提出建议，辅导干部制定个人发展计划。

盘点标准：DZ集团干部盘点将综合干部的显性因素（如绩效评价、价值观行为评价、干部履历分析）和隐形因素（如干部潜力）进行分析，综合结果对干部进行九宫格预排序。

DZ集团在项目组的指导下，对干部进行初步的人才盘点，并根据人才盘点结果，对人才的晋升、中短期培养、调岗、优化进行区分。DZ集团各职族、职级人才盘点九宫格人数分布如图4-7所示。

绩效评价	需提升 ××人	优秀 （拟培养，短期） ××人	模范 （拟晋升） ××人
	需提升 ××人	稳定贡献 （拟培养，中期） ××人	优秀 （拟培养，短期） ××人
	不达标 ××人	需改进 ××人	需改进 ××人
	能力评价		

图4-7　DZ集团各职族、职级人才盘点九宫格人数分布

2. 干部述职

干部的日常管理过程监测需要管理抓手，通过阶段性述职知晓当下目标完成情况，找出差距，落实改善策略。项目组将述业绩、述能力相结合以进行阶段评价，从而改善业绩，提升干部能力。

（1）干部述职的目的及模式。

干部述职可达到三个目的：强化高层、中层、基层干部的责任意识和目标意识，找到差距并提高业绩与能力；通过点评与质询，为干部业绩与能力发展提出建议，促进干部成长；发现高潜人才，为集团后备干部梯队

建设提供支持。

在DZ集团，我们采取的是定期述职与临时述职两种模式。定期述职，即每半年就所辖业务板块或个人当期职责履行、绩效达成、团队建设、能力发展等情况进行述职。当出现工作岗位调整，如岗位竞聘、委派等情况时，集团可要求相关干部进行临时述职。

很多企业的述职只是走流程，定期汇报，述职内容过度展现成绩，而对相关问题、卡点分析不足；高管点评不痛不痒，对述职者本人的帮助意义不大。为规避这种现象的发生，我们在述职流程中增加了质询环节，质询团成员由各级述职人员中业务流程上、下游相关部门的人员代表担任。在述职会上，就业务相关、流程相关的各种实际问题质询，述职者现场答疑。

（2）干部述职主要内容。

干部述职内容整体结构主要包含三个部分：业务发展回顾、组织发展回顾、未来发展规划，以PPT形式进行汇报。

①业务发展回顾。

部门定位认知：描述对部门服务对象、部门定位和使命的理解。

KPI完成情况：阐述KPI完成情况，分析期初与实际目标的差距。鼓励但不限于从历史角度、计划视角、行业/标杆视角等进行分析。

②组织发展回顾。

业务核心能力：对实现部门使命应具备的核心业务能力的现状进行回顾。

企业文化塑造：对部门"四有"团队建设重点活动、开展情况和效果进行说明。

个人领导力发展：根据干部层级和能力要求，对个人引领业务、引领组织、引领团队三个维度的关键能力发展情况与能力发展方向进行阐述和说明。

③未来发展规划。

业务亮点与暗点分析：对工作中存在的亮点、不足进行说明和经验/教训总结。

未来发展策略与方针：描述本行业/领域当前发展热点与未来发展趋

势。运用SWOT分析法描述内部优势、劣势和外部发展的机会与风险,并对不同业务进行阐述、说明。

下半年工作规划:描述KPI及各类主要工作绩效承诺。结合工作中存在的亮点与不足,列出下半年重点工作完成举措与目标。

下半年团队能力发展规划:对团队核心能力改进项、改进方法与举措、期末预期效果进行分析与说明。

下半年个人关键能力发展规划:对个人关键能力发展的改进项、改进方法与措施、期末预期效果进行分析与规划。

(3)干部述职流程。

我们将干部述职流程分为会前、会中、会后三个部分,具体流程如图4-8所示。

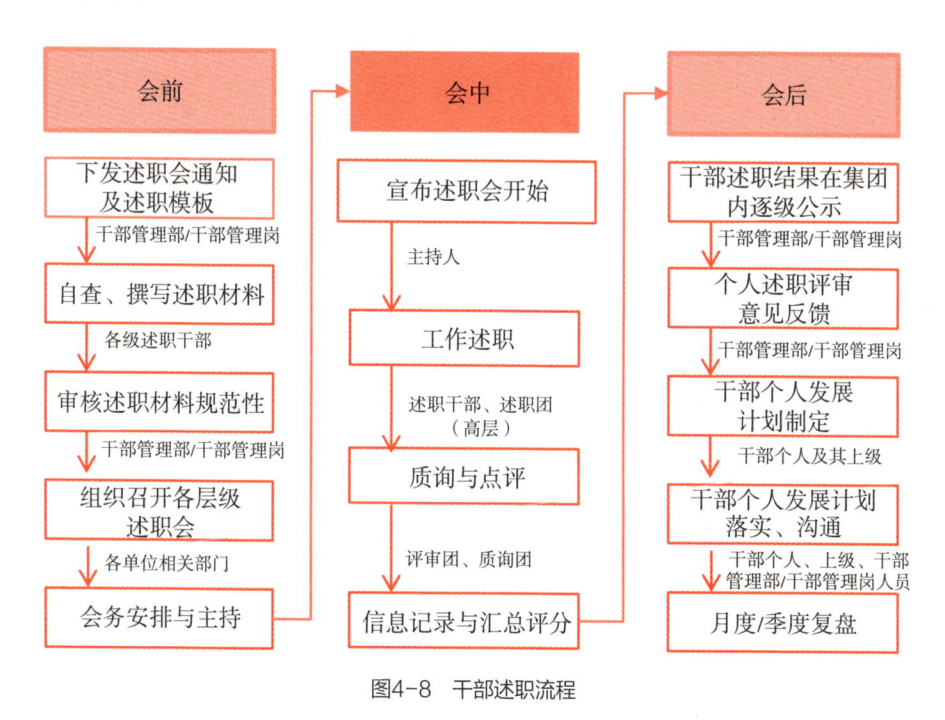

图4-8 干部述职流程

①会前流程。

干部管理部/干部管理岗下发述职会通知及述职模板。

各级述职干部在收到述职通知后,按要求撰写述职汇报材料,于述职日5个工作日前递交至干部管理部/干部管理岗审核。

干部管理部/干部管理岗人员对述职材料的规范性进行审核，将不符合内容格式要求、有缺项漏项的述职报告退予述职人员，由述职人员补充完善，并于述职日2个工作日前提交给干部管理部/干部管理岗人员进行复核。

相关部门根据述职会具体安排和要求，组织、协调召开述职会。

②会中流程。

会议主持：由干部管理部/人力资源部确定述职会议主持人。

述职时长：高层干部述职汇报时长控制在25分钟之内；中、基层干部述职汇报时长控制在15分钟之内。

质询与点评：由述职质询团、评审团就述职内容对述职人/述职团质询作出点评（高层15分钟以内，中基层10分钟以内），述职人/述职团现场对提问或质询进行补充和解答。提问、质询、解释或解答要言简意赅，提纲挈领。

述职评分：评审团分别从业务发展、组织发展、未来规划、述职表现四个维度对干部述职表现进行打分（质询团仅参与质询，不参与评分）。

会议记录：干部管理部/干部管理岗人员负责记录述职关键内容，并对各级述职结果进行统计。

③会后流程。

干部管理部/干部管理岗人员将各层级干部述职结果进行分层汇总后，在集团内逐级公示。

干部管理部/干部管理岗人员针对个人述职评审意见与述职干部个人及其直属上级进行沟通。

述职干部根据述职反馈意见，综合分析个人优劣势情况，与其直属上级共同制定个人发展计划。

述职干部与上级、干部管理部/干部管理岗人员通过面谈等形式定期或不定期沟通其个人发展计划落实情况。

各单位/部门通过月度、季度复盘会议等形式对本单位/部门业务发展、组织发展改进与提升情况进行沟通，根据集团与各单位/部门实际经营情况与发展重点进行统筹。

述职干部的述职报告及评审团、质询团的评价与建议等述职会议资料，作为述职干部考核与奖惩的重要依据之一，由各级干部管理部门分级归档管理。

（4）干部述职结果应用。

①述职结果。

各层级评审团根据述职评分标准进行打分，满分100分。将述职结果进行分层分类排名，在集团内逐级公示。

②高层述职结果应用。

对年度排名前三的单位或部门进行嘉奖，对后三名的单位或部门进行问责。具体奖惩措施结合年度绩效考核实施方案进行。

③中基层述职结果应用。

述职结果将作为干部个人晋升、激励、培训等的重要参考依据。

4.2.5 建立科学的干部考核激励机制

干部考核激励机制是干部管理机制中的核心内容。在本项目中，干部激励偏重于中长期激励，薪酬部分按公司原定方案执行。本次激励内容在总体激励额度上作纠偏，对薪酬明显高于或低于中位值的任职者，结合干部盘点结果，重新设计入级入档，进行适度调整。对薪酬明显低于中位值的干部，可结合绩效评价，重新进行薪酬定位，使定薪接近薪酬中位值。对薪酬明显高于中位值，且远高于平均水平的任职者（可能是集团高薪猎聘而来的干部），可采取冻薪的方式，暂不增加基本薪酬，浮动薪酬跟公司盈利情况挂钩。本次激励重点放在各事业部超额利润分享部分。

DZ集团的超额利润分享计划是干部激励的核心内容，在前期调研时，项目组从被激励对象那里了解到，他们主要想解决激励额度以及团队自主分配权的问题。原来的激励模式是由集团统一制定的，各业务板块差异性不大，职能部门的激励比较模糊，往往是事后根据总利润情况再来确定如何分配。总部管理团队意识到事后再定激励额度的方式对团队的激励作用弱，目标牵引力不足，也迫切希望可以改变这种模式。

由于DZ集团业务发展迅速，公司后期高薪聘请了很多职业经理人，新进管理团队与公司原有管理团队在薪酬上也存在较大的差距。公司需要根据薪酬差，尽量补齐原有管理团队人员的薪酬差距：一部分人从现有薪酬中补齐，另一部分人从经营利润分红收益中拉平。

1. **区分不同业务主体的激励方式**

各业务单元、总部职能部门根据经营情况、业务成熟度和定位等，确定不同业务主体的考核方向，并设定不同的激励模式（见表4-20）。

表4-20　不同业务主体的激励模式

业务主体类别	定义	激励方式	计算方式	计算基数	发放方式
利润中心	目前有利润的经营单元	现金	超额累进×考核系数	经营单元超额利润	以"55或532"[①]的方式递延发放（作为次年风险金）
成本中心	目前无利润的经营单元	现金	里程碑目标完成情况考核	奖金包（项目奖）	以"55或532"的方式递延发放（作为次年风险金）
费用中心	总部职能部门	现金	超额累进×考核系数	合并报表/各经营单元超额利润	以"55或532"的方式递延发放（作为次年风险金）

2. **确定利润核算基数或考核里程碑目标**

利润中心（目前有利润的经营单元）： 以目标利润为基数，根据业态与市场占有率情况，预估未来三年的增长目标，核定第一年基础核算利润目标。采取三年利润目标，是为了尽可能杜绝职业经理人在任期内只顾达

---

① "55或532"是一种奖金递延发放方式。"55"指的是第一年发放整体奖金的50%，剩余50%递延至次年发放；"532"指的是第一年发放整体奖金的50%，次年发放30%，第三年发放20%。

成短期利润目标而牺牲企业长期投入的行为。职业经理人需兼顾短期与长期的平衡，财务与非财务的平衡。

关注年度与中长期规划，实行目标责任书制度，目标制定遵循"超级奋斗"逻辑（见图4-9）。

目标制定以3年为期限，明确每年年度经营目标，按年进行考核。目标由集团与业务单位共同确定，以集团整体中长期战略目标为指导，以下为目标制定时的核心要求：

（1）符合同比增长要求；
（2）符合对标行业竞争对象与市场定位的要求；
（3）以利润实现为核心；
（4）兼顾集团长期发展的资本投入，重视投资回报。

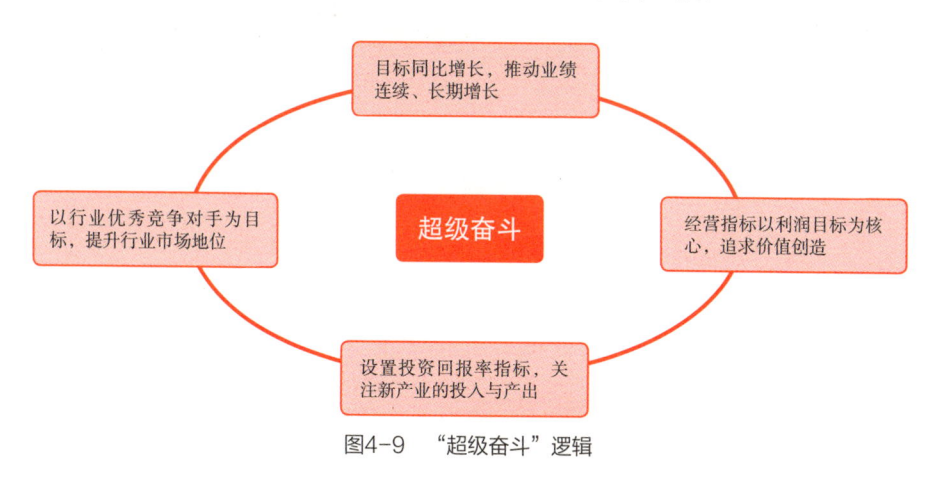

图4-9 "超级奋斗"逻辑

例如，在制定不同业务板块业绩增长目标时需充分考虑业务形态。成熟业务的市场情况相对稳定，想要获得高增长有较大的挑战性，重在守住现有市场份额，同时保有合理的利润率区间。成长型业务属于黑马业务，现在处于产品及市场磨合的阶段，未来可能有较大成长空间，所以对增长性有较高要求。而创新型业务处于新的产品、新的销售模式的创造探索阶段，虽然能够盈利，但当下盈利能力有限。在目标制定时需充分考虑业务特点、业务阶段、业务类型，尽量保证公平性与合理性。各主体业务类型的利润率及增长目标如表4-21所示。

表4-21　各主体业务类型的利润率及增长目标

业务主体	业务类型	利润率	市场增长预期	销售额增长目标
事业部1	成熟业务	8%	★★	15%
事业部2	成长型业务	12%	★★★★★	40%
事业部3	创新型业务	20%	★★★★	30%
事业部4	成熟业务	13%	★★	10%

明确目标增长率后，每个经营单元都需制定三年战略目标，签订目标责任状（见表4-22）。

表4-22　各经营单元三年战略目标责任状

三年经营目标	利润	销售收入	销量
第一年分解目标	·目标：（略） ·同比：（略） ·考核权重：（略）	（略）	（略）
第二年分解目标	（略）	（略）	（略）
第三年分解目标	（略）	（略）	（略）

单位：_____　　目标责任人：_____　　目标时间：_____

成本中心（目前无利润的经营单元）：依据里程碑制定节点性目标，以某孵化业务（无利润单位）为例，其指标设定如表4-23所示。

表4-23　无利润单位考核指标参考

维度	核心指标	里程碑目标	权重
财务类	收入	全年实现500万元销售业绩，并且新拓××领域销售，实现业绩从"0"到"1"的突破	10%
产品类	新产品开发进度达成率	原有产品实现迭代，并且围绕客户需求，开发×款新品，完成测试且投入市场，新品开发达成率达到××%	40%

续表

维度	核心指标	里程碑目标	权重
市场类	市场拓展计划完成率	完成三个新兴市场开拓,现有市场的市场占有率提升;新开发五个大客户,进入备选供应商名录;市场品宣的资料建立、渠道调研、广告投放依计划开展	30%
人力资源类	招聘达成率及人岗适配率	招聘达成率达80%;人岗适配率达80%	20%

费用中心(总部职能部门):依据年底考核指标确认目标,除总部职能板块指标外,新增业务支持类指标。

3. 确定超额奖励核算方式及提取比例

利润中心采取超额计提方式:目标定下来后就要确定超额激励额度,超额激励部分采用累计计提的方式,设置超额利润区间与提取比例,具体如表4-24所示。

表4-24 利润中心超额利润区间与提取比例

等级	超额利润区间(万元)	提取比例
等级1	0~1000(含1000)	10%
等级2	1000~3000(含3000)	20%
等级3	3000~5000(含5000)	30%
等级4	5000以上	40%

成本中心采取奖金包方式:成本中心可在设定目标之初就确定定额奖金包,具体可采取被激励对象薪酬总额按月薪倍数的方式设置激励额度,例如,13~20薪是很多金融、互联网企业采取的激励方式。在DZ集团,我们依据各成本中心所属阶段、对集团未来战略的贡献设置激励额度。

费用中心采取超额计提方式:总部职能部门的激励采取合并报表后累计计提模式,具体形式与利润中心类似,但超额额度有差异。提取比例需要经过数据套算后落实到个体,充分体现出多劳多得原则,同时拉开差距。总部职能部门人员对标利润中心、成本中心同级别人员,不能超过,只能持平或略低，否则其他部门的员工会有不公平感（见表4-25）。

表4-25 费用中心超额利润区间与提取比例

等级	超额利润区间（万元）	提取比例
等级1	0～5000（含5000）	5%
等级2	5000～10000（含10000）	10%
等级3	10000～15000（含15000）	15%
等级4	15000以上	20%

4．明确与绩效关联的方式及分配规则

经营单元设置经营单元主体绩效，总部以集团目标的达成设置关联绩效。为缓解利润与长期发展之间的矛盾，绩效需与公司总体业绩考核达成系数关联。实际奖金包=超额利润提取奖金包总额×绩效系数，系数标准如表4-26所示。

表4-26 绩效等级系数表

绩效等级	S级	A级	B级	C级
奖金包系数	1.1	1	0.8	0.6

绩效奖金的分配： 总经理个人分配比例为超额奖金包总额的20%～30%，副总级别分配总奖金包的30%，剩余金额由经营班子商讨后自主分配。为使向下分配的方案更具合理性，也可采取设置被激励对象薪酬系数的方式。

个人激励奖金=个人月薪/被激励团队总月薪×（总奖金包－高管奖金包）。

需要注意的是，这种绩效奖金分配方式以公司的薪酬体系比较合理、个人薪酬能够充分体现个人贡献价值为前提。如果公司本身薪酬体系不合理，采取这种方式则会更加不公平。

5．明确发放规则

递延发放：业务单位超额利润奖金分两年递延发放，发放比例各占50%。

第一次发放时间为第2年1季度，无额外条件。

第二次发放时间为第3年1季度，附加额外条件：第2年达成当年度利润目标就发放，未达成就取消。

6. 明确违约责任

有以下行为的单位及责任人，将取消（利润及销量）超额奖、绩效考核加分，而且不得参与团队及个人评优。

（1）由于违反国家法律法规，以及因安全、环保、建筑、消防被行政处罚50万元以上，且对公司造成负面影响事宜的单位负责人、分管领导及责任人；

（2）因工作失误造成的重大诉讼的经济赔偿高于500万元，对公司造成重大负面影响或重大经济损失事宜的单位负责人、分管领导和责任人；

（3）经营业绩弄虚作假的单位负责人、分管领导及责任人。

4.2.6 明确干部退出机制

有进入就要有退出。干部的退出机制在很多企业是比较敏感的话题。打江山的时候，很多功臣攻城略地、开疆拓土，立下赫赫战功。但随着企业发展壮大，一批原来的功臣在管理理念、管理思维等方面逐渐不适应所在岗位。企业很好地处理老臣子功成身退的问题，彰显的是企业家的格局与企业文化。公司在发展过程中，需要引进很多新生力量，这些新生力量在试用的过程中，也可能存在不适应企业、胜任力与价值观的匹配度存在差距等问题，如何处理这些问题以保持干部队伍的清朗也是需要重点关注的。

企业要区分不同类型干部的退出方式，明确退出标准。干部退出的方式主要有考核退出、退休退出、退居二线退出、竞聘退出、患病与工伤退出、违规违纪退出。下面我们重点看一下前四种退出方式。

1. 考核退出

考核退出是指干部有下列情形之一的，原则上免去现任职务。

（1）年度绩效考核档次为D档或连续两年年度绩效档次为C档；

（2）一个考核年度内，连续两次绩效考核档次为C档或D档；

（3）年度述职评定不合格，同序列干部排名末位10%；

（4）试用/适应期考核不合格。

考核退出方式有强制退出和协商退出两种。

（1）强制退出：绩效考核不合格或年度述职排名在同序列干部末位10%者，经干部管理部深入调研、360度评价、末位述职及研讨分析后，属于能力不适应岗位、市场不作为、管理水平低下、价值观不契合的干部，原则上应强制退出。实施流程为：免职→降为普通员工→降薪→不合格辞退。

（2）协商退出：在年度述职中被评定为不合格，经干部管理部深入调研、360度访谈、末位述职及研讨分析后，属于客观环境与市场情况导致的业绩不达标，而其能力、价值观高度契合的干部，应采用协商退出方式。实施流程为：免职→降职/降薪→重新安排→留岗察看。

考核退出流程如表4-27所示。

表4-27　考核退出流程

步骤	流程	流程说明
第一步	确定绩效考核不合格或年度述职末位10%名单	干部管理部确定绩效考核不合格或年度述职末位10%的名单
第二步	360度评价与末位述职	干部管理部组织360度评价、末位述职
第三步	不合格或末位原因分析	干部管理部结合调研及述职评议结果进行分析
第四步	确定退出方式	干部管理部确定强制退出或协商退出方式
第五步	免职、降职/降薪	干部管理部执行干部免职、降职/降薪流程
第六步	办理工作交接手续	退出者在一周内完成工作交接手续
第七步	重新安排或离职	干部管理部为退出者重新安排工作岗位或办理离职手续

2. 退休退出

退休退出是指干部的年龄达到国家法定退休年龄，经评估后决定不再返聘的，按相关规定办理退休手续，退出干部管理岗位。实施流程为：下发通知函→免职→办理退休手续→离职。

退休返聘是指干部达到国家法定退休年龄，但基于其岗位的专业性，公司仍需要他为公司继续发光发热的，可采用协商退出再聘任的方式。实施流程为：面谈→免职→退休→返聘入职（一年一签）。

3. 退居二线退出

退居二线退出是指干部的年龄未达到退休年龄，但基于公司发展需要，在任的干部需要提前离开当前岗位，如果他的专业技术又是企业需要的，就可以协商让他退居二线转入专业技术岗。实施流程为：面谈→免职→转入专业技术岗。

该退出方式适用于10级以上、年满55周岁且在管理岗位累计工作满6年的中高层管理干部，若当年综合绩效评价结果为B级及以上，可正常退居二线（以下统称"退居二线干部"）。退居二线退出方式不适用于由董事会聘任的管理人员。退居二线退出的流程如表4-28所示。

表4-28 退居二线退出流程

步骤	流程	流程说明
第一步	岗位沟通	·退居二线的高层管理干部由人力资源副总裁负责面谈，并结合其专业特点、个人特长提出岗位建议 ·退居二线的中层管理干部由所在单位主要负责人进行面谈，并结合其专业特点、个人特长提出岗位建议
第二步	岗位计划	根据岗位沟通结果，由退居二线干部所在单位提出岗位建议方案，明确具体工作单位、岗位名称及薪酬等
第三步	审核确定	干部管理部对退居二线干部的岗位计划进行审核确定
第四步	干部聘任	由用人单位与退居二线干部重新签订聘用合同，一年一签，转入专业技术岗

退居二线干部执行新聘岗位的薪酬福利，原则上薪酬水平不超过原来干部管理岗位薪酬的70%。

绩效考核按新聘岗位的绩效管理规定执行，绩效工资结合月度、季度、年度绩效考核结果发放。

4. 竞聘退出

竞聘退出是指因机构调整等需重新竞聘上岗,在公开竞聘中落聘的管理人员,免去现任职务,重新安排或降级任用。

建立退出机制是为了保障干部队伍适度的流动性,提高干部队伍的人岗匹配度,保障公司长期健康发展。

4.3 咨询效果:摆好阵形,打造干部铁军

DZ集团项目设计阶段6个月,后期导入跟进6个月,后期一年的时间根据体系落地的情况进行针对性辅导,整个项目为期两年。在项目设计阶段,DZ集团高管高度重视,很多方案的形成都与我们经过了长时间的沟通、研讨和共创。整体制度需结合公司原有的制度、流程体系,在此基础上做迭代升级。在研讨过程中,很多标准越来越清晰,对干部的定位也越来越明确。很多干部反映,原先更多的是基于责任在做事情,现在有更强的全局观,更清晰的责任边界,更明确的成长方向。同时,公司也给予干部很多成长的帮助,让干部对未来更有信心。回顾我们与DZ集团的合作,成果颇丰。

1. 为企业构建了一套干部管理体系

从干部组织、干部任职资格、干部选拔、干部培养、干部激励、干部退出等方面建立干部管理体系,使后续干部管理工作有章可循,构建了基于公司长期发展的核心人才体系。人才是企业的核心竞争力。这套体系有助于公司引进、激励、留住优秀人才,保障公司长期稳健发展。

2. 通过干部管理体系识别和选拔了一批能打胜仗的管理干部

在咨询项目过程中,设计一个模块就要推动一个模块落地。在干部任职资格共创环节,我们确定了各级管理者的任职资格标准。在内部宣导培训后,企业碰巧要举行干部竞聘会,于是我们将这套任职资格标准用到了新任干部的选拔中,提升了选拔效果。干部述职后,对干部的能力与业绩有更加全面的评估,同时能够很好地识别干部的管理思维和管理规划能

力。评委点评和相关业务方的质询，对实现跨部门沟通与协作，推动内部业务卡点问题解决，都有明显的提升作用。

3. 达成基于公司价值观体系的干部共识

整个咨询项目的无形价值是在纲领性研讨过程中，干部对企业文化、价值观的对齐与理解。在建立标准、宣导标准的过程中，在一次次研讨碰撞过程中，公司的价值观和企业文化更加清晰明确。理念上达成共识，才有行为上的同步，这更具里程碑式意义。

4.4 思考与启示：干部能力决定商战结果

企业不断发展的核心要素往往是干部。如何产生将军、让英雄辈出？我们要坚持不懈地对干部进行识别、培养、训练和发展。如何理解"干部的责任是胜利，牺牲只是一种精神"？比如让你来负责这个业务，目的是打败竞争对手，为公司赢得更多价值，不管你多么辛苦，多么劳累，如果最后没有结果，那都是没有用的。公司虽认苦劳，但是必须有结果。如果我们让一个人持续不断地奋斗，却没有产生结果，很难不怀疑是不是在选拔干部的时候出了问题。如果你想让你的公司人才辈出，就要打造一套科学培养干部的管理机制。

干部管理体系在前期实施阶段不会非常精细，要不断迭代才能靠近"真理"，所以要适当地留点灰度，不断优化才能真正发挥作用。

CHAPTER 5

薪酬管理

激活团队，促发展

薪酬是激励的重要手段，适配业务发展的薪酬管理体系直接关乎人效的提升，然而，因为受到公司战略调整、组织变革、业务变化以及外部环境变化等因素的影响，企业的薪酬管理体系往往会出现各种问题。当薪酬管理出现问题时，一些企业试图通过不断打补丁的方式进行修复，但这种做法往往治标不治本，随着时间的推移，补丁越来越多，矛盾也越来越突出。还有部分企业总是回避或逃避薪酬问题。事实上，企业想要发展，企业高管就必须正视薪酬问题，及时发现并调整不合理的薪酬制度，这样才能避免发生薪酬危机，也只有这样企业才能持续、稳健地向前发展。如果不及时处理，最终结果就是"招不来，请不走，留不住"。本章，笔者撰写了广州LT电器设备股份有限公司（以下简称"LT公司"）薪酬管理体系优化及升级的过程，帮助LT公司推翻了"招不来""请不走""留不住"这"三座大山"。

5.1　"招不来，请不走，留不住"带来的困惑

5.1.1　项目由来

广州LT电器设备股份有限公司创办于2012年，是一家集风扇、榨汁机等小家电研发、制造及销售于一体的中小型民营高科技企业。LT公司自成立以来，依靠股东的大力支持，通过全体员工的共同努力，抓住行业发展机遇，经营效益稳步提升，企业发展前景向好。

LT公司在研发上大力投入，使得产品性能不断改善，且获得了多项具有创新性的专利，填补了国家在这些领域的空白，大大提高了企业的市场竞争力，为企业的可持续发展注入了活力。

LT公司现有员工210人，其中管理人员18人、技术研发人员28人。LT公司优良的营销策略及较高的市场开发能力使企业得到飞速的发展，2016年公司年产值达1.2亿元。LT公司以关键职能部门为核心，采用典型的扁平化组织架构，具体如图5-1所示。

5 薪酬管理——激活团队，促发展

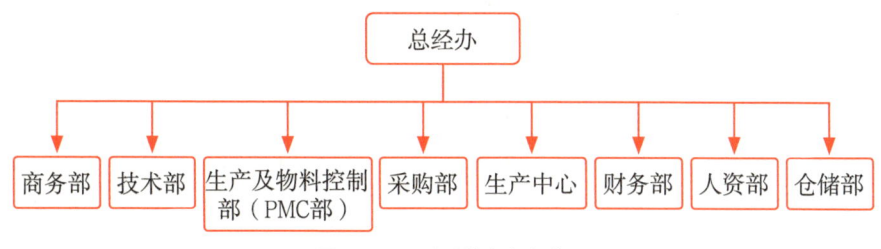

```
                         总经办
      ┌──────┬──────┬──────┼──────┬──────┬──────┬──────┐
   商务部  技术部  生产及物料控制  采购部  生产中心  财务部  人资部  仓储部
                  部（PMC部）
```

图5-1　LT公司的组织架构

和众多民营企业一样，LT公司在其早期发展阶段主要聚焦于拓展和维护市场，而对内部管理则疏于关注。在发展过程中，LT公司也清醒认识到企业现有的薪酬管理体系相对滞后。一方面，薪酬在外部市场的竞争力不足，导致核心人才流失；另一方面，薪酬在企业内部的公平性不足，导致员工敬业度下降，工作效率不高。如今，国内外经济形势不断变化，人工成本、管理成本不断上升，LT公司面临着残酷的考验，构建一套科学完善的薪酬管理体系对企业发展来说非常重要。

为了调动员工的工作积极性，将员工的利益与股东的利益有机、紧密地联系起来，LT公司决定寻求既拥有行业市场薪酬数据库资源，又具备丰富项目经验的专业人力资源管理咨询公司的帮助。LT公司总经理C总通过网络找到了几家人力资源管理咨询公司，我们公司就是其中之一。通过几轮方案汇报，C总认为，我们项目组对LT公司的现状非常了解，又具备丰富的项目经验及充实的数据库，并且也非常认可项目组提供的解决方案，最终与我们达成了合作。

我们作为管理咨询顾问，为LT公司完成了薪酬管理优化。本次合作得到了LT公司C总的全力支持，因此我们获得了比较全面的资料，加上潜入式调研，我们对该公司的人员也有了更深入的了解，为薪酬优化分析奠定了坚实的基础。

5.1.2　诊断模型："六脉神剑"直奔主题

薪酬诊断是构建薪酬体系的核心步骤，薪酬诊断的目的是掌握公司现状及重点问题，为后续薪酬体系设计奠定基础。

管理红利

随着公司战略调整、组织变革以及业务和外部环境的变化,企业的薪酬体系会逐渐出现各种问题,部分企业通过不断打补丁的方式进行修复,但补丁越来越多,矛盾也越来越突出。还有部分企业面对薪酬问题时,总是回避与逃避。但想要发展,企业就必须正视薪酬问题,及时发现并调整不合理的薪酬制度,如果不及时处理,最终结果就是"**招不来,请不走,留不住**"。

招不来:薪酬水平缺乏吸引力,无法招到优秀的人才,关键岗位空缺周期越来越长。

请不走:业绩不好的员工,在公司混日子,得过且过,请都请不走。

留不住:优秀员工不是主动跳槽,就是被竞争对手挖墙脚,留也留不住。

优化或重构薪酬体系势在必行,从哪些维度优化、何时优化、怎么优化是首先要解决的关键问题。

薪酬诊断先从战略着手,判断企业的薪酬战略能否有效支撑企业战略实现。人效分析是从公司财务角度分析人力资本投入产出比,对标行业平均水平进行分析,从而找出薪酬问题,为薪酬管理体系设计提供科学的思路。人效分析通常从企业支付能力和人力资本投资回报两个维度选取六大指标进行分析(见表5-1)。

表5-1 人效分析的维度及六大指标

维度	序号	指标
企业支付能力	1	营业收入
	2	利润率
	3	薪酬总额/营业收入
人力资本投资回报	4	人均销售收入
	5	人均利润
	6	利润总额/薪酬总额

通过指标横向与纵向对比及分析研究,判断企业发展与盈利能力、运营效率、人力资本投资回报率等是否合理。比如,若某企业薪酬支出处于

行业较高水平，但人均销售收入、人均利润低下，这种情况就要对薪酬管理体系进行深入分析了。

同时还要综合考虑其他因素，比如组织机构是否臃肿，员工能力是否存在不足，创新机制和激励考核机制是否完善等，为企业综合管理提供改进方向，提升组织内部的管理水平。

薪酬诊断是薪酬管理体系设计优化的第一步。那么，如何以企业战略目标为原点，从业务发展角度全面开展薪酬诊断，发现企业薪酬方面存在的问题和薄弱环节，提高人力资本投入产出效率呢？项目组提出了"六脉神剑"薪酬诊断模型，具体包括确定诊断内容、确定诊断方式、找理论诊断标准、发现薪酬问题、深入分析问题及提出改善措施。

宏观层面的大方向确定后，项目组把"六脉神剑"薪酬诊断模型应用其中（见图5-2），从微观层面对LT公司的薪酬管理体系进行了诊断。

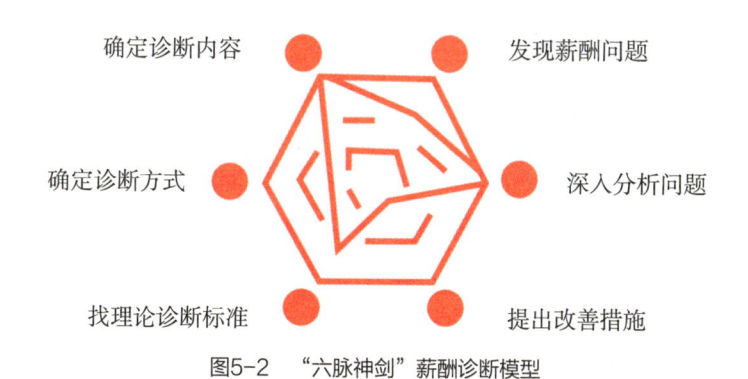

图5-2 "六脉神剑"薪酬诊断模型

1. 资料分析

薪酬诊断的资料主要包括近三年的战略经营（包括战略目标、战略方向、经营目标、财务报表）和组织管理文件（包括组织架构、职位体系、职级体系等），薪酬管理文件（包括薪酬管理制度、津补贴制度、提成管理、激励管理、福利管理等）、常规薪酬文件（包括总额预算表、工资表、正负激励表、花名册等）、绩效管理文件（包括绩效制度、考核结果及应用情况等）（见表5-2）。

表5-2 资料收集清单及现状与发现

序号	资料分类名称	数量	属类	现状与发现
1	战略经营和组织管理文件	30份	电子	组织架构不清晰、权责利不对等，个别职位与组织结构的描述不符
2	薪酬管理文件	10份	电子	薪酬管理制度缺失，提成、激励部分没有激励性，未经测算
3	常规薪酬文件	5份	电子	缺乏总额预算
4	绩效管理文件	4份	电子	绩效管理流于形式，结果未进行应用
	合计			49份

2. 员工访谈

薪酬管理诊断中，访谈法是其中一种非常重要的诊断方法。访谈对象不同，访谈的侧重点也会不同。访谈过程中应尽可能记录有效、重要的信息，访谈结束后及时归纳问题，便于后期分析整理。项目组根据LT公司的组织架构情况，选取了不同层级、不同部门的员工进行访谈，访谈对象主要包括总经理、各部门负责人及各职位代表员工近50人。在访谈过程中，被采访人员能够实事求是地表达自己对现行薪酬体系的态度、看法，并提供了大量有效信息。

3. 问卷调查

针对该项目，我们采用"人力资源指数问卷调查分析法"对LT公司的人力资源现状进行调查和分析。本次调查采取全员参与的方式，共发放调查问卷210份，回收198份，其中135份问卷的内容全面且具有一定的说明性及参考性。项目组针对部分人员的关键问题召开了高管研讨会，用以更好地解决企业困惑。

5.1.3 诊断结果：专业诊断切中要害

经过前期对LT公司的深度调研，项目组将该公司的主要薪酬管理问题归纳如下。

（1）团队人心涣散，整体缺乏激情；

（2）凭感觉加薪，工资加了，但业绩没有变化；

（3）优秀高管纷纷跳槽，优秀基层员工被同行高薪挖角；

（4）员工工资水平越来越高，满意度却越来越低，抱怨越来越多；

（5）新员工工资比老员工高，引发老员工的强烈不满；

（6）薪酬总额年年高涨，但公司效益越来越差。

项目组将围绕这些问题进行深入分析，找到相应的解决方案，帮助LT公司保持其竞争优势。

1. 薪酬激励机制缺乏激励性

经调研分析发现，LT公司的人力资源指数分值为3.04分，低于目前民营企业的平均分值3.31分，企业的人力资源管理状况相对落后（见表5-3）。

表5-3　LT公司的人力资源指数

单位：分

要素	LT公司	国有企业	民营企业	三资企业
工作效率	3.33	3.24	2.45	3.66
管理参与	2.1	3.23	3.14	3.32
管理人员	3.05	3.39	3.48	3.57
目标管理	2.95	3.27	3.25	3.46
内部合作	3.17	3.25	3.3	3.6
企业氛围	3.36	3.17	3.32	3.62
企业精神	2.94	3.35	3.31	3.56
识人用人	3.16	3.3	3.45	3.58
薪酬机制	3.11	3.38	3.27	3.28
信息沟通	2.79	3.26	3.24	3.45
员工发展	3.14	3.35	3.35	3.6
员工关系	3.02	3.26	3.09	3.17
员工能力	3.07	3.06	3.12	3.18

续表

要素	LT公司	国有企业	民营企业	三资企业
员工士气	3.32	3.39	3.6	3.66
组织结构	3.14	3.09	3.2	3.47
总指数	3.04	3.29	3.31	3.48

表5-4 LT公司的薪酬激励性统计表

变量类型	频数（人）	百分数（%）
非常强的激励性	2	1.48
较强的激励性	15	11.11
不确定	40	29.63
激励性不够	60	44.45
激励性非常差	18	13.33

由表5-4可看出，LT公司仅有12.59%的员工认为现行制度具有激励性，而高达57.78%的员工认为激励性不足。根据北美著名行为科学家维克托·弗鲁姆的期望理论，如果员工不能预期其行动有助于达成某种目标，就不会被充分调动起来，就不会采取行动以达成这一预期目标。激励力量（M）=效价（V）×期望值（E）。期望值（E）不够，员工认为采取任何行为都无法或者很难实现目标，就算效价（V）再高，激励力量也是很弱的。如果薪酬制度不具有较强的激励性，公司就无法有效地调动员工的工作积极性，也无法吸引更多的优秀人才，更难以从根本上增强公司的凝聚力和吸引力，不利于培养员工的归属感。

薪酬满意度不高、激励性不强是导致LT公司员工流失的一个主要原因，同时也导致企业很难招到优秀的人才。企业招不到合适的人，就以为社会上的人的水平配不上高工资，因而想压低薪酬，于是更没人来应聘，从而形成恶性循环：企业招不到合适的人，而人员又在不断流失。调查结果统计情况如表5-5所示。

表5-5　员工离职与薪酬管理的关联性调查

变量类型	频数（人）	百分比（%）
直接导致	24	34.78
有一定关系	31	44.93
不确定	11	15.94
没有关系	2	2.90
绝对无关	1	1.45

2. 薪酬激励机制缺乏科学性

员工普遍反映薪酬难以体现自身价值，与绩效考核缺乏必然联系。LT一直在推行绩效考核管理，采用360度测评方法，但实施过程中HR管理者对其进行了调整，只采取领导对下属评价的方式，未从其他维度对员工进行考核。因此，绩效考核一直流于形式。

这种绩效管理方式呈现出的问题就是人为因素影响太大，考核主要侧重态度与观念，缺乏指标与业绩考核，没有以业绩为牵引，所以整体实施效果不是很好。此外，由于没有进行广泛宣传，除了部门负责人外，许多员工对绩效考核的内容并不清楚，所以绩效考核只停留在态度考核，没有把战略以指标的形式分解到各部门，导致员工无法完成考核指标，高管没做绩效考核，考核结果也没有应用到激励中。

绩效管理是薪酬激励的重要组成部分，薪酬变革一定会涉及绩效管理，"绩效+薪酬"是激励的一个闭环，通过绩效管理体系的建立，从绩效指标的设定、绩效辅导到绩效考评、结果应用，然后在管理中发现组织优势，寻找差距原因并不断改进，长效促进企业管理。绩效管理是需要人人参与的一项系统的管理工程，项目组对LT公司进行战略解码，引进了

KPI绩效管理工具,将量化指标(如净资产收益率、利润、销售收入)作为公司的关键绩效指标,用来考核公司高管,并层层向下分解,呈现出"千斤重担万人挑,人人头上有指标"的局面。最后,将结果应用与薪酬激励部分挂钩,通过绩效、提成模式改变激励方向,激发员工活力,推动企业健康发展。

3. 薪酬激励机制缺乏全面性

除了经济报酬,薪酬还包括非经济报酬部分,任何一家企业都要充分认识到非经济报酬的存在,并充分发挥其作用。LT公司忽视的非经济报酬问题如下:

(1)现有员工的工作都是比较机械的工作,大都不具有挑战性。公司对知识型员工不以结果为导向进行管理,主要看平时的表现。

(2)公司对员工成长投入少,培训体系不健全,没有充分认识到人力资本投资对公司发展的重要性。

(3)员工没有职业规划,成长发展渠道单一,尤其是关键岗位或知识型员工对自身的发展缺乏明确的方向,直接后果是员工对未来感到迷茫,对工作没有激情。

4. 薪酬激励机制缺乏公平性

很多员工认为获得的回报少于付出,关于付出与回报的关系调查统计结果如表5-6所示。

表5-6 员工认为自身付出与所获回报的关系调查

变量类型	频数(人)	百分比(%)
值得	71	52.6%
不确定	23	17%
不值得	41	30.4%

由表5-6可知,30.4%的员工认为自身的回报小于付出,认为公司的薪酬管理存在不合理之处。根据美国学者约翰·亚当斯的公平理论,员

工更关心的不是他实际得到的绝对报酬，而是与其他员工比较的相对报酬，即员工在衡量自己的薪酬回报与自身付出之间的关系时，也不是只关注自身的薪酬水平，他还会将自己的付出回报率与同水平员工进行横向比较。

经过项目组多年研究发现，制度的公平性也会影响员工对组织的承诺、对上级的信心和离职的意愿。但LT公司忽视了薪酬制度公平性问题。LT公司认为，只要员工得到的薪酬与工作价值相当，或与对企业的贡献相当，薪酬框架设计与操作是否公平、透明并不重要，因此LT公司选择了"暗箱操作"的方式。

LT公司的薪酬体系中，计时员工的生产类奖金项目偏少，没有充分调动员工的工作积极性；而月薪员工有绩效奖金但没有发放标准，缺乏重要生产与交付项目的奖金设计。

LT公司虽然设计了职务津贴、伙食补贴、住房津贴等薪酬项目，但没有明确的设计与操作标准，造成同职位的员工在津贴数额上差异明显，工资、奖金、福利的定义与分类不明晰。

5. LT公司薪酬分析诊断思考

项目组依据"六脉神剑"薪酬诊断模型，对LT公司薪酬管理进行全面诊断分析，从薪酬战略、薪酬理念、薪酬体系、薪酬结构、提成、奖金、薪酬调整等方面归纳总结了企业现阶段薪酬体系存在的问题，并有针对性地设计薪酬管理体系优化报告。该报告由"问题""原因""建议方案"三个部分构成，项目组向C总等高层管理者进行汇报，由他们对建议方案的可行性进行评估，并作为优化或重构薪酬体系的主要依据。本次薪酬优化主要解决的问题如表5-7所示。

表5-7 薪酬问题诊断

类别	主要问题描述
薪酬战略	·薪酬战略与企业战略毫无关系 ·与业务主价值链相关岗位的薪酬尚有激励性，其他岗位的薪酬完全缺失激励性

续表

类别	主要问题描述
薪酬架构不科学	• 企业现阶段的薪酬体系缺失激励性，仅起到保障作用 • 虽然设计了职务津贴、伙食津贴、住房津贴等薪酬项目，但没有明确的设计与操作标准，造成相同职位的员工在津贴数额上差异明显 • 工资、奖金、福利的定义与分类不明晰 • 企业已连续3年没有就岗位进行工作分析及岗位评价，在近5年中，企业已有30%以上的岗位职责发生变化，且考核方向发生变化，导致定岗定级完全失去实质性作用 • 岗位与岗位之间的价值未能通过薪酬体现，导致内部公平性缺失
激励性偏弱，业务牵引不足	• 计时员工的生产类奖金项目偏少，没有充分调动员工的工作积极性 • 月薪员工有绩效奖金但没有发放标准，缺乏重要生产与交付项目的奖金设计 • 职能部门薪酬过低，已失去外部公平性 • 绩效考核流于形式，无论员工年度绩效如何变化，与调薪、年终奖励等都无逻辑关系
薪酬计算不合理	员工的全勤奖、职位津贴计算方式不统一
人力成本较高	计时员工加班工资远高于基本工资
定薪、调薪	• 人力资源部对定薪只有知会权，没有审核权，缺乏统一评估与把关 • 高管薪资未按市场薪酬定位执行 • 调薪中对绩效结果的应用未作详细说明 • 企业内部未曾将人才培养与薪酬相结合，人才发展职业通道不明晰，岗位晋升与薪酬全凭领导一人决定 • 一直未能进行薪酬变革，导致招聘优秀人才极难，且无法留下核心人才
年终奖	年终奖未与目标挂钩，发放金额比较随意

5.2 构建全面的薪酬管理体系

围绕LT公司薪酬设计的目标，项目组根据LT公司的实际情况，坚持薪酬设计五大原则（见图5-3），为LT公司构建一套科学实用的薪酬管理体系。

价值导向原则	在保障员工基本生活的前提下，根据企业发展要求以及各岗位对企业价值贡献的大小进行薪酬分配
公平性原则	确定各岗位对企业的价值贡献时，考虑各岗位的知识技能、沟通难度、工作复杂度、影响深度和广度、监督职责、工作稳定性等
绩效导向原则	薪酬与其工作业绩挂钩，相同岗位的员工，工作业绩不同，薪酬也不同，克服"平均主义""大锅饭现象"弊端，体现差距
竞争性原则	参照行业市场与本地劳动力市场的工资水平，合理确定薪酬标准，遵守国家、地方的法规、条例
激励性原则	承接责任越大的岗位，激励性的浮动收入（如绩效工资、奖金等）占比越大

图5-3　薪酬设计五大原则

5.2.1 薪酬战略梳理

薪酬管理体系是人力资源管理系统的一个子模块，科学的薪酬管理体系需支撑组织能力提升，从而激励员工，让他们的努力和行为集中到能帮助组织在市场中生存和竞争的方向上去。企业薪酬体系设计或优化工作的启动，意味着企业人力资源管理体系的升级迭代。

企业战略作为企业经营方向和目标决策的核心，不仅决定了企业未来的发展方向，而且定义了企业将向市场提供何种产品和服务，以什么样的规模呈现，是企业总的指导方向。企业资源管理体系也是围绕实现企业战略设计的，所以企业战略决定了人力资源设计框架，从而决定了企业的薪酬战略。

1. 薪酬理念与战略分析的步骤

薪酬理念与战略分析主要分为四步，具体如图5-4所示。

企业前提	内部分析	外部分析	薪酬理念及原则
企业性质 企业文化 企业价值观 企业历史	实际运作 期望 业务趋势 价值增值	新概念 旧概念 竞争对手 其他	目标 指导原则 公平性 竞争性
付薪原理	事实和比率	事实和比率	薪酬组合与影响

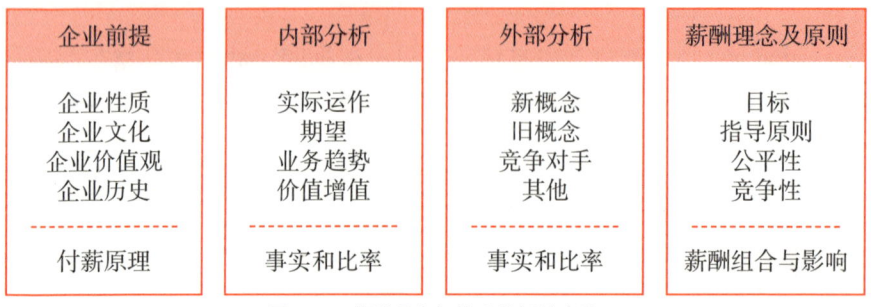

图5-4 薪酬理念与战略分析的步骤

薪酬管理的设计与优化要回归到薪酬的原点，思考薪酬战略分析的理论依据，对企业进行深度分析。

（1）企业前提。

企业前提由四个方面组成，包含企业性质、企业文化、企业价值观、企业历史。

企业性质因企业所处行业（如服务行业、高新技术行业、互联网行业、地产行业等）不同而存有差异。

企业文化可以简单分为两大类，一类偏向于科层制的官僚文化，科层制模式的企业薪酬通常比较固定，整体考核模式、薪酬结构相对明确，福利整体比较丰厚，但薪酬的激励性不足，很多国有企业都有类似的特征，员工的感受是很安稳、舒适，但战斗力明显不足。另一类偏向于市场文化，市场文化以市场为主，更注重目标达成，薪酬模式通常是高目标、高挑战、高回报的模式。

企业价值观是指企业及其员工的价值取向，即企业在追求经营成功过程中所推崇的基本信念和奉行的目标，可以理解为企业从哪里来，要达成什么样的目标，如何达成目标。

企业历史主要关注企业从"0"到"1"的成长过程中的经营理念和管理策略。

（2）内部分析。

内部分析由四个方面组成，包含实际运作、期望、业务趋势、价值增值。

实际运作是指企业实际运作及实现效益的能力。

期望是指员工通过自身掌握的信息和从外部获取的信息进行综合分析，并据此对企业的行为形成期望。

业务趋势是指企业发展的趋势，如企业业务趋势良好或业务缩减时，企业薪酬策略也会不同。

价值增值是指通过经营和管理活动，把低投入转换成高产出。

（3）外部分析。

外部分析由四个方面组成，包含新概念、旧概念、竞争对手及其他。

前三个维度分析完后，最终导出薪酬理念及原则，主要包括目标、指导原则、公平性、竞争性，便于后续薪酬设计。

2. 薪酬理念与对比组的选取

选择合适的薪酬对比组是进行薪酬设计非常重要的一环，一般对比组的选择通常会综合考虑以下要素：所处行业、公司规模、劳动力竞争市场、企业发展阶段、企业性质、上市地点等。

对比组的选择还要考虑数据的可采性以及企业所处的市场情况，比如以下三种。

（1）资本市场。薪酬对比组的建立必须与企业未来股东/投资者的期望相符（如上市地点、行业、规模大小、业绩水平的高低等因素）。

（2）劳动力竞争市场。我们与哪些企业（行业、地区）在竞争关键人才。

（3）客户市场。我们与哪些企业（行业、地区）在业务上存在竞争。

3. 分析内外部因素，确定企业的薪酬定位

薪酬管理中的分位值源自统计学中的一个概念，从1~100分位进行排序，75分位属于行业薪酬的领先水平，50分位属于行业薪酬的平均水平，25分位属于行业薪酬的中等偏下水平。企业确定薪酬策略可以选择薪酬组合策略，根据企业内部因素及外部因素分析结果，对不同岗位进行不同分位的界定（见图5-5）。

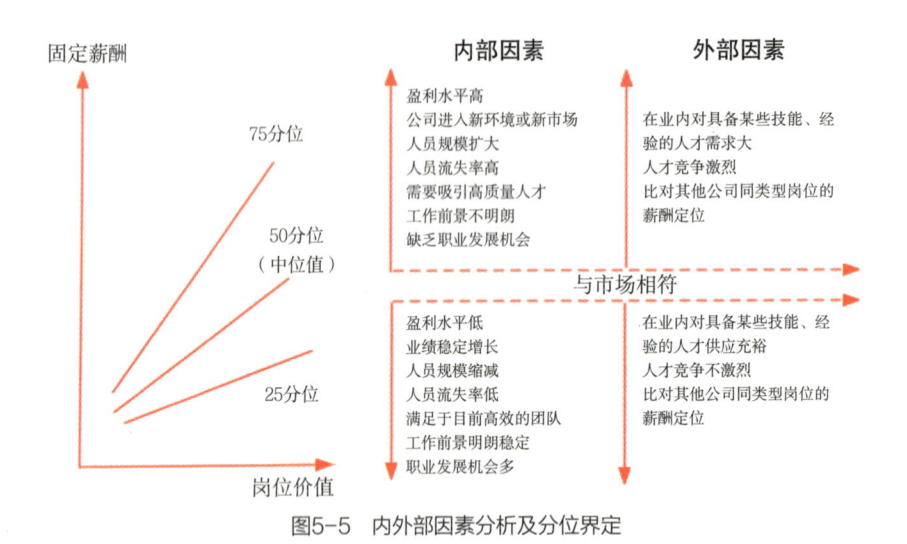

图5-5 内外部因素分析及分位界定

5.2.2 梳理LT公司职位体系

职位体系梳理在薪酬设计阶段极其重要，但很多中小型企业并不重视，很多企业的职位说明书还是多年前的版本，内容陈旧，与现行工作分工有较大出入。同时，企业也缺乏专业性，忽视了过程管理，由这些"点"的问题，逐渐积累出"面"的管理问题。

据统计，中国民营企业的平均寿命为2.9年，而民营企业能够长久活下去的一个很重要的原因就是灵活多变，能够根据内外环境的变化及时调整经营策略，这也导致第一代创业者管理企业的特点就是经常变。项目组通过访谈一些企业的中高层管理者了解到，他们对老板抱怨最多的就是经常变，导致下属疲于奔命。很多民营企业在内部管理体制上经常变化，基础管理动作没有梳理落地，因人设岗的现象非常普遍。

项目组在调研过程中发现，LT公司管理过程中存在职位命名不规范、职责不清、权责不明确、各岗位对企业产生的结果无法进行量化评估等问题，导致员工感觉薪酬不公平。

在管理学中，职位体系梳理也称为职位分析，通过职位分析可明确职位的基础信息、职位在组织中的层级关系、职位的关键职责和任职条件，以及怎样评价完成的工作。因此，本阶段的核心就是职位分析，职位分析是职位优化、薪酬优化、绩效优化、人才管理和任职资格体系构建的基础，需要收集丰富的信息和资料。职位分析的结果是形成职位清单和各个职位的工作说明书。

企业的组织架构设计和职位设计要围绕实际业务场景展开，因此，薪酬管理体系设计要对职位体系进行梳理与优化，就需要深度了解企业的业务运营模式。

虽然外部环境在变，老板的想法也在变，但人力资源相关的工作要继续开展，项目组根据以往的咨询经验总结出具有特色的职位分析方法，在企业实践落地的效果较好。根据LT公司的实际情况，项目组组织各部门负责人进行了职位分析专项培训，提高了管理人员对职位分析的认识。

1. 抓住职位分析的重点

传统的职位分析包含工作性质、工作任务、职位职责、职位权限、工作内容、工作方法、工作环境、工作条件以及任职资格，但在变化较快的LT公司做如此全面的分析意义不大，职位分析中最核心的内容是职位职责描述，其他内容都是围绕职责展开的，所以指导LT公司做职位分析时，项目组重点描述了各职位的职责，其他内容则根据具体需要仅进行了选择性分析。

2. 抓住职位职责的要点

在职位职责描述上，不必苛求将所有的职责都写出来，因为每个职位都有其核心的价值定位，与该职位关系不大的职责内容不必作为分析的重点，否则会浪费很多时间。职位职责描述最常见的问题是一大堆职责无序罗列在一起，不能帮助在职者找到工作的逻辑与重点。一般建议依据工作流程的逻辑或PDCA逻辑，将职位的职责分为几个关键领域，在每个关键领域中提取关键职责。

3. 做好横向的职责分工，防止扯皮

职责不清，发生问题时相互推诿是企业管理中常见的问题，这会导致员工工作效率降低。一份有价值的职位分析，一定要能够将相关职位的职责澄清，避免职责模糊不清，每个人都有职责就等于都没有职责，因为"责任除以二等于零"。

4. 做好纵向的职责定位，防止越位

民营企业经常出现职责越位的情况，如老板做着经理的活，中层管理者做着职员的活，基层管理者在关注公司长远发展的事。而合理的职责定位应该是"高层管理者对长期和变化负责，中层管理者对功能性目标负责，基层管理者对短期和效益负责"，在职位分析中要体现出这种差异。

5. 删减职责中的冗余描述

很多企业的职责描述都比较繁复，主要原因在于每个职责的内容都包含了相应的工作方法和依据，比如招聘专员的职位说明书通常有这样的描述：依据招聘管理规定，根据用人部门的招聘需求，利用网络招聘等方式为用人部门推荐候选人。实际上，具体的工作方法是灵活多变的，不可能在职位说明书上清楚列举每个职责的工作方法。

6. 通过目的牵引方向

很多人员在企业工作，只是为了做而做，不清楚自己工作的目的与效果，也不清楚自身职位对公司的价值贡献，这样的工作状态很难发挥人力资源的价值，也很难留住人才，职位分析可以在一定程度上解决这个问题。每个职责描述都要清楚定位该职责的目的与价值，这样能够牵引员工对结果负责，促使员工找到新方法，达到最终的目的。

7. 向上管理，减少因人设岗的比例

人力资源管理人员，在企业中是掌握管理理念与方法较多的一类人，应主动分析因人设岗所带来的问题，减小因人设岗的比例。对特殊部门、具有特殊技能的人才及部分高层职位，因人设岗能够较为灵活地调配人力资源，最大限度发挥人才价值。但对于规范化管理的企业，特别是工作模式相对稳定的职位，因人设岗就容易导致该职位人员专业技能难以积累，从而导致整个系统因为关键岗位的人员变化出现问题。还有一个需要重视的问题是确定职位体系与职责分工后，要避免管理者因为人的因素将职责打乱，导致"职位说明书"成为一纸空文。

8. 将职位分析作为常规管理工作

职位分析非常重要，是做好其他人力资源管理工作的基础，不论是公司战略、组织变化导致职责分工有重要变化，还是部门内部有局部调整，

都要及时对相关职位的职责分工进行重新梳理，保持职位说明书与实际一致，这也反映了公司的人力资源管理水平。既然重要，就要重视。

项目组带领LT公司管理人员共同编制职位说明书后，组织各部门人员评估、研讨以形成最终的职位说明书，确保职位说明书具有实际的管理价值。职位说明书不仅是工作的指引性文件，还是企业进行岗位价值评估的基础性文件。表5-8所示即为LT公司常务副总经理的职位说明书。

表5-8 LT公司常务副总经理的职位说明书

部门名称：总经理办公室	工作地点：SZ	生效日期：××××/×× /××
文件编号：LT0002	版本号：A01	总页次：××
制定者：××	审核者：××	审批：××

部门职位结构：

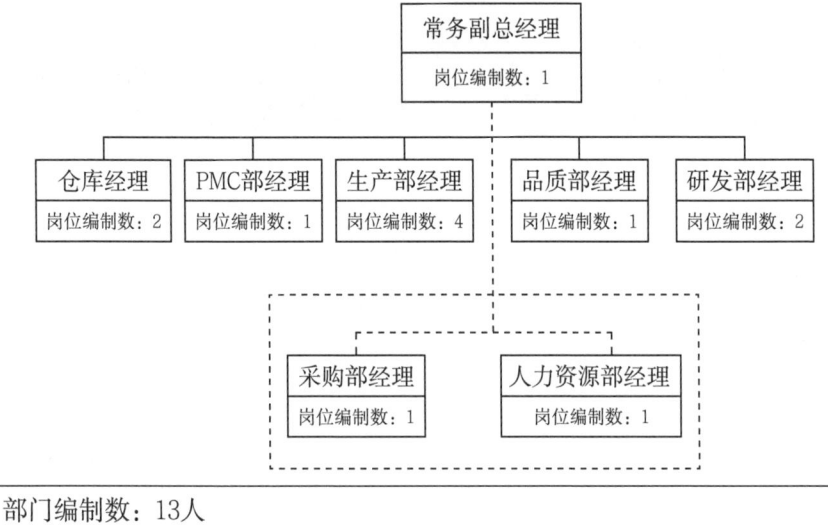

```
                        常务副总经理
                        岗位编制数：1
    ┌──────┬─────────┬──────────┬─────────┬─────────┐
 仓库经理  PMC部经理  生产部经理  品质部经理  研发部经理
岗位编制数:2 岗位编制数:1 岗位编制数:4 岗位编制数:1 岗位编制数:2
              ┌───────────────┐
         采购部经理      人力资源部经理
         岗位编制数:1    岗位编制数:1
```

部门编制数：13人		
部门职能领域：		
1.团队管理建设	2.战略与运营管理	3.计划管理
4.技术管理	5.品质管理	6.体系管理
7.生产管理	8.仓储管理	9.采购管理
10.人力资源管理	11.绩效管理	12.对外关系及其他项目管理

续表

| 职位名称：常务副总经理 | 职位编号： | 职位等级： |||||||

职位描述概要：依据公司总体发展战略与年度经营计划，组织制定并执行公司的交付计划，组织、管理、控制和监督制造系统，确保生产订单按质按量按时交付，实现公司的生产目标，满足客户需求

任职要求：

1.素质要求

1)	责任意识	2)	统筹能力	3)	监控能力	4)	成就导向	5)	学习力
6)	领导力	7)	战略力	8)	忠诚度				

2.学历、专业、经历（或经验）和知识与技能要求

学历	专业	经历（或经验）	知识与技能	备注
全日制本科及以上学历	理工类或相关专业	10年以上工作经验，4年以上本行业或相近行业管理经验，2年以上300人及以上规模公司同岗位工作经验	• 熟悉公司整体运营管理，精通供应链管理技术知识，能够主持供应链交付的运作 • 熟悉公司品质体系管理 • 具备良好的生产经营管理理念，掌握一定财务与法律知识 • 有较强的成本观念，能有效控制或降低公司运营成本 • 有较强的统筹组织协调能力、战略决策能力、创新能力，能承受较大的工作压力 • 具备带领团队能力，有较好的团队合作精神；具备培训下属，组建、优化管理团队的能力 • 有良好的英语基础，能熟练操作办公软件	

工作职责：

续表

序号	工作领域	主要工作职责	工作频率 日常	工作频率 周期	工作频率 随机
1	团队管理建设	团队结构管理：负责优化公司的组织结构及职责定位，让生产组织精简、高效			√
		制度管理：负责公司制度、流程的建立与推行，保证运作有序、高效			√
		目标管理：根据公司目标计划，督促制定交付计划，并组织实施，确保工作目标按时完成		√	
		人员管理：督促人力资源部进行人员的招聘、培养、培训及调配，满足公司用人需求			√
		成本管理：负责公司的成本及费用控制，使公司成本最低化	√		
		团队建设：提高企业凝聚力，营造良好的工作氛围			√
		员工激励：负责有效激励员工，定期组织考核与评估，保证相对客观、公正，不断提升员工的任职能力		√	
		沟通管理：督促各部门召开管理会议、专题工作会议，建立及完善沟通渠道与机制，保障各部门内外部沟通顺畅		√	
		督促定期开展公司内部企业文化活动，以增强全员参与意识		√	
2	战略与运营管理	在总经理指导下参与梳理公司的战略规划、战略目标等，协调、推动、管控各部门的战略目标落地		√	
		负责构建战略风险管理的整体构架，建立定期战略实施监控体系，根据数据分析找出风险监控点，提出战略内控意见		√	
		负责对公司运营管理状况进行日常的监控、管理、评估，及时发现、归纳运营管理问题，并追踪责任单位提报改善方案、改善措施，以实现运营管理的持续提升	√		

续表

序号	工作领域	主要工作职责	工作频率 日常	工作频率 周期	工作频率 随机
3	计划管理	督促制定月、周、日生产排期及出货计划，确保生产计划及出货计划的准确性		√	
		督促PMC部召开计划进度与异常协调会，协调解决生产问题，监控生产进度及生产计划达成率，确保生产计划的有效执行及出货的达成	√		
		督促审核完成新订单评审工作，确保交期达成	√		
4	技术管理	督促新产品的开发需求、立项、计划与进度递进、各节点的设计评审等设计管理的执行；督促组织老产品技术改良、工艺改进，降低产品成本，保证公司产品技术量产性	√		
		督促设计资料、技术标准与规范、工艺及设备资料等技术文档资料的制作与发行；并建立科学的技术文档管理制度	√		
		督促及时总结新产品试产问题，提出改善意见及制定改善报告，进行制程异常分析，进行技术支持改善；督促工装夹具及测试治具制作与维护	√		
		督促技术提升与专案攻关计划，组织新产品、新技术、新工艺、新材料、新设备的应用推广，提高生产效率与自动化水平，保持品质稳定性	√		
5	品质管理	督促制定和完善公司各项质量管理制度、各类质量检验标准和质量记录，并贯彻实施与培训，保障品质工作有序进行，增强品质意识		√	
		安排重点处理重大品质问题及批量性异常问题，确保品质目标的达成			√
		督促供应商品质管理与辅导的实施与执行，确保供应商品质达标		√	
		督促处理客户投诉过程中的快速处理与快速响应，达到预防与改善的效果，提升客户满意度		√	

续表

序号	工作领域	主要工作职责	工作频率		
			日常	周期	随机
6	体系管理	安排编制质量年度目标、质量手册；建立并完善公司质量管理和质量检验体系，使公司质量管理体系不断完善，推动与监督各部门执行情况，确保公司质量目标的达成		√	
		安排公司质量管理体系的内审、外审工作；促进持续经营与提升；督促编写年度内部审核计划（包括体系审核、产品审核和过程审核）并监督实施，监督不符合项的改善		√	
		督促客户验厂的相关组织工作，并要求各部门落实对不符合项的改善，提升客户满意度，督促产品认证、体系认证与维护等体系运作		√	
7	生产管理	督促严格执行生产计划排期的进度达成与订单及时结单，督促解决异常问题，以确保生产的顺利进行	√		
		督促现场管理标准化，执行7S标准与规范管理（作业标准化），保持现场有序，并预防安全事故的发生	√		
		督促品质培训与作业培训，培养多能工、全能工，提升作业品质与作业效率			√
		检查与督促生产物料损耗与现场物料管理，督促各生产部门降低损耗			√
8	仓储管理	督导建立物料进、存、发台账，做好账务管理工作，确保账目及时准确（三账合一）			√
		督促定期盘库，定期向财务部等相关部门提交库存盘点数据，处理盘盈、盘亏、丢失、损坏等问题，确保物料数据准确		√	
		督促落实安全防范措施，做好防火、防盗、防尘工作，确保物料不受损坏，避免安全事故			√

续表

序号	工作领域	主要工作职责	工作频率 日常	工作频率 周期	工作频率 随机
9	采购管理	督促及时调研供应市场，选择最适合公司的渠道与资源，并建立询价、议价、比价、定价机制，把握采购市场行情，确保采购过程科学、合理；督促物料订单的执行和完成情况，定时组织反馈物料生产及到料情况，做到时刻掌握实际情况，出现异常问题时及时制定解决处理方案	√		
		督促制定供应商开发、选择、评估、导入及管理流程，并组织相关部门对供应商进行现场审核；督促供应商导入的相关合同条约的制定与签订（采购协议、品质与环保保证协议、保密协议、廉洁协议等），保障供需双方的利益		√	
10	人力资源管理	督促建立并完善招聘、培训、绩效、薪酬福利、企业文化与员工关系等人力资源模块的管理与实施，确保公司战略落地	√		
		定期辅导各部门进行人力资源管理，提升各部门的人力资源管理能力，充分开发公司的人力资源潜力		√	
		督促行政管理与制度的实施，稽核的同时服务各部门的行政事务	√		
11	绩效管理	组织引入科学的绩效考核方法，制定绩效考核方案，审核绩效考核指标体系和评价标准，确保绩效考核工作顺利开展		√	
		审核各项考核数据指标的达成状况，组织各部门召开绩效考核评审会，奖优罚劣，为制定改善计划和方案提供依据		√	

续表

序号	工作领域	主要工作职责	工作频率		
			日常	周期	随机
12	对外关系及其他项目管理	建立公司内部与外部单位或机构之间的联络通道，确保相关项目工作及时有效地对接和沟通		√	
		评审各部门相关项目工作的执行进度，及时纠正错误，弥补缺陷，确保项目相关审查审核工作顺利进行		√	

5.2.3 职位价值评估管理

职位价值评估，也可称为岗位价值评估。我们团队通过多年的实践和研究总结出一套科学的职位评估模型——职位评估七要素分析法。

职位评估七要素分析法是一种以职位分析为基础的评估方法，它对岗位在组织中的影响范围、职责大小、工作强度、工作难度、任职条件、岗位工作条件等特性进行评价，以确定职位在组织中的相对价值。职位价值评估的主要目的是评出不同岗位在企业里的相对价值。我们认为，职位价值评估不仅是一种职位定级的规范制度，更是一种公正、合理地确定职位对组织的相对价值的方法。在进行职位价值评估的过程中，企业可能会遇到以下三个问题。

（1）难以形成公正、准确的职位分析。职位分析是职位价值评估的先决条件，如果参与评估的人员对职位内容不了解，评估人就很难对职位进行公正、准确的评价。

（2）员工可能会对职位价值评估产生怀疑。企业在推进职位价值评估的过程中，一些员工或管理者可能会持怀疑的态度，无法理解职位价值评估的核心作用。

（3）评估人错误地将对"位"的评估变成对"人"的评估。在做职位价值评估时，评估人容易聚焦在人身上，而不关注事或职位的内容。这一点在中小型企业尤其明显，因为这类企业实际应用职位价值评估的机会并不多，所以在评估过程中，评估人更关注的是人的表现而非职位本身的价值。

为了解决这些问题，我们将职位价值评估的过程分为八个环节：搜集信息、选择方法、选择典型职位、分析判断、得出职位等级、并靠调整、校验职位等级、职位评估总结。

通过这些环节的设置，我们可以确保职位价值评估的准确性和公正性，同时也能让员工更好地理解并接受这一过程。通过职位价值评估，我们可以更好地理解各个职位在组织中的相对价值和重要性，从而为企业的战略规划和人力资源管理提供有力支持。

1. 搜集信息

在进行职位价值评估之前，我们已经对LT公司的职位体系进行了梳理，并向评估小组的全体成员宣导了评估规则，以确保他们对职位有深入的理解。同时，我们也鼓励LT公司的员工提出相关的补充意见，以便更好地了解每个职位的特点和需求。

2. 选择方法

我们可以选择排序法、职位归类法、评分法和穿插法等评估方法。其中，评分法是一种较为常用的方法，它能够对典型职位进行详细的分析和评估，然后再使用穿插法将其他职位归入职级表中。

3. 选择典型职位

在选择典型职位时，我们首先根据LT公司的职位体系图来确定具有代表性的典型职位。这些典型职位应该占据职位总数的20%~30%，并尽量覆盖高层、中层、基层三个层级。为了确保典型职位的代表性和准确性，我们与C总进行了沟通和讨论，最终确定了评估的典型职位（见表5-9）。

表5-9 各部门典型职位

职位等级	总经办	商务部	资材部	采购部	PMC部	仓储部	技术部	SMT部	五金部	注塑部	装配部	品管部	财务部	行政部
23	总经理													
20	副总经理													
17			经理										经理	
16							主管							
15				主管	主管									
14						主管		主管	主管	主管	主管	主管	主管	
13	总经办专员			采购工程师	专员		结构、软件、电子工程师							
12	总经办主任						美术、PE、IE							主管

165

续表

职位等级	总经办	商务部	资材部	采购部	PMC部	仓储部	技术部	SMT部	五金部	注塑部	装配部	品管部	财务部	行政部
11	专员												会计	
10													出纳	
9							BOM员							
8												IQC、IPQC、QC		
7						仓管员				领班	拉长 助拉			
6								维修员	物料员		维修员	组长		电工、司机
5								操作员、QC	操作员	操作员	测试员、装配员			行政采购 保安、清洁工、厨工

4. 分析判断

在分析判断的过程中，项目组建立了由职位评估委员会和非高层参会人员组成的评估小组，以确保所有参与者都能理解评估标准，并按照标准对每个要素进行定位评分。对不明确的信息，评估小组进行了深入的分析和判断。

在评估过程中，评估小组始终遵循以下几个原则：

（1）评估的是职位而不是任职者本人。这意味着评估时需要关注职位的职责、影响范围、工作强度等特性，而不是考虑任职者的个人能力或性格特点。

（2）对职位的产出，只关注正常情况，而不应过高或过低地估计。应根据职位说明书描述的当前情况进行评估，不受任职者个人表现的影响。

（3）严格按职位说明书描述的当前情况进行评估，避免受到任职者职务高低、工资级别及身份地位等因素的影响。

（4）小组内部对标准的理解、解释要始终如一。在评估过程中要保持一致性，确保所有成员都理解并依据评估标准来进行评估。

（5）边评估，边了解，边沟通，掌握职位的本质特征。在评估过程中不断了解职位的特性和要求，并与小组成员进行沟通和交流，以确保大家对职位的理解是准确和全面的。

我们只有遵循这些原则，才可以确保职位价值评估的公正性和准确性，同时更好地理解每个职位在组织中的相对价值。

5. 得出职位等级

将各要素的评分相加，即为该职位的总分。根据该职位的总分，查分数与等级对照表，得出该职位的职位等级。

6. 并靠调整

采用穿插法，将剩余的非典型职位与得出的典型职位的职位等级进行比较，然后并靠调整，确定这些非典型职位的职位等级。

7. 校验职位等级

职位等级是否合理需要检验和核实，一般有三种方法，包括集体判断法（对照标准）、专家诊断法（按经验和方法论）和直觉法（企业的价值观）。

8. 职位评估总结

项目组对LT公司的全部职位进行汇总，并对结果进行了讨论和研究。在这个过程中，重点关注那些结果与实际情况存在较大差异的职位，并通过深入的探讨和沟通，根据评估结果对职位等级进行调整和修正。

最终，项目组得出了符合上述原则的职位价值评估矩阵（见图5-6）。这些评估结果不仅反映了每个职位在组织中的相对价值，也为企业的管理决策提供了参考。同时，由于员工参与了评估过程，员工能够更好地理解每个职位的特点和需求，加深对职位价值的认知和理解。

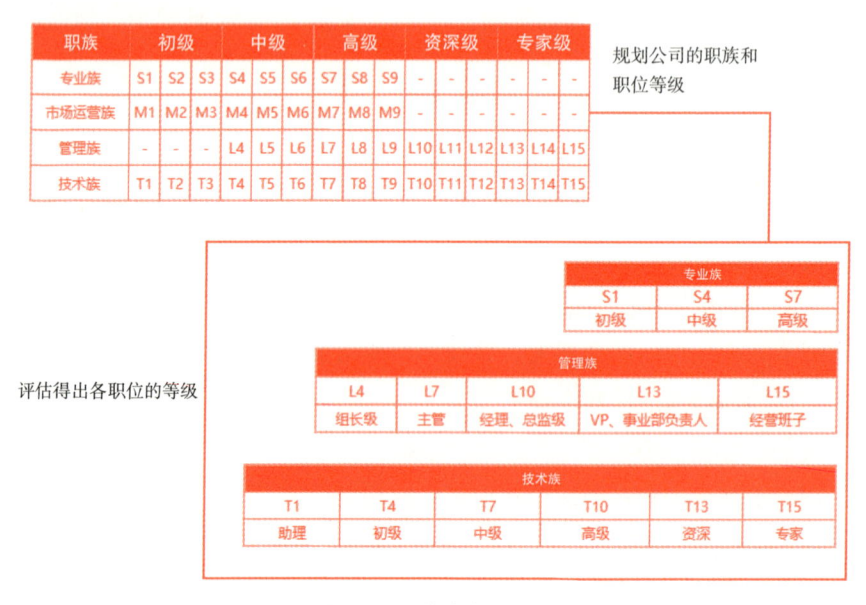

职族	初级			中级			高级			资深级			专家级		
专业族	S1	S2	S3	S4	S5	S6	S7	S8	S9	-	-	-	-	-	-
市场运营族	M1	M2	M3	M4	M5	M6	M7	M8	M9	-	-	-	-	-	-
管理族	-	-	-	L4	L5	L6	L7	L8	L9	L10	L11	L12	L13	L14	L15
技术族	T1	T2	T3	T4	T5	T6	T7	T8	T9	T10	T11	T12	T13	T14	T15

规划公司的职族和职位等级

评估得出各职位的等级

专业族

S1	S4	S7
初级	中级	高级

管理族

L4	L7	L10	L13	L15
组长级	主管	经理、总监级	VP、事业部负责人	经营班子

技术族

T1	T4	T7	T10	T13	T15
助理	初级	中级	高级	资深	专家

图5-6 职位价值评估矩阵

5.2.4 薪酬水平核定

对于大多数民营企业而言，薪酬水平的制定既要进行内部分析，也要进行外部分析。只有了解自身和竞争对手的情况，才能在激烈的市场竞争中保持优势，吸引并留住优秀的人才。

第三方专业机构是获取外部薪酬数据最有效的渠道，因为第三方专业机构通常拥有更全面、更准确的薪酬数据，并且能够提供专业的分析和建议，表5-10和表5-11是第三方专业机构出具的薪酬报告示例。然而，很多企业出于对成本的考虑，再加上对人力资源不够重视，不愿花钱购买第三方出具的薪酬报告，更倾向于自己通过同行间的数据分享、招聘广告上的薪酬信息、应聘人员的薪资来获取外部薪酬信息。这种看似节约成本的方式可能导致企业无法了解完整的薪酬信息，例如缺失薪酬结构、职责、奖惩措施等重要内容，从而影响企业对员工薪酬水平的准确判断。因此，在实际操作中，项目组在设计薪酬时都会从我们自己的研究院调取外部薪酬报告，并在分析过程中考虑外部薪酬报告的准确性。

表5-10 法务通才的总固定薪酬（M）

职位系名称	职位序列	全球职等	实际总现金薪酬				公司数	样本数
			平均值	P25	P50	P75		
法务通才	M	14	500293	—	432000	—	3	3
	M	13	—	—	—	—	2	2
	M	12	320749	206400	300000	469320	6	7
	M	11	—	—	—	—	1	2
	M	10	218893	161400	218880	280500	5	6

注：M指管理序列

表5-11 法务通才的总固定薪酬（P）

职位系名称	职位序列	全球职等	实际总现金薪酬				公司数	样本数
			平均值	P25	P50	P75		
法务通才	P	14	—	—	—	—	0	0
	P	13	—	—	—	—	0	0
	P	12	295210	171325	324800	385680	5	6
	P	11	254341	195160	231680	328320	6	7
	P	10	183060	140875	156120	227970	8	14
	P	9	136631	107010	132933	170800	12	16
	P	8	96451	72000	93680	108800	9	11

注：P指技术序列

如果部分职位无法对标外部薪酬报告，项目组会根据企业的人才战略对标相关企业定向做外部薪酬调查。最后，项目组再把内部职位评估结果与薪酬调查报告结合进行分析，以确保薪酬的科学性和内部公平性。薪酬水平对标模型及示例如图5-7所示。

在核定薪酬水平时，企业需要综合考虑内部和外部的各种因素。通过科学的分析和设计，确保企业的薪酬体系既能吸引和留住优秀的人才，又能保持企业的竞争优势和可持续发展。

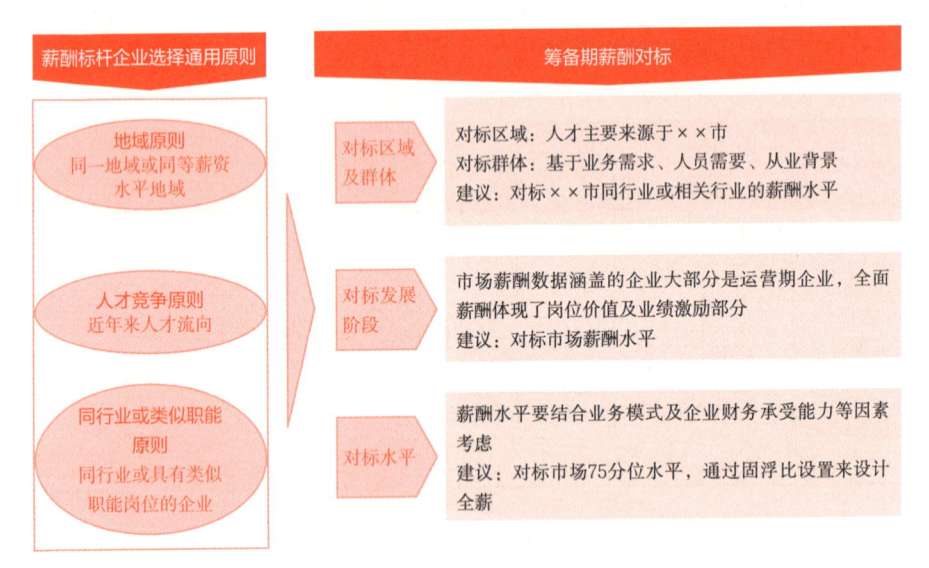

薪酬标杆企业选择通用原则	筹备期薪酬对标
地域原则：同一地域或同等薪资水平地域	对标区域及群体：对标区域：人才主要来源于××市；对标群体：基于业务需求、人员需要、从业背景；建议：对标××市同行业或相关行业的薪酬水平
人才竞争原则：近年来人才流向	对标发展阶段：市场薪酬数据涵盖的企业大部分是运营期企业，全面薪酬体现了岗位价值及业绩激励部分；建议：对标市场薪酬水平
同行业或类似职能原则：同行业或具有类似职能岗位的企业	对标水平：薪酬水平要结合业务模式及企业财务承受能力等因素考虑；建议：对标市场75分位水平，通过固浮比设置来设计全薪

图5-7 薪酬水平对标模型及示例

5.2.5 薪酬结构设计

1. 薪酬结构设计实践

薪酬结构设计相对比较复杂。首先要根据薪酬战略确定薪酬福利体系构成（基本薪酬+短期激励+中长期激励+福利），然后根据构成制定薪酬结构规划，最后明确各薪酬要素的属性及分层分类。需要注意的是，因为所属行业和企业文化不同，各价值因素也会不同，所以薪酬福利体系构成也应有所不同。

在设计薪酬结构时，要梳理两个方面的情况：一是薪酬由哪几个部分构成；二是各部分占比多少。

薪酬结构设计的前提是岗位划分。一般来说，岗位性质不同，薪酬结构和固浮比也会不同。常见的岗位划分及薪酬结构设计方法如下。

（1）管理序列。

管理类人员与公司整体经营业绩相关，其工作成效难以单个评价，难以量化，需要对整体流程进行控制、管理。所以管理类人员的薪酬大都采用年薪制，且激励部分占比较高。

（2）营销序列。

营销类人员的工作成效可进行阶段性量化，采用基本工资占比低、绩效（奖励）工资占比高的薪酬组合方式。

（3）技术序列。

技术类人员工作成效难以进行阶段性量化和评价，只能在最终结果中体现，所以采用较高岗位工资、较低绩效工资，同时设置项目奖金、技术津贴的薪酬组合方式。

（4）生产序列。

生产类人员的工作成效可进行具体量化，工作价值可直接评估，主要体现在业务流程和生产环节中，所以采用基本薪资加绩效工资的薪酬组合方式，绩效工资常以产能计件方式计算。

（5）职能序列。

职能类人员的工作成效可进行阶段性量化，可借鉴同类职能岗位的社会平均成本进行评估，所以采用基本工资占比高、浮动工资占比低的薪酬组合方式。

根据以上岗位划分及薪酬结构设计法，我们为LT公司设计了薪酬结构，具体如表5-12所示。

2. 薪酬固浮比设置

在确定薪酬结构之后，项目组与C总进行了沟通和汇报，并根据LT公司的实际情况和战略目标，共同设计了LT公司的薪酬固浮比（见图5-8）。合理的薪酬固浮比设置，可以更好地调动员工的工作积极性和创造力，提高员工的工作满意度和忠诚度，从而促进企业的发展，提升企业竞争力。

表5-12　LT公司的薪酬结构

人员分类	职能工资					奖金			福利				
	基本工资	岗位工资	加班工资	加班工资	绩效工资	项目奖金	全勤奖金	年终奖金	年资津贴	伙食津贴	夜班津贴	福保津贴	节日津贴
管理人员	劳动法规定的最低工资	有	—		有	有	有	有	有	有	有	有	有
生产领班		有	固定		有	有	有	有	有	有	有	有	有
技术类工程师		有	—	按最低工资标准调整	有	有	有	有	有	有	有	有	有
职能专业人员		有	—		有	有	有	有	有	有	有	有	有
仓管员		有	固定		有	有	有	—	有	有	有	有	有
保安/厨师		有	固定		—	—	有	—	有	有	有	有	有
司机/清洁工		有			—	—	有	—	有	有	有	有	有
装配拉长		有	按实际加班工时计算		有	有	有	有	有	有	有	有	有
计时普工		有	按实际加班工时计算		—	—	有	—	有	有	有	有	有

序号	P10	P25	P50	P75	P90	固定薪酬比例
16	51%	50%	52%	59%	54%	53%
15	54%	53%	53%	61%	55%	55%
14	57%	56%	57%	62%	57%	58%
13	61%	59%	59%	63%	58%	60%
12	64%	62%	62%	65%	60%	62%
11	68%	66%	65%	66%	61%	65%
10	72%	69%	68%	67%	63%	68%
9	76%	73%	71%	69%	65%	71%
8	80%	77%	74%	70%	67%	74%

序号	固定薪酬比例	浮动薪酬比例
16	60%	40%
15	60%	40%
14	70%	30%
13	70%	30%
12	80%	20%
11	80%	20%
10	80%	20%
9	85%	15%
8	85%	15%

设计考量维度

整体浮动比例略低于市场薪酬水平：一般而言，高速增长型企业适用较高的浮动比例，LT公司处于高速发展期，建议略低于市场固浮比。
浮动比例随着职级上升而增加：职级较低的职位往往从事任务性工作；职级较高的职位开展的工作决策影响范围相对较大，因而建议职级越高浮动比例越大。

图5-8　LT公司的薪酬固浮比

5.2.6 套档模型设计

薪酬框架设计完成后，我们需要将员工现有薪酬与新的薪酬体系进行匹配，这一过程称为套档。我们可以根据员工的绩效结果和贡献，通过科

薪酬管理——激活团队，促发展

学的方式进行薪酬套档。

这样，每个员工当前档位对应的薪酬总额就是他应得的收入。这种薪酬管理方式不仅公平合理，而且能激励员工为提升至更高的档位努力工作，提高其工作积极性和效率。

薪酬套级套档评分法是一种用于确定员工薪酬水平的方法。在使用这种评分法时，可以先设定每个薪档的分数段，然后根据综合评定结果，将员工分配到各职级的各个薪档中。LT公司薪酬套级套档评分设计见图5-9。

假设：
5档：90~100分；
4档：80~90分；
3档：70~80分；
2档：60~70分；
1档：50~60分

员工综合评定得分=学历得分×20%+司龄得分×10%+本级工龄得分×10%+专业资格得分×10%+能力评估得分×20%+绩效考核得分×30%+加分-扣分

学历 20%		司龄 10%		本级工龄 10%		专业资格 10%		能力评估 20%		绩效考核 30%		加分 总分5分		扣分 总分5分	
学历	分数	司龄	分数	本级工龄	分数	等级	分数	等级	分数	考核等级	分数	事项	分数	事项	分数
博士	100	6年以上	100	10年及以上	100	高级	100	资深	100	A	100				
硕士	80	5~6年	90	9年	90	副高	80	高级	80	B	80				
本科	60	4~5年	80	8年	80	中级	60	中级	60	C	70				
大专	40	3~4年	70	7年	70	初级	40	初级	40	D	60				
中专	30	2~3年	60	6年	60					E	50				
中专以下	0	1~2年	50	5年	50										
		1年以下	40	4年	40										
				3年	30										
				2年	20										
				1年	10										

图5-9 LT公司薪酬套级套档评分设计

薪酬就近入档法是一种将员工现有薪酬套入新的薪酬体系中的方法，该方法的核心在于遵循"就近"原则，即根据员工当前的薪酬水平，将其定位到最接近的薪酬档位上。这种方法可以确保员工的薪酬能够尽量保持原有的水平，同时也能与新的薪酬体系相匹配。

在套档完成后，可能存在一些员工的工资高于或低于原来工资的情况。我们将工资高于该职位等级上限的情况，称为"红点"；而将工资低于该职位等级下限的情况，称为"绿点"。出现红点和绿点时，我们需要采取相应的措施或策略来解决问题。

例如，LT公司某员工在职位体系下定为19级，月薪为9800元，根据薪酬点套档，在新的薪酬表执行19级1档，那么这名员工新的月薪就应该是10000元（见图5-10）。在实际操作过程中，企业遇到类似情况时，可根据任职者的绩效结果及薪酬区间确定套档原则。

职位等级	职能级别
	1	2	3	4	5	6	7	8	9	10	11	12	13	14	15
24	19000	21000	23000	25000	27000	30000	33000	36200	40000	44000	48000	53000	58000	64000	70000
23	15000	学习区	000	基本胜任区	000	中位区	000	优秀区	000	卓越区	000
22	14000	15000	16000	18000	20000	22000	24000	26900	30000	33000	36000	40000	44000	48000	53000
21	12000	13000	14000	15000	17000	19000	21000	23200	26000	29000	32000	35000	39000	43000	47000
20	11000	12000	13000	14000	15000	16000	18000	20000	22000	24000	26000	29000	32000	35000	39000
19	10000	11000	12000	13000	14000	15000	16000	17200	19000	21000	23000	25000	28000	31000	34000
18	7000	8000	9000	10000	11000	12000	13000	14800	16000	18000	20000	22000	24000	26000	29000
17	6000	7000	8000	9000	10000	11000	12500	14000	15000	17000	19000	21000	23000	25000
16	5000	5000	6000	7000	8000	9000	10000	11000	12000	13000	14000	15000	17000	19000	21000
15	4900	5400	5900	6500	7100	7800	8600	9500	10500	11600	12800	14100	15500	17100	18800
14	4200	4600	5100	5600	6200	6800	7500	8200	9000	9900	10900	12000	13200	14500	16000
13	3700	4100	4500	4900	5400	5900	6500	7100	7800	8600	9500	10500	11600	12800	14100
12	3100	3400	3700	4100	4500	5000	5500	6100	6700	7400	8100	8900	9800	10800	11900
11	2700	3000	3300	3600	4000	4400	4800	5300	5800	6400	7000	7700	8500	9400	10300
10	2400	2600	2900	3200	3500	3800	4200	4600	5100	5600	6200	6800	7500	8300	9100
9	2200	2400	2600	2900	3200	3500	3800	4200	4600	5100	5600	6200	6800	7500	8300
8	2000	2200	2400	2600	2900	3200	3500	3900	4300	4700	5200	5700	6300	6900	7600

图5-10　LT公司薪酬就近入档设计

关键要求评分法是一种用于确定员工薪酬水平的方法，该方法通过对专业能力、业绩完成情况、工作饱和度和自主性、敬业度和责任心等多个维度进行评分，以此反映员工对企业的重要性和贡献程度（见图5-11）。

首先，专业能力是评估员工薪酬水平的重要因素之一。在这方面，我们可以考虑员工的专业背景、技能水平、工作经验等因素，以此来评估员工的专业能力水平。

其次，我们可以对员工平时的工作表现、项目完成情况、业绩目标达成情况等进行评分，以此来评估员工的业绩完成情况。

再次，我们可以对员工的工作量、工作压力、工作自主性等方面进行评分，以此来评估员工的工作饱和度和自主性。

最后，我们可以对员工的职业操守、工作态度、责任心等方面进行评分，以此来评估员工的敬业度和责任心。

根据以上评分结果，我们可以将员工分配到不同的薪酬等级中，进而确定他们的薪酬水平。

关键要求评分法可以帮助企业更好地管理员工的薪酬，调动员工的工作积极性和创造力，提高企业的竞争力和盈利能力。

档位	一档	二档	三档	四档	五档	六档	七档	八档	九档
	一般胜任者			胜任者			完全胜任者		

档位	专业能力	业绩完成情况	工作饱和度和自主性	敬业度和责任心
一档	1级	1级	1级	1级
二档	1级	2级	1级	1级
三档	2级	2级	1级	1级
四档	2级	2级	2级	1级
五档	2级	3级	2级	2级
六档	2级	3级	2级	2级
七档	4级	3级	2级	2级
八档	3级	3级	3级	2级
九档	3级	3级	3级	3级

图5-11 关键要求评分法

5.2.7 绩效薪酬设计

根据员工的绩效结果付薪也是企业日常激励员工的重要手段。因此，在薪酬设计中必须考虑绩效的部分。然而，绩效设计是一项相对复杂的任务，需要从企业战略目标层层分解到个人绩效指标，从战略地图到组织绩效、部门绩效和个人绩效，确保目标得到全面分解，最终实现"千斤重担万人挑，人人头上有指标"的目标。

针对LT公司的绩效痛点，即绩效流于形式、评价偏于主观及考核结果未与薪酬挂钩等问题，项目组利用战略地图和平衡计分卡对LT公司的绩效管理体系进行了全面梳理和精心设计。我们将绩效结果与薪酬激励挂钩，改变激励方向，激发员工活力，以便更好地达成战略目标。

5.2.8 能力薪酬设计

能力薪酬设计旨在通过员工能力水平确定员工的薪酬支付方式和支付比例，能力薪酬设计模型如图5-12所示。在进行能力薪酬设计时，需要考虑以下几个关键因素。

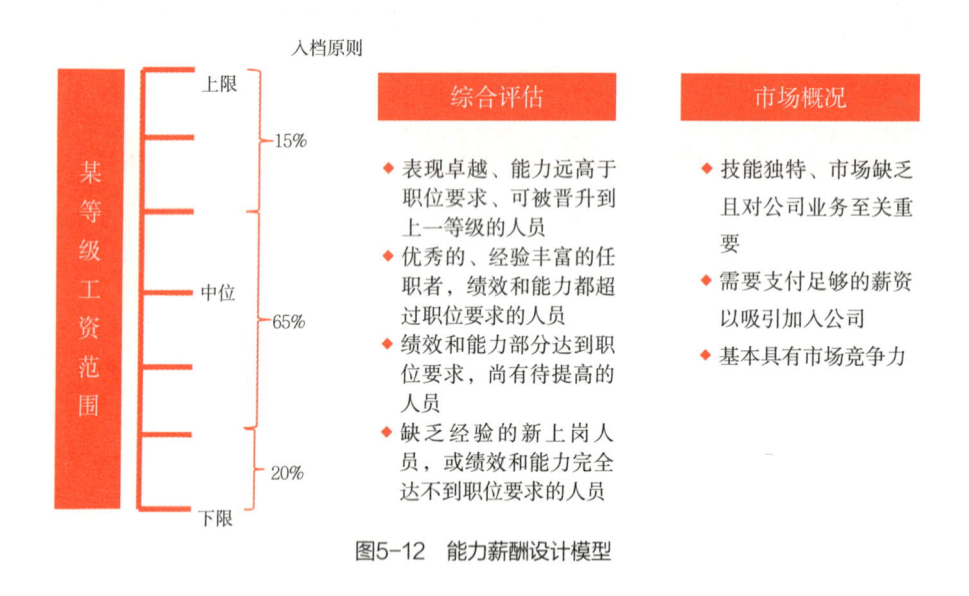

某等级工资范围

入档原则：上限 15%、中位 65%、20%、下限

综合评估
- 表现卓越、能力远高于职位要求、可被晋升到上一等级的人员
- 优秀的、经验丰富的任职者，绩效和能力都超过职位要求的人员
- 绩效和能力部分达到职位要求，尚有待提高的人员
- 缺乏经验的新上岗人员，或绩效和能力完全达不到职位要求的人员

市场概况
- 技能独特、市场缺乏且对公司业务至关重要
- 需要支付足够的薪资以吸引加入公司
- 基本具有市场竞争力

图5-12 能力薪酬设计模型

首先，能力薪酬的支付条件是设计能力薪酬制度的核心。在确定支付条件时，要明确员工需要具备哪些能力和技能，以及这些能力和技能是如何与公司的战略目标和业务发展相联系的。通常情况下，能力薪酬的支付条件包括员工的能力评估、绩效表现、岗位重要性等。

其次，能力薪酬所占比例也是需要重点考虑的因素。在确定能力薪酬所占比例时，需要考虑公司的财务状况、行业惯例、员工需求等多个因素。一般来说，能力薪酬所占比例应该根据员工的能力水平、公司的战略目标和业务需求来进行调整。

最后，还需要建立合理的能力薪酬调整机制。在员工能力不断提高或业务发生变化时，企业也要相应地调整能力薪酬。能力薪酬调整机制应该考虑到员工的能力评估结果、绩效表现、市场薪酬变化等多个因素。

科学合理的能力薪酬设计，可以调动员工的工作积极性，提高员工的职业素养和综合能力，从而更好地推动公司的发展。同时，能力薪酬设计也要考虑公平性和透明性，避免出现不公平和歧视的情况。

5.2.9 总额预测算

在公司所有人员都按照新的薪酬体系完成套档后，企业就可以进行薪酬测算了。在薪酬测算过程中，我们需要将所有薪酬类型都归集到测算中，包括固定薪酬、浮动薪酬、奖金、津贴等。

在进行薪酬测算时，我们需要对公司的财务状况进行全面的分析和评估，以确保薪酬总额在公司财务承受范围之内。同时，我们还要考虑员工需求和市场竞争情况，确保薪酬体系公平合理且具有竞争力。

如果测算后发现结算结果与预算总额存在差距，我们可以适当调整薪酬方案，以使最终的薪酬管理体系更加合理和有效。例如，我们可以通过调整薪酬结构、薪酬水平和薪酬比例等，达到优化薪酬管理体系的目的。

在调整薪酬方案时，我们应遵循公平性、透明性、激励性和竞争力等原则，确保员工的薪酬水平和薪酬结构与公司的战略目标和业务需求相匹配。同时，我们还需要做好员工沟通解释工作，确保员工理解和支持新的薪酬管理体系。

最终，通过薪酬测算和调整，我们为LT公司重新构建了一套科学、公平、合理和具有竞争力的薪酬管理体系，提高了员工的工作积极性和创造力，提高了企业的竞争力和盈利能力。

5.3 咨询效果：提人效，促管理，留人才

企业快速成长阶段需要大量优秀人才的加入，但往往因为缺乏科学合理的薪酬激励模式，招不到优秀人才，同时也无法给予公司内部优秀人才合理的薪酬。因此，如何吸纳优秀人才、实施人才战略成为企业共有的

难题。

项目组对LT公司的组织架构和岗位职责进行了系统全面的梳理，为企业未来发展奠定了基础。该案例中，LT公司因为没有科学的薪酬激励方案，使得员工工作积极性降低，且难以引入优秀人才，严重制约了自身的发展。根据多年咨询经验，项目组给出了对应的解决方案：建立科学合理、相对公平、激励约束对等、多劳多得的薪酬管理体系，以及与能力和业绩评价结果挂钩、公平公正的薪酬激励体系。方案落地前，项目组进行了反复调研、多次研讨、方案宣导和详细测算预演，方案实施后取得了良好效果，得到了LT公司各级领导的认可。

5.4 思考与启示：让薪酬管理变得更简单

人力资源问题是系统性问题，在功能、技术层面对人力资源管理进行优化无异于朽木雕花，不仅难以取得实质性成果，而且也无法真正解决根本问题。必须把高度提到战略、组织发展阶段、管理阶段、员工特点等层面上，才能找到合适的解决方案。薪酬管理是人力资源管理的一部分，关乎人才的"引""育""留"。因此，薪酬管理体系要根据企业内部和外部环境的变化而发展。以工作为导向，仅关注企业短期利益和内部资源的开发利用，将薪酬视为成本的传统薪酬模式会使企业越来越没有竞争力。企业在进行薪酬设计时一定要根据发展战略、经营模式、企业发展阶段等，设计与之相匹配的薪酬管理体系。

未来的竞争是人才的竞争，吸引人才不易，留住人才更难。薪酬战略是基于企业人才战略的指导进行设计的，因此，从长期留住人才和发挥人才价值的角度思考，科学合理的薪酬管理体系对企业来说非常重要。相信未来会有越来越多的企业重视薪酬管理，让企业中的每个员工都如夜空中的星辰一般闪耀，成就企业灿烂辉煌的明天。

CHAPTER 6

营销驱动

激励销售团队,提升业绩

管理红利

中国制造唯有不断升级转型，由规模上的庞大转变为实力上的强大，从实力上的强大转变为产品上的精细，最终形成自主品牌，才能与海外品牌一争高下。这一转型升级既需要我们在经营管理方面精心筹划，也需要从管理机制上激发出组织的活力。科学的营销机制，既能帮助代工企业实现代工业务的业绩增长，也能推动企业自主品牌的业绩提升。最终，这样的努力将确保企业稳健发展。本章，笔者撰写了一家小型代工企业通过建立科学的管理机制实现业绩和品牌双增长的案例。这一案例对即将转型的中小型企业在营销管理机制设计方面具有实质性的参考和借鉴作用。

6.1 三个问题引发的经营思考

6.1.1 缘起，来自微信群的求助

深圳市BT科技有限公司（以下简称"BT科技"），成立于2002年，是一家专注于美容仪器研发、生产、贴牌的科技公司。凭借悠久的历史和稳固的发展，BT科技已经从一家小型代工企业逐步升级为一家中型企业。

BT科技一直致力于提高产品品质，积极与众多客户建立良好的合作关系。BT科技的许多客户都是与其合作多年的老客户，这充分显示了BT科技在业界的影响力和口碑。虽然BT科技已经有了良好的客户、产品及技术基础，但仍希望进一步扩大业务规模和影响力，突破公司在自主品牌销售增长上遇到的瓶颈。

2018年5月12日，BT科技的人力资源总监W总在深圳人力资源管理协会微信群内求助，询问是否有群友做管理咨询，他们公司的人力资源管理体系需要进行系统优化及升级。刚好我们公司的一个同事在群内，他快速回应W总并进行了对接。而后通过线下深入的沟通及初步调研诊断，BT科技迅速与我们达成了合作意向，并启动了BT科技战略性人力资源管理项目。

经过初步调研，我们发现，BT科技的经营困惑主要是由三个问题引

发的。

1. 如何做大规模

BT科技的业绩多年稳定在2亿元左右，公司希望能在此基础上有较大的突破与发展，实现业绩向上攀升。

2. 如何发展自主品牌

BT科技自成立以来一直在做代工，并已积累了丰富的技术经验和产品交付经验，现在还组建了自有的产品部，希望可以发力自主产品，构建公司的自有品牌并迅速占领市场。

3. 如何提升组织能力

BT科技已发展到一定的规模，公司高层希望能把企业做成百年企业，这就需要一套科学、战略性的人力资源管理体系来支持其长期发展。

6.1.2 行业竞争格局分析

1. 市场增长速度快

在美容仪器市场，欧美发达国家已接近饱和，但中国、日本、韩国及东南亚地区仍然有较大的市场潜力。这些地区对各种美容医疗器械的需求都在不断增长，如皮肤紧致仪、祛斑仪、祛痘仪等。

2. 市场竞争加剧

在国内市场上，大部分美容仪器制造企业都是小型家电代工企业。这些企业通常没有自身的研发和产品优势，只是通过代工生产来获得利润。然而，随着市场容量的不断扩大，许多企业开始意识到这一市场的巨大潜力，并逐渐加大自身的研发和产品开发投入，希望实现转型。此外，一些大型小家电企业也开始关注并准备进入这一市场。市场竞争逐渐加剧。除了国内市场外，许多企业也盯上了国际市场，以期获得更多的发展机遇。电子商务平台的不断发展，为美容仪器网上销售提供了良好的渠道和途径，这不仅有利于市场拓展，也有利于产品销售，但同时也意味着经销商的进入门槛变低了，潜在竞争对手变多了。

3. 行业利润高于其他代工业

美容仪器行业在国内尚处于起步阶段，但消费者对美容仪器的需求日益增长，消费者愿意为此类产品买单，产品定价相较于一般小型家电要高，加上业内规模化企业并不多，大多数是中小微企业。因此，相对于一般制造业，美容仪器行业的利润较高。

6.1.3 项目需求分析

通过前期接洽与调研，我们了解到BT科技的管理体系建设需求主要有以下几点。

1. 打破业绩横盘现状，快速实现突破发展

BT科技的业绩增速迟缓，为了打破现状，BT科技希望借助人才引进和管理体系的优化升级，促成公司目标的实现。

2. 发展自主品牌

通过组织架构、人才管理、激励机制的建设，进一步促进自主品牌的建设与布局，提升自主品牌在公司销售额的占比，进而推动业绩提升。

3. 系统构建组织能力

BT科技的老板个人能力非常强，公司大部分决策都是由他主导的。团队习惯大事小情都问老板，让老板拿主意，团队自身的成长相对缓慢，引进的职业经理人团队在现有决策机制下较难发挥所长，可以说BT科技是典型的精英领袖治理模式，团队能力急需提升。

6.2 "两条路"的思考及诊断

6.2.1 调研诊断分析

我们将BT科技的问题分析聚焦于业绩规模增长和发展自主品牌这两个经营点上。

1. 业绩规模增长

（1）代工模式已经出现明显瓶颈，虽然与国际知名品牌的合作一直在持续，但占比没有明显提升。

（2）公司的销售业绩主要来自欧美市场，亚洲市场占比非常低，这主要是因为公司大客户在欧美,但实际上亚洲才是典型的蓝海市场,亚洲女性已经形成对美容产品的消费认知。

(3)近些年,新增客户数量太少,销售开拓能力有待提升。

2. 发展自主品牌

(1)自主品牌的研发投入产出比非常低,爆款还是几年前开发的产品,近几年没有开发出新的爆款产品,但每年的研发费用居高不下。

(2)自主品牌的推广效果较差,即便公司投入了庞大的推广费用,但自主品牌的影响力与知名度并没有提升。

(3)电商团队刚刚成立,尚处于摸索阶段,并未形成规模效应。

(4)海外销售团队倾向于推荐容易被客户接受的老产品,对公司的自主品牌产品推广不足。

6.2.2 组织架构的主要问题

1. 组织职能问题

总经理管理范围太大;组织下沉普遍,管理者受困于具体事务,管理者的作用发挥不足;岗位职责不够明确,责、权、利划分不清晰,经常出现扯皮现象,或有事就找领导解决,增加了领导的工作量。

(1)组织效率。

业务在流转的过程中,员工会明显感觉到公司主体不同,造成效率降低;组织管理模式不完善,跨部门的沟通、协调难度大,配合度不高,如研发、采购、生产部门之间的配合。

(2)组织能力。

中层管理力量薄弱,缺乏管理意识与创新能力,很多职能未能履行;缺少专业型人才,人岗不匹配,独立解决问题的能力弱。

2. 管理机制问题

(1)执行不足。

公司有较完备的管理制度,但执行效果差,员工抱怨多;公司未建立各项决议的执行、监督机制,决而不行是常态,解决问题的效率不高。

（2）激励不足。

薪酬结构设计比较简单，对员工的工作效率没有太大的驱动；没有完善的薪酬机制，员工的工作动力没有得到激发，浮动工资占比较低，中高层员工稳定性较弱；缺乏绩效评估体系，评价凭主观感觉。

（3）人才机制不足。

公司尚未建立人才规划、人才引进机制，未建立新人培养规划和留人机制，员工流失率较高；员工晋升通道单一，未打通专业通道，容易出现职位天花板现象；缺乏系统性员工培养机制，员工成长缓慢。

3. 管理风格问题

中央集权式的管理模式，权力高度集中；公司管理偏制度化，对员工要求标准较高，但并未形成高绩效执行文化；公司管理氛围比较和谐，但员工创新意识和工作积极性不强；跨部门的沟通不够顺畅，部门间的配合响应速度慢。

4. 价值观问题

员工在没有利益冲突的情况下，比较容易统一思想，但很难落实；企业精神的引领不错，员工对企业的未来发展认同度较高。

5. 人员问题

团队比较年轻，团队活力与凝聚力不错；创新精神与担责意识有待增强；人员流动比较频繁，工作承接机制不完善，职业化程度有待提高。

6. 技能问题

管理人员管理能力有待提升，需加强管理人员的选拔与培养；员工经验传承不够，专业性有待提升；企业能力合力不足，需打通组织链条，让流程更顺畅，从而形成强大的能力合力。

6.2.3 未来发展的几点思考

企业战略如何支撑企业的高速发展？
如何才能从企业家个人领袖取胜向精英团队制胜转型？
如何实现内部整体配合的无缝对接和组织协同？

6.3 激励体系的设计思路

6.3.1 组织模块认证

1. 组织模块的设计思路

（1）去除运营架构里体现的公司主体，使企业运作一体化。

运营架构里不再体现各公司主体，打通部门壁垒，实现无缝对接、高效运作。

（2）统建大营销中心，资源统一归集与调度，均衡发展。

海外营销部、国内营销部、品牌运营部资源统一调度，均衡各业务部的发展，发展自主品牌；商务部团队打散至各营销团队，省去中间环节，高效利用资源。

（3）强化研发中心职能，从商品规划前端到产品实现，全程管理，提高研发效率。

商品部归属研发中心，打通研发前端，加强研发中心的规划职能；各个项目主管统筹项目进度，跟进项目设计、打样、试产、生产全过程，使项目快速推进，缩短项目周期；充分发挥品类主管（如刀片组、传动组、光子组）的作用，专业化分工。

（4）成立采购部，减少行政割裂，快速反应。

采购跟单的业务指导权和行政权归属采购部，快速沟通反应；强化采购职能，对供应商进行系统的评定与管理，匹配公司发展。

（5）加强职能部门的建设，人力资源、财务上升到战略管理的高度。

将财务打造成运营监控中心，加强财务成本核算，强化预决算管理，建立公司的财务体系，统一规划；将人力资源打造成资源服务、牵引动力中心，全面统筹人力资源体系构建、人才培养、继任者计划、凝聚力、团队士气等方面的工作，支持公司健康发展。

（6）工厂架构围绕交付、品质进行调整，充分赋能。

强化品质职能，系统性推进品质体系建设、品质改善等，加强品质过程管理，降低品质损失；强化PMC职能，充分赋能，使其能够更好地协调生产计划管理和物料计划管理；严格控制一、二线人员配比。

2. 基于销售破局的营销管理架构设计

BT科技销售团队的现状是销售新人很难成长与留存，大部分业绩由少数几名销售人员贡献。销售主管通常由销售冠军晋升而来，大部分时间用来处理自己的客户订单，缺乏时间带新人、做团队管理。公司原有的客户资源一直没有进行统筹管理，且集中在小部分销售人员手上，不利于新人进行客户资源开发。

业绩大部分产生于欧美市场，但亚洲市场有非常大的潜力与容量。公司对亚洲市场的开发一直不太理想，没有特别的资源投入，也没有专人开发。公司希望后续在亚洲市场的开拓上做重点投入，做大亚洲市场的份额。

公司需要迅速建立起自主品牌的销售推广体系。首先，成立自己的电商团队，在京东、淘宝等平台开设旗舰店，提高自主品牌在国内的知名度。然后，通过原有销售团队的海外销售渠道，将自主品牌销往海外。

【销售架构调整花絮】核心抓手——论功行赏

在分析完目前的销售情况后，我们决定调整BT科技的销售架构。架构调整涉及管理人员的培养，但销售部门一直存在人员瓶颈，销售部门负责人专注于个人业绩，对团队培养，既缺乏意愿，又缺乏方法。原来的激励机制导向的都是个人目标的达成，销售部门负责人的收入大部分来自个人业绩提成，所以有些销售部门负责人的薪酬可以达到100多万元，这个时候让他们去做管理，他们会觉得很浪费时间，因而不想做。销售人员在选择成为一线销售部门负责人时就比较犹豫，一方面担心做管理影响个人收益，另一方面又希望做管理提升自我能力，跟随公司一起成长。

为打消销售部门负责人的顾虑，需要设定销售部门负责人的成长路径，同时配套销售部门负责人激励机制，让候选人平衡当下收益与个人的长远发展，愿意挑战这个岗位，从而做好基层销售管理者布局。在前期沟通时，为销售部门负责人做收入预测算，其个人业绩的提成与业务员一致，团队创造的业绩，销售部门负责人可享有管理提成。鼓励其将一部分精力用在培养团队上,将个人经验进行整理与沉淀,促进下属成长。

同时,制定销售团队成长计划,鼓励优秀销售人员在内部进行个人成长分享,分享次数与销售晋升关联,对优秀的分享人员给予嘉奖。

6.3.2 绩效管理体系设计实践

1. 绩效管理问题的主要关注点

我们对BT科技绩效管理体系进行梳理后,从经营管理的视角对关注的核心问题进行输出,通过关注这些核心问题,重新设计基于战略的绩效管理体系,实现公司的战略目标(见表6-1)。

表6-1 绩效管理问题的关注点

部门	关注点	核心问题
公司级	经营业绩提升,品牌知名度提升,行业影响力提升	业绩近几年没有明显提升,竞争对手越来越多,市场被进一步蚕食
销售	销售业绩提升,空白区域市场布局,销售团队培养,品牌知名度、影响力提升	销售业绩没有明显提升;亚洲市场一直未见明显起色,需布局亚洲市场;解决销售新人沉淀率太低的问题,招聘及培训销售新人
研发	提高新产品的市场影响力,新产品开发周期的有效管控,产品成本的合理控制	提高研发投入产出比;提高新产品销售额;进行充分的市场调研,提高产品研发的准确率
生产	缩短订单交付周期,提高准交率,降低生产成本	供应链的有效管理,提高来料的准交率与来料品质;提高订单排期的合理性,避免过多急单插单现象;通过计件制,有效管控品质,降低生产成本;合理管控库存

2. 绩效管理问题的核心解决思路

利用安索夫矩阵对企业未来经营布局进行分析研究,确定企业实现战略目标的主要策略及手段。

安索夫矩阵是由"策略管理之父"安索夫博士于1957年提出的。安索夫矩阵以产品和市场为两个基本维度,区别出四种产品/市场组合和相对

187

应的营销策略，是应用最广泛的营销分析工具之一。安索夫矩阵以2×2的矩阵代表企业企图使收入或获利成长的四种选择，其主要逻辑是企业可以选择四种不同的成长性策略来达成增加收入的目标。

市场渗透（Market Penetration）战略——以现有的产品面对现有的顾客，以产品和市场的组合为发展焦点，力求提高产品的市场占有率。采取市场渗透的策略，借由促销或提升服务品质等方式来说服消费者改用不同品牌的产品，或说服消费者改变使用习惯、增加购买量等。

产品开发（Product Development）战略——给现有顾客推荐新产品，采取产品延伸的策略，利用现有的顾客关系来借力使力。通常是以拓展现有产品的深度和广度，推荐新一代或是相关的产品给现有的顾客，提高该厂商在消费者荷包中的占有率。

多元化经营（Diversification）战略——给新市场提供新产品。由于企业的既有专业知识能力可能派不上用场，因此多元化策略是最冒险的。其中成功的企业多半能在销售通路或产品技术等核心点上取得某种综效，否则，多元化的失败概率很高。安索夫后来对矩阵进行了修改，增加了地理区域的复杂性。这种三维模式的矩阵可以用来定义战略选择和业务的最终范围。客户可以选择市场需求、产品/技术、地理范围和竞争优势四个关键要素中的一个来界定服务市场。

市场巩固（Consolidation）战略——以现有的市场和产品为基础，以巩固市场份额为目的，采取产品差异化战略来提高客户忠诚度。同时，当市场份额总体有所下降时，缩小规模和缩减部门成为必不可少的应对措施。通常，市场巩固战略在安索夫矩阵中与市场渗透战略占据同一格。

根据安索夫增长矩阵，项目组梳理出了BT科技的业绩增长路径及对应的核心指标（见图6-1）。

（1）开拓亚洲市场，制定新市场的开拓策略，组建亚洲市场区域销售团队，明确开拓任务目标——年销售额800万元。核心指标为亚洲市场销售额、新客户数量、市场开拓计划达成率。

（2）通过小组复制、多品类扩张等方式，实施小组裂变，发展小微电商新客群。从团队、激励机制、客户群体出发调整相应策略，做多元化布局。核心指标为机制建设完成率、新客群拓展目标达成率、新增小微电商客户数量等。

（3）继续深耕欧美市场，聚焦下沉市场，开发代理商，提高代理商销量。核心指标为欧美市场销售增长率、新增代理商数量、大代理商数量、新产品区域销售额、人均销售额。

（4）策略性上新产品，提高新品销售额，增加组合产品。核心指标为新产品销售额、新品推广计划达成率。

	现有产品	新产品
新市场	**市场开发** 开拓亚洲市场	**多元化经营** 小组复制、多品类扩张，发展小微电商新客群
现有市场	**市场渗透** 继续深耕欧美市场，增加代理商数量，提高销量	**产品延伸** 美容护肤品、美容仪上新品

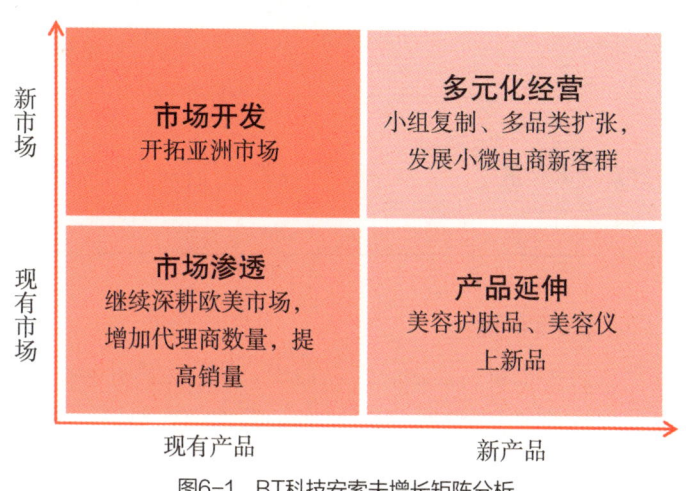

图6-1　BT科技安索夫增长矩阵分析

3. 解决研发、产品端问题

BT科技的老板是典型的产品技术型人才，对公司产品有一种偏爱，执着于产品的研究与打磨。每年的研发投入占比在10%左右，研发团队共有40多人，但研发投入产出比不高。公司这些年销量较高的产品大都为前几年的产品系列的迭代，新开发产品的销售额一直不高。开发进度滞后，未达到预期水平。每年的立项产品数量较多，需求一部分来自销售的反馈，一部分来自OEM客户的实际需求，一部分来自公司老板对市场的判断。立项时的需求评估、需求判断未经充分认证，加上成熟产品市场仿制品非常多，竞争激烈，研发投入产出比这几年逐年下降。

基于此类现象，公司决定规范立项评估流程，严格考核已立项项目的开发周期，新产品投入市场后加大市场推广力度，并且给销售人员定新产品销售占比的指标，提高新产品的销售额。

由此导出研发部的核心指标为研发投入产出比、产品平均开发周期、产品开发进度达成率及新产品销售额（见表6-2）。

表6-2　研发部的核心指标

考核部门	目前短板	核心要素	核心指标
研发部	研发投入产出比不高	提高研发投入产出比	研发投入产出比
			新产品销售额
	研发效率较低	提高研发效率	产品平均开发周期
			产品开发进度达成率

4．工厂订单交期问题

因为订单多为小批量、定制化产品需求，所以生产排单、订单交期都遇到了非常大的挑战。公司对原材料成本的管控较为严格，选择的供应商大多议价能力不强、交付实力偏弱，经常出现外协加工订单交付延后的情况，影响了公司整体交付进度。且采购的原材料中很多达不到公司的品质要求，为不影响交期，很多原材料走特采[①]途径，或者采取挑选使用的方式，影响了效率与产品品质。采购陷于传统的思维方式中，认为成本是采购核心管控的要素，没有意识到效率下降而增加的成本才是最大的成本，所以必须从采购的考核方向上对采购提出相应的要求，引导其关注成本、交期、质量以及效率，全方位做好采购工作。调整采购部考核成本下降的指标要素的权重，用更合理的指标去牵引行为。另外，为顺应公司高速发展趋势，公司需进一步提高对供应商的各类要求，急需迭代升级现在的供应商群体，明确供应商开发及认证要求，完善供应链体系。

---

① 特采是指企业在采购原材料或零部件时，对其质量、价格、供货能力等方面的要求进行特别考虑和处理的一种行为。

由此导出采购部的核心指标为订单准交率、新增供应商数量、来料批次合格率、重大客诉次数。

整个生产体系中，原材料、人员稳定性等各种因素都会影响生产排期。因为PMC在物料和生产订单交期管理方面的专业性和重要性，必须明确其相应的责任。采购部和生产部的核心指标如表6-3所示。

表6-3　采购部和生产部的核心指标

考核部门	目前短板	核心要素	核心指标
采购部	原材料交期滞后	提高来料准交率	订单准交率
			新增供应商数量
	来料品质达标率低	提升来料品质	来料批次合格率
			重大客诉次数
生产部	订单准交率差	提高订单准交率	生产计划达成率
		提高生产效率	单位生产工时成本
	品质投诉事件较多	提升产品品质	直通率
			重大客诉次数

5. 指标体系梳理

为了实现公司近三年的战略目标，我们对BT科技的战略地图和重点工作计划进行了梳理，并将指标和计划逐步分解，以确保工作计划的落地性。以下是具体的步骤和内容。

（1）确定公司级指标体系。

首先，明确公司的战略目标，并据此梳理出公司级指标体系。这个指标体系应该能够反映公司的战略目标和关键绩效领域，包括财务、客户、内部业务流程、学习成长等多个方面。公司级指标体系应该具有可衡量性、可追踪性，以及与业务运营的关联性，以便于我们根据数据进行决策和调整。

（2）关键指标路径打通。

绩效鱼骨图分析法是一种用于分解和评估企业绩效目标的方法，它通过对企业绩效指标与鱼骨图上的不同因素进行分析，帮助企业更好地了解和掌握绩效目标的实现情况。我们围绕BT科技阶段战略目标及路径，梳理出BT科技的组织绩效目标（见图6-2）。

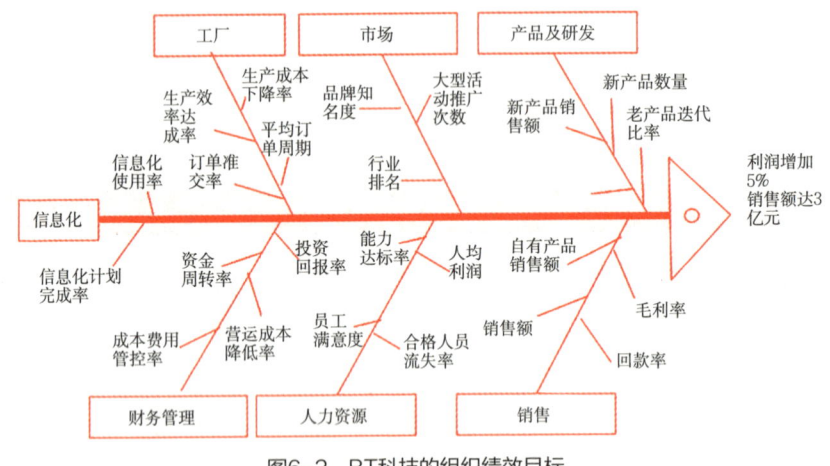

图6-2 BT科技的组织绩效目标

6.3.3 销售业务员指标分析

1. 销售团队的指标设定

初级销售管理者通常既承担团队业绩也承担个人业绩，所以需要设置销售管理者指标，如表6-4所示。

表6-4 销售管理者指标

序号	KPI指标	KPI说明	目标值	权重	评分细则
1	销售目标达成	定义：考核当月销售回款金额目标达成率（备注：以销售回款财务到账为准，包含主管个人业绩）	××万元	60%	实际完成率×60%×100
2	团队人均业绩	定义：团队业绩不含主管个人业绩，统计范围是转正业务员，实习业务员不纳入人均标准统计，但其业绩纳入团队总业绩	××万元	20%	每高出1万元加1分，每少1万元扣2分

续表

序号	KPI指标	KPI说明	目标值	权重	评分细则
3	人均开发新客户数量	定义：考核新增合格外贸客户开发数量（备注：以回款金额为准，样品单金额为零不计入，实习业务员纳入人均标准统计）	×个	20%	每少开发1个客户扣5分，每多开发1个客户加5分，该项最高加10分
4	日常业务管理失误次数	定义：考核主管在日常业务管理过程中出现的失误频次（备注：因客户维护失误造成老客户流失；因自作主张，卖价低于供应商成本价；因下错订单或其他各种原因给公司造成经济损失）	×次	0%	每发生一次失误扣10分；团队业务人员每发生一次该类失误扣上级主管5分
5	加分项	·在日常管理过程中提出合理化建议并取得良好效果或重大贡献，向总经理提出申请并审核确认 ·每周组织一次团队培训或案例分析 ·每月组织一次与其他部门的沟通会议 ·每月一次英语考试，部门平均成绩在80分以上 ·上级交代的比较重要的任务完成得好的，由上级根据具体情况给予加分	—	—	—

销售人员的KPI需区分成熟型业务员与成长型业务员，成熟型业务员偏结果指标，成长型业务员偏过程指标。表6-5是成长型业务员的指标设置示例。

表6-5 成长型业务员的KPI指标设置

序号	KPI指标	权重	考核细则	得分
1	销售额	20%	当月实际完成值与目标值的比值×总分值，满分为25分，最高分不超过满分的1.2倍	
2	询盘个数	20%	每1万元的销售额对应的询盘个数为15个，故每月的询盘数量为15×销售额（以万元为单位），询盘数量达到90%～100%为满分，低于90%按实际分数计算，低于65%则按照0.5的比值计算，最高分不得超过满分的1.2倍	
3	新客户增加数量	15%	每月必须增加4个新客户，4个为满分，低于4个按照实际分数计算，最高分不得超过满分的1.2倍	
4	信息发布数量	15%	每天必须发15条信息，每月信息数量为390条，达成率90%～100%为满分，低于90%按照实际分数计算，低于60%按照0.5的比值计算，最高分不得超过满分的1.2倍	
5	开发邮件数量	15%	每天必须发6封开发邮件，每月开发邮件数量为156封，达成率90%～100%为满分，低于90%按照实际分数计算，低于60%按照0.5的比值计算，最高分不得超过满分的1.2倍	
6	注册网站数量	5%	每周必须注册完1个新网站并且上传好信息，未注册为0分	
7	寻找客户资源数量	10%	每天必须寻找6个客户资源，并登记好客户信息，达成率90%～100%为满分，低于90%按实际分数计算，低于60%按0.5的比值计算，最高分不得超过满分的1.2倍	

销售管理者通过每天的日常考核、细化追踪、高频复盘及时指导销售人员的成长，建立成长档案，记录销售人员的成长轨迹，促进销售人员的成长与发展。

2. 销售绩效过程管理

销售分组设计后，制定销售PK制度，设计销售人员PK方案，示例如下。

（1）活动计划。

起止时间：自2019年3月1日至3月31日晚上12点。

奖励标的：订单业绩，按公司统计业绩标准计算。

（2）个人最佳业绩奖。

参与对象：所有业务人员（销售业务员、销售主管、销售经理）。

评比标准：按照当月订单销售额进行排名。

奖项设置：奖励超目标完成任务的销售人员，奖励设置参考表6-6。

表6-6 超目标的奖励设置

序号	超目标的奖励
1	超出月度目标10%（含）以下，奖励价值100元的物品
2	超出月度目标10%～20%（含），奖励价值200元的物品
3	超出月度目标20%～30%（含），奖励价值300元的物品
4	超出月度目标30%以上，奖励价值500元的物品

注：在区间内有多名销售人员达成时，按销售额高低排序

（3）团队PK奖励。

①团队经理PK分组：业务1组PK业务2组。

PK标准：以月度订单额目标达成率为PK标准，最高者获胜。

PK奖金：PK双方各出资500元，同时公司等额配置PK奖金1000元，PK获胜者获得全部PK奖励，合计2000元，若双方PK均未达成要求，PK奖金归公司所有。

PK兑现：奖金将在月度业绩总结会议的现场发放。

备注：各业务组月度订单额在100万元以下视为失败。

②非团队经理PK分组：业务3组PK业务4组。

PK标准：以月度订单额目标达成率为PK标准，最高者获胜。

PK奖金：PK双方各出资300元，获胜方获得全部PK奖金600元。

PK兑现：奖金将在月度业绩总结会议的现场发放。

备注：各业务组月度订单额在8万元以下视为失败。

③附加说明。

各销售团队目标由总经理每月初与各团队负责人共同确定。本月PK对象为团队，待方案成熟，可以开展单个业务人员之间的PK比赛。奖励及PK方案，以月度为周期制定，每月更新。

3. 销售周期内结果奖励

销售周期内结果奖励是一种激励销售人员提高销售业绩的方法。通过制定销售周期内结果奖励计划（见表6-7），调动销售人员的工作积极性，增强销售人员的动力，提高销售业绩，从而实现公司的业务目标。

表6-7 销售周期内结果奖励计划

类别	激励对象	标准	物质奖励	荣誉奖励
VIP客户开发	业务员、销售经理	年销售额达500万元及以上（初次）	3万元	—
		年销售额达1000万元及以上（初次）	5万元	—
月度销售额突破	业务员	100万元及以上	—	给获奖员工家里寄喜报，奖励价值666元的礼品
月度冠军	业务员	销售额36万元及以上，销售额排名第一（含新老客户）	1000元	—
季度冠军	业务员	销售额200万元及以上，销售额排名第一（含新老客户）	1万元	授予季度冠军奖杯

续表

类别	激励对象	标准	物质奖励	荣誉奖励
年度冠军	业务员	销售额1000万元及以上，销售额排名第一（含新老客户）	3万元	授予年度冠军奖杯
		销售额1500万元及以上，销售额排名第一（含新老客户）	5万元	
		销售额2000万元及以上，销售额排名第一（含新老客户）	10万元	
年度销售额达标奖励	业务员、销售经理	销售额500万元（含）至1000万元	5000元	—
		销售额1000万元（含）至2000万元	1万元	—
		销售额2000万元（含）至3000万元	2万元	—
		销售额3000万元（含）至4000万元	3万元	—
		销售额4000万元（含）至5000万元	5万元	—
		销售额5000万元（含）至7000万元	10万元	—
		销售额7000万元（含）至1亿元	25万元	—
		销售额1亿元及以上	40万元	—

6.3.4 薪酬模块认证（聚焦业务团队）

1. 销售人员薪酬的主要问题

定薪随意：销售定薪随意，销售业务员薪资更多根据历史经验，由人力资源部与销售部负责人确定。

薪酬倒挂：后期新引进的销售人员薪资越来越高，逐渐高于原有团队人员，导致原有团队人员极为不满。

薪酬激励性弱：公司采取销售提成制，但业绩集中在几个销售人员手上，除排名靠前的销售人员年度总薪酬具有竞争力外，其他销售人员的薪酬竞争力较弱。

2. 薪酬调整的主要思路

主导建立薪酬的规范性：明确销售人员的定薪规划，根据销售人员的能力、业绩制定不同级别销售人员的定薪标准。

侧重薪酬的激励性：销售业绩依据不同的销售额区间设置不同的提成标准，鼓励做高销售业绩。

对不同产品进行激励：匹配公司未来战略，布局自主品牌市场，对于自主品牌产品、公司力推的主要产品，提成比例有所提高，鼓励做高重点产品的销售业绩。

合理控制薪酬成本：经过细致测算，在薪酬成本可控范围内提高业绩，鼓励超额奖励，有效控制薪酬成本。

3. 薪酬调整思路的亮点

销售薪酬配套销售人员成长进行了分级，对应双通道管理，底薪与销售人员的能力相关联，打通了销售人员的晋升通道。

提成机制区分了新老客户和产品领域，对销售有明确的牵引、导向作用。

新产品的销售设定了指标任务，并且跟提成相关联，促使销售人员关注新产品的销售与成长，保持公司产品在市场上的竞争力。

自主品牌提成比例高，有利于激励员工销售公司自主品牌产品，从而使BT科技逐渐完成转型，提升了BT科技的综合实力。

6.4 咨询效果：三年自主品牌销售额增长300%

BT科技对人力资源管理体系进行优化升级后，系统地提升了公司管理效率。BT科技总经理T总对项目组非常认可，并且直言："几十万元咨询费让我们业绩增长了300%，任何投资都不如这一次靠谱。"本咨询案例已过去几年，当年咨询的成果如下。

（1）当年业绩目标达成，并实现年度业绩增长50%以上，而后连续三年实现业绩增长，逐步稳固了行业内的领先地位。

（2）培养与打造了一批具有狼性特质的销售队伍，并建立了销售裂变机制，让销售团队实现了内驱式增长。

（3）有效控制了研发成本，加强了研发立项需求调查，建立了立项评审机制，对每一款新品的开发从原来关注产品本身变成关注用户需求，加强了与用户的链接与沟通。

（4）实现了自主品牌战略转型，从产品开发、销售布局、团队打造、激励支持等各方面出发，落实了自主品牌战略。BT科技自主品牌在企业整体销售额中的占比逐年提高，开始从纯代工企业转型为拥有自主品牌的企业。

6.5 思考与启示：品牌欲加鞭，管理机制须先行

很多生产型企业前期主要做代工生产，随着市场容量的增加和竞争的日益激烈，部分企业开始转向建设自主品牌。在这个阶段，企业需要关注以下几个方面。

研发与创新： 加大产品研发和创新方面的投入，提高产品的质量和竞争力。企业通过引进先进的技术和设备，以及培养一支高素质的研发团队，可以不断推出具有自主知识产权的新产品，以满足市场需求。

品牌建设： 注重品牌形象的塑造和推广，提高品牌的知名度和美誉度。企业通过制定清晰的品牌战略，设计独特的品牌标志和形象，以及开展一系列具有创意和影响力的品牌活动，不仅可以吸引更多的消费者，还可以赢得他们对品牌的信赖和忠诚。

营销策略： 制定全面的营销策略，包括市场调研、产品定位、价格策略、促销活动等。通过深入了解市场需求和竞争状况，企业可以制定更具

针对性的产品定价策略、促销政策和营销渠道策略，进而提高市场渗透力和市场份额。

团队建设： 组建一支高效、协作的团队，包括销售、市场、研发等部门。通过培训和激励，提升团队成员的专业素养和团队合作精神，激发他们的创造力和潜能，推动企业快速发展。

激励机制： 建立科学、合理的激励机制，激发员工的工作积极性和创造力。企业通过设置明确的业绩目标和奖励机制，以及提供良好的职业发展机会和晋升通道，可以激发员工的工作热情，提高员工的工作积极性，进而推动企业业绩持续增长。

从代工生产转向自主品牌建设是一个复杂而关键的过程。企业需要关注研发与创新、品牌建设、营销策略、团队建设和激励机制等多个方面，以提高企业竞争力、市场渗透力，实现可持续发展。同时，企业需根据自身情况和市场需求灵活调整策略，不断优化产品和提高服务质量，提升品牌价值和市场竞争力。

CHAPTER 7

任职资格管理

做实任职资格体系，促进员工与企业共同发展

当企业发展到转型阶段时，其原有的管理模式往往不能适应企业当前的发展需求，企业对人才队伍的能力需求也会随之变化，这种情况在研发型企业尤为突出。任职资格体系能够系统梳理核心岗位的能力素质项，为人才培养奠定基础，提升人才能力，扩大晋升空间，激励并留住人才。然而搭建体系、提炼标准、建立评价工具，既是人力资源管理工作的重点，也是难点。在实际操作中，由于具体的标准不易提炼、实际评价工作管理成本过高，任职资格评价往往流于形式。本章展示了广东AT数据技术有限公司搭建并落地任职资格体系的过程，希望给予有同样困惑的企业一些指引。

7.1 知己知彼才能手中有策，行动有方

广东AT数据技术有限公司（以下简称"AT数据"），自2011年成立以来一直致力于建设数字中国，通过多年的研发与实践，该公司形成了一套覆盖完整数据生命周期的数据智能产品族，为国内多个一线、新一线城市的智慧城市建设树立了标杆。

截至2017年，AT数据已度过初创期，业务定位逐渐清晰，业务增长速度较快，公司员工人数也迅速增长至300多人，进入规模化、高速发展的新阶段，AT数据的组织架构见图7-1。在这个阶段，AT数据的主要目标是确保企业有稳定的利润与现金流，以支撑公司的持续经营，并同步实现业务的快速增长。这就需要企业从依靠创业者个人把握机会的发展方式转变为依靠企业的体系。在这样的背景下，AT数据最核心的资源是人力资源，需做好人才"引""育""留"，让技术人才有"梯子可爬"，同时让核心团队、关键人才的管理得到组织上的支持。为了实现业务规模进一步扩大和长远发展的目标，AT数据决定与我们进行深度合作，全面变革现有人力资源管理体系及股权激励方案。

图7-1 AT数据的组织架构图

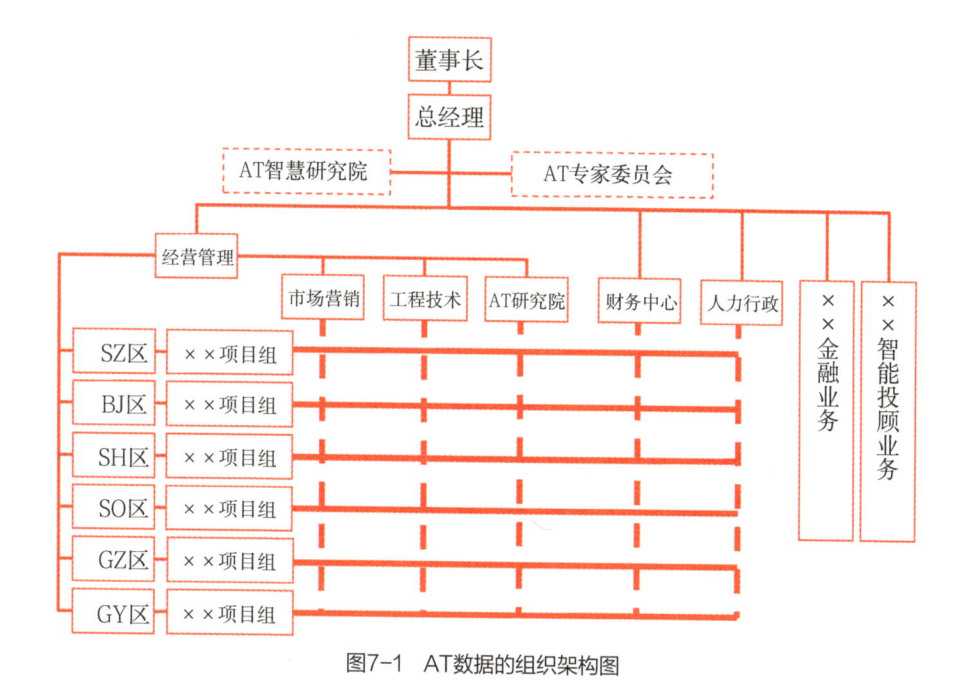

7.1.1 缘由：技术背景的海外博士要给员工"架梯子"

我们与AT数据Z总结缘，可以追溯到Z总从国外博士毕业回国创业的第6年。当时政府和各行各业对海量数据分析和应用的需求日益迫切，信息科技特别是大数据应用技术正处于快速发展阶段。AT数据拥有专业的技术团队，且当时行业正处于市场红利期，即将进入高速发展阶段。

然而，AT数据遇到了发展瓶颈——管理明显落后于经营。在一个商业协会举办的年会上，Z总与S会长谈到了AT数据的管理问题，S会长向Z总推荐了我们。看过我们前期为其提供的初步调研和诊断后，AT数据与我们签订了合作协议。

与我们达成合作时，AT数据刚刚完成组织和绩效薪酬变革。AT数据用的是以业绩、责任、能力为导向的宽带薪酬体系设计模式。该模式通过岗位评价将各岗位的薪酬分为不同的等级和档级，然后再根据员工自身业绩、责任、能力来确定员工的薪酬档级。然而，如何将具体的薪酬档级与员工的能力对应起来，如何有效地拉开收入差距，让Z总及企业的人力资

203

源团队感到十分棘手,他们绞尽脑汁也没能找到理想的解决方案。

在创业成长期,员工相对较少,创始人的人格魅力对员工有深度影响,员工能积极主动承担工作,不断提升能力。但随着公司高速发展,企业员工数量迅速攀升,企业就出现了许多管理方面的问题,比如每个层级需要具备的知识能力不明确,不同能力水平的员工的工资缺少标准界定,员工不知道自己什么时候能晋升等。

AT数据也意识到内部管理严重制约了公司的高速发展,希望通过与项目组合作,为企业建立一套完整的任职资格体系,完成人力资源体系升级。

7.1.2 项目核心诉求

2017年春,项目组进驻AT数据进行调研。在调研期间,项目组与AT数据的高层领导、部门负责人和基层员工进行了细致的沟通,了解了各层级、各部门对本项目的看法以及企业的现状与需求,为后期方案的设计与落地实施奠定了基础。经过总结分析,项目组发现该公司存在以下个性化问题。

缺乏人才晋升机制。公司技术团队都在做大数据技术方面的工作,团队成员学历普遍较高,都是海归或双一流高校硕士学历,但管理岗位有限,部分技术人才认为晋升无望,对未来的长线发展感到很迷茫。

缺乏晋级评价标准。员工看不到自己在公司的发展前景,配合管理工作的积极性不高,甚至有部分人才已被竞争对手挖走。

缺乏对技术人员的管理。当项目遇到阻力时,技术人员总是将难题直接抛给领导。

针对这些问题,项目组认为,首先要梳理职位体系,然后解决任职资格标准、晋升通道及评价标准这三个方面的问题,之后在技术部门开展试运行,确保可落地后再向全公司推行。

项目组与各岗位员工进行了细致的沟通,通过分析和研究岗位职责、制度、流程和任职资格模板设计与验证、工作综合分析、人员评价等,项目组认为AT数据需要集中解决以下四个方面的问题。

1. 职业发展通道不畅通，缺少评价标准

核心表现：员工职业发展路径不清晰，员工对未来感到迷茫，不清楚自己的发展方向。员工的职业发展通道单一，容易达到职业"天花板"，员工看不到自己的发展前景。员工定岗和晋升缺少评价标准，更多由领导凭感觉评价。

2. 薪酬激励缺少对接标准，激励性较弱

核心表现：薪酬待遇未能体现员工能力素质的差异，技术人才之间收入差距不大，薪酬激励效果弱，而且缺少薪酬增长管理机制。

3. 招聘缺乏标准，难以引入人才

核心表现：不知道招聘什么样的人才，不知道如何识别所需的人才，因而难以引入人才，招聘成本也偏高。

4. 培训管理缺乏方向，培训转化率低、效果差

核心表现：盲目开发核心人员的培训课程，大部分课程未与被培训人员的岗位需求相关联，导致培训耗时、耗钱、耗力，但转化率低、效果差。

7.2 任职资格体系的设计及实施

华为是国内最先对任职资格体系进行探索与应用的企业。华为早期的内部职称认定很不规范、不科学，基本上是领导"拍脑袋"决策。随着公司业务规模的扩大，技术研发团队规模也逐渐扩大，这种随意的评定方式带来的弊端越来越明显。由于评定标准不明确、评定程序不清晰，不少技术研发人员认为评定缺乏公正性，而且事后评定的方式对研发人员也缺乏牵引性。因此，摆脱管理困境迫在眉睫。而后，任正非亲自谋划了华为人力资源开发与管理系统的变革，在咨询公司的帮助下建立了华为的任职资格体系，为华为的"五级双通道"奠定了基础。通过建立任职资格体系，华为不仅解决了技术研发人员发展通道的问题，还成功通过任职资格体系解决了很多其他的人力资源管理痛点问题，提高了华为的人力资源管理效

率。华为任职资格体系的成功，在十余年后引发了大量关注，尤其是技术、技能人员主导的制造型企业、科技型企业、互联网企业，它们效仿华为建立了自己的任职资格体系，其核心目的就是为技术研发人员建立更适合的发展通道（见图7-2）。

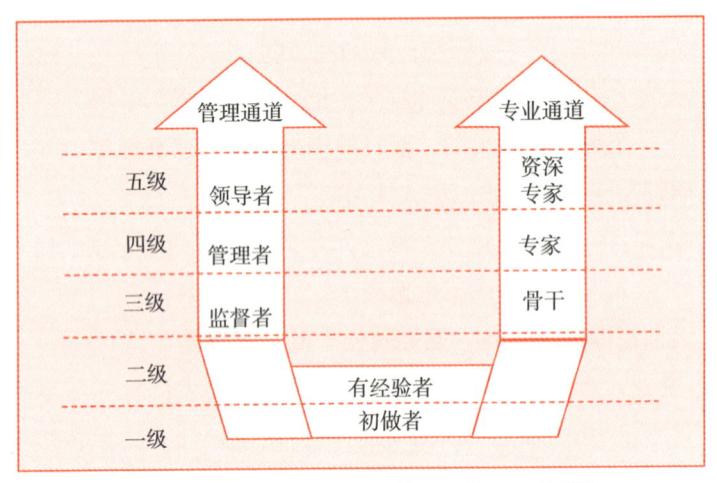

图7-2　技术研发人员发展通道——"五级双通道"

回顾在AT数据调研诊断时发现的管理问题，建立任职资格体系在现阶段对企业来说就非常重要了。因为战略的实现，需要绩效管理体系、薪酬管理体系、任职资格体系，分别从目标与过程、人心、能力与发展三方面的管理进行支撑（见图7-3）。

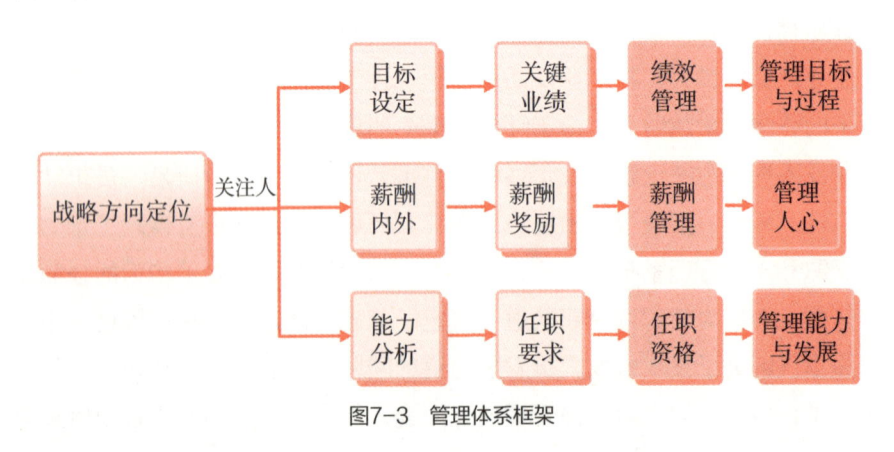

图7-3　管理体系框架

项目组在辅导AT数据建立任职资格体系时，对任职资格、任职资格标准、任职资格管理体系、任职资格评价分别进行了定义。

任职资格：为了实现工作目标，任职者必须具备的知识、技能、能力和个性等。

任职资格标准：基于冰山模型理论，用行为语言描述各个职族的能力标准。

任职资格管理体系：一套提升员工职业化技能的方法论，通过对员工职业化知识、技能系统等的全面评价，找出差距，明确提升的方向，使员工职业化技能的发展更加系统高效。

任职资格评价：在任职资格评价中，最为关键的就是对评价要素的设计。只有评价要素合理有效，任职资格评价才能成为企业准确衡量员工能力差别的尺子；如果评价要素及标准不合理，就评不出真正的差别点，也就体现不出评价的意义。任职资格评价可以辅助定薪、调薪，促进AT数据保留核心技术人才，为招聘选拔标准提供参考，为薪酬确定提供依据（见图7-4）。

留人才	助招聘	定薪酬
给技术研发人员提供晋升通道，让其凭借技术可以获得与行政通道中总监、副总、总经理等同的薪酬、福利、尊重、成就感等	明确与统一招聘选拔标准，提高沟通效率和选拔的准确性	通过区分人员的能力等级，与薪酬体系打通，为人员入职定薪、调薪提供参考依据

图7-4　任职资格评价的应用

为此，对于评价要素及标准的设计，项目组根据企业的实际情况，提出了AT数据任职资格体系构建实施路径，具体如图7-5所示。

项目组经过深入调研发现，完成任职资格体系建立的关键在于符合企业的需求，并通过试运行落地，能够真正评价各部门的人员情况。为了解决企业的实际问题，项目组制定了相应的解决方案。

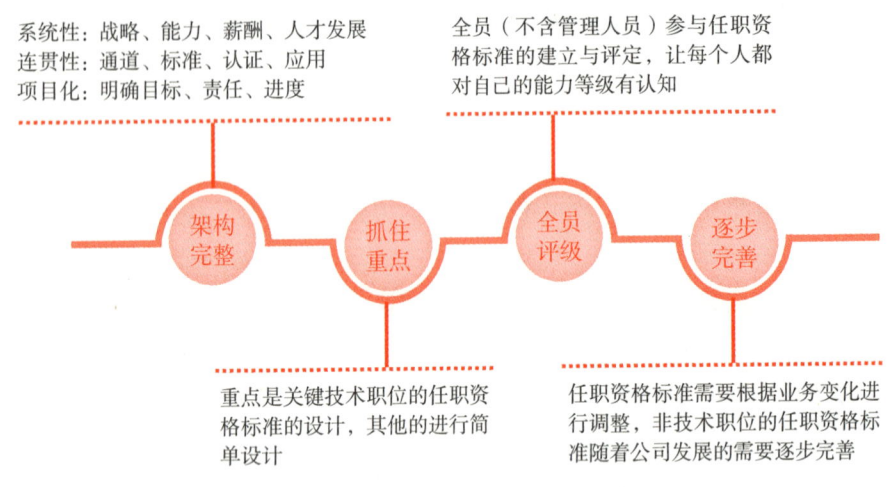

系统性：战略、能力、薪酬、人才发展　　　全员（不含管理人员）参与任职资
连贯性：通道、标准、认证、应用　　　　　格标准的建立与评定，让每个人都
项目化：明确目标、责任、进度　　　　　　对自己的能力等级有认知

架构完整　　抓住重点　　全员评级　　逐步完善

重点是关键技术职位的任职资格标准的设计，其他的进行简单设计

任职资格标准需要根据业务变化进行调整，非技术职位的任职资格标准随着公司发展的需要逐步完善

图7-5　AT数据任职资格体系构建实施路径

7.2.1　建立科学的岗位体系

在建立任职资格体系的过程中，建立科学的岗位体系是关键。因此，项目组需要先对公司的岗位进行全面的梳理和规范。

在这个过程中，项目组发现了一些问题，例如因人设岗、同岗不同名、岗位职责不清晰以及岗位过多导致工作量不饱和等。这些问题都是任职资格体系建立的阻碍，需要进行规范和处理。

为了解决这些问题，项目组采取了以下三个措施。

岗位梳理。项目组对公司的所有岗位进行了全面的梳理，包括岗位的名称、职责、工作流程等，以确保每个岗位的名称清晰明确，岗位职责和工作流程规范一致。

岗位职责清晰化。项目组与公司各个部门的负责人进行了深入的沟通和交流，确保每个岗位的职责清晰明确。同时，我们根据公司的实际情况，对一些岗位职责进行了调整和优化，以确保每位员工都能在合适的岗位上发挥最大的价值。

精简岗位数量。项目组发现有些岗位的工作量并不饱和，存在一定的浪费。因此，项目组通过精简岗位数量，减少了公司的组织层级，取消了不必要的岗位设置。这样做既提高了员工的工作效率，又降低了公司的运营成本。

通过采取上述措施，AT数据建立了科学的岗位体系，为建立任职资格体系奠定了坚实的基础。

7.2.2 搭梯子——建立职业发展通道

从组织设计的角度来说，企业众多岗位之间既有区别又有联系，对它们的差异点和共同点进行归纳整理和系统分析，才能更规范、更有效地对它们进行管理。常规做法是对企业所有岗位进行横向对比，按照业务与职责相近原则，对岗位进行序列划分。

先归类，根据岗位职责划定职族（如管理族、技术族、市场运营族、专业族等），划分职序（如技术族可划分为后端开发类、前端开发类、数据开发类、软件测试类、视觉设计类、运维类等）。具体职族、职序的划分需依据企业实际业务和人员规模而定，确保所有业务与职责相近的岗位处于同一个序列，所有职位都在特定的职业发展通道中。

按照职位对任职者知识、技能要求的相似性，将职族按职位类别进行细分。AT数据为不同能力水平的员工设计了不同的职业发展通道，包括管理族、技术族、市场运营族和专业族4个职族、17个序列（见表7-1）。

表7-1 AT数据职业发展通道岗位序列细分

职族	职序	职位举例
管理族	高层管理类	总经理、执行副总裁（EVP）、总经理助理、首席运营官（COO）
	中层管理类	区域总监、中心总监
	基层管理类	软件架构部部长、软件开发部部长、项目管理部经理
技术族	后端开发类	首席软件架构师、后端系统架构师、JAVA开发工程师、Python开发工程师
	前端开发类	产品设计师、前端架构师、iOS开发工程师、Android开发工程师

续表

职族	职序	职位举例
技术族	数据开发类	数据库开发工程师（DBA）、数据科学家、首席数据架构师、数据分析建模师、数据架构师
	软件测试类	软件测试工程师
	视觉设计类	视觉设计师
	运维类	运维工程师
市场运营族	销售类	大客户营销总监、售前经理、销售经理
	市场支持类	商务专员、企划专员、市场专员
	运营类	互联网运营经理、互联网运营专员、客户服务专员、新媒体运营专员
专业族	项目管理类	质量管理工程师
	政府业务类	需求分析师
	财务类	财务会计、资金管理专员、总账会计
	人力行政类	人力资源经理、人事行政经理、招聘经理、招聘主管、区域综合主管
	资质开发类	科技项目专员、标准管理工程师、知识产权专员

7.2.3 再分层——建立职级体系

建立职级体系需进一步进行分层。"分层"通俗来讲就是划定职位等级。划定职位等级要根据AT数据的发展情况，对每一个职族进行清晰的定义，并对职位等级进行明确区分。职族职序建立完整后，根据企业情况，项目组对不同的职族设置了相应的分级方式。各职族的分级方式为：管理族的能力等级分为4级，市场运营族与专业族的能力等级分为3级，技术族的能力等级分为5级。

7.2.4 做尺子——建立任职资格标准

对于一套完整的任职资格体系来说，建立职业发展通道只是规划了赛道，更为重要的是建立一个标准，即任职资格标准。任职资格标准要关注员工业绩、贡献、能力、德行与岗位的匹配度，是一套全面体现能力、行为、业绩的管理系统。

任职资格标准通常包括"基础条件"和"资格条件"两个部分。其中，"基础条件"是任职者上岗的必要条件，包括受教育程度和工作经验两项内容。"资格条件"则是任职者满足工作标准的必要条件，包括知识、素质、技能、业绩四个方面。在设计任职资格标准时，需要从科学、合理、可量化的角度出发，确保各项内容能够有效地支撑任职资格体系的建立。

1. 任职资格标准的开发原则

职族原则。任职资格标准是针对职族开发的，而不是职位。企业只需要开发关键职族的任职资格标准即可，不需要针对每一个职位开发任职资格标准。

现实性和牵引性相结合原则。任职资格标准不能只反映当前员工的能力水平，要着眼于本职族未来业务发展的需求，并借鉴行业内其他企业的员工职业发展经验，使其具有牵引性，能够引导员工朝着更高的目标努力。

关注核心能力培养原则。任职资格标准开发时要重点关注能够支持该职族核心业务的行为能力要素，要在关键领域进行有针对性的培养，使员工能够更好地适应职位需求，而不是追求面面俱到。

不断优化改进原则。随着业务的发展和员工能力的提高，任职资格标准也要不断优化和改进。这是一个持续的过程，我们要根据实际情况进行更新和调整，以确保任职资格标准能够长久有效地引导员工的发展。

只有遵循以上原则，企业才能开发出一套科学、合理的任职资格标准，为员工的职业发展和企业的可持续发展提供有力的支撑。

2. 任职资格标准的构成

任职资格标准一般由基本条件、技能要求、知识要求3部分构成，具体可见表7-2。由于行业和职位的不同，标准构成的细项会有一些差异，可能还包含其他特定的要求和标准。在建立任职资格标准时，企业需要结合实际情况和职位需求，对标准细项进行确定和综合评估，以确保任职资格标准的有效性和实用性。

表7-2　任职资格标准的标准构成

标准构成	标准细项	说明
基本条件	学历与经验	达到相应能力等级的学历要求及相关工作的时间要求
	任职年限	达到上一级能力等级前，需关注原能力等级的时间要求
	工作业绩	达到相应等级的关键业绩成果
	绩效结果	能力晋级的绩效考核结果要求
技能要求	专业化技能	有效完成工作所需具备的专业技术能力
	职业化技能	在组织中高效完成工作所需具备的一般通用能力，如团队合作能力、创新学习能力等
知识要求	公司基础知识	高效完成工作所需具备的与行业和企业相关的知识，如竞争对手、公司业务、产品等方面的知识
	专业性知识	高效完成工作所需具备的专业性知识

3. 任职资格标准的编制

由人力资源部组织相关领域的专业人员，组成专门的任职资格标准编制小组，任职资格标准编制小组应包含以下两类人员。

行业专家： 邀请具有丰富经验和专业知识的行业专家，为任职资格标准的编制提供专业的意见和建议，确保任职资格标准的专业性和准确性。

公司内部专业人员： 邀请公司内部具有相关领域经验和专业知识的员

工，为任职资格标准的编制提供内部意见和建议，确保任职资格标准符合公司的实际需求。

通过评审后的任职资格标准，需由公司以文件的形式统一签发，并由人力资源部进行集中存档管理。

4．任职资格标准的维护

对于任职资格标准，企业需根据实际情况，定期组织相关领域的专业人员进行更新和维护，并进行集中存档管理。

7.2.5 照镜子——开展任职资格认证

明确界定人员在知识、技能、素质等方面的评价标准，组织开展任职资格认证评价工作。任职资格认证由员工个人申请，任职资格管理部门对申请人条件进行审核，对符合条件的按照任职资格认证管理权限提交各专业任职资格管理小组进行评审，各专业任职资格管理小组组织评委对申请人的基本条件、核心标准和品德素质等进行评审，评审结果提交任职资格管理委员会批准后向员工公布任职资格认证结果。

1．任职资格认证原则

客观公正： 从申请人的实际工作表现出发，严格按照行为标准确定认证结果。

有序可行： 认证活动的安排与实施要充分结合申请人以及各部门的实际情况，维持原有工作秩序，尽量减少额外工作，确保认证活动高效简洁。

认证与辅导相结合： 任职资格认证的实施要既认证又指导、边认证边指导，考评员要以教练员的身份出现。

2．任职资格认证时间

根据工作需要，公司每年组织开展1~2次任职资格认证。

3．任职资格认证流程

具体的任职资格认证流程及说明如图7-6所示。

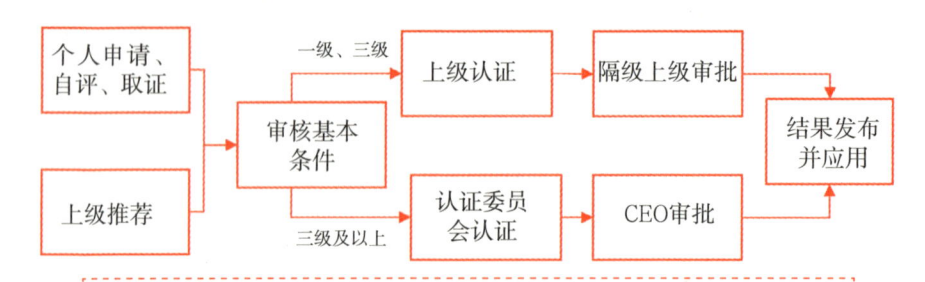

```
个人申请、     一级、三级    上级认证  →  隔级上级审批
自评、取证  ↘                                        ↘
              审核基本                               结果发布
              条件                                   并应用
上级推荐    ↗              认证委员     CEO审批   ↗
                三级及以上  会认证
```

认证流程说明

1. 初始认证时全员都需提交申请，常规化运作后，个人根据需要提交申请；
2. 上级可根据下属的贡献情况等进行推荐；
3. 根据申请的基本条件进行初步审核，对不符合基本条件的驳回申请；
4. 一级（初做者）、二级（有经验者）可由直接上级根据任职资格标准进行评审，由隔级上级审批即可；
5. 三级及以上等级员工的任资资格认证须由认证委员会基于标准正式评审，由公司CEO审批后通过，评审采用达标比率法决定其能力等级；
6. 人力资源部统一发布认证结果；
7. 给高级以上人员发放能力等级证书。

图7-6　任职资格认证流程及说明

定期发布认证信息，员工个人将认证的标准与自身的技能水平进行对比，如果认为自己有能力晋级，则提交申请，包括自评结果、证明相关能力的材料等。

各级管理者可以根据下属的能力现状，推荐合适的人员参与认证，并督促他提交认证申请。人力资源部在收到认证申请后，根据申请的能力等级，审核验证申请人对应等级的基本条件的达成情况，并反馈审核结果。

一级和二级由直接上级严格按照要求进行认证，隔级上级审批，认证材料提交人力资源部备案。三级及以上由认证委员会组织统一认证，认证结果由公司CEO审批，认证材料由人力资源部备案。认证委员会由公司专家委员会人员组成。

认证结果审批后，由人力资源部统一发布认证结果，根据需要颁布能力等级证书，并推动结果的应用落地。另外，人力资源部对总体的能力分布情况进行管控，确保员工能力符合公司经营发展的需要。

新员工入职时先根据招聘面试的情况进行能力定级，然后在年度统一的任职资格认证中对新入职员工的等级进行再认证。

4. 职业发展通道与职位等级

公司构建专业技术通道与管理通道，专业人员和技术人员可以选择两条通道进行持续的提升与发展。根据不同职族的能力构成特点及公司对能力的需求程度，项目组对AT数据各职族的能力等级划分如下。

管理族的能力等级分为4级，分别为基层管理者、中层管理者、中高层管理者、高层管理者。市场运营族的能力等级分为3级，分别为初级、中级、高级。专业族的能力等级分为3级，分别为初级、中级、高级。技术族的能力等级分为5级，分别为初级、中级、高级、资深级、专家级。其中每一级再细分为3等，分别为基础等、普通等、职业等。表7-3是技术族任职资格标准的基本模型示例。

表7-3　技术族任职资格标准的基本模型

级别	初级	中级	高级	资深级	专家级
定位	初做者	有经验者	骨干	资深	专家
特点	・通过指令做事 ・具备本专业的基础知识及单一领域的部分知识 ・在适当指导下，能够完成部分工作	・在例行情况下能够独立做事 ・具备本专业基础和必要的知识、技能，并在工作中多次实践 ・在适当指导下，能够完成多项或复杂的工作任务	・通过技术专长作出贡献 ・具备本专业某一领域全面、良好的知识技能 ・能够独立、成功、熟练地完成本领域某一方面的工作任务	・通过指导他人作出贡献 ・精通某一领域的知识和技能 ・对于本专业领域内复杂的、重大的问题，能够通过改革现有程序/方法来解决，熟悉其他相关专业领域的运作	・通过战略远见作出贡献 ・是公司内外公认的权威 ・能够洞悉本领域的发展方向，提出战略性指导意见，推动公司决策

5. 任职资格认证评分相关说明

任职资格认证评分由自评与他评构成，自评得分只作为他评得分的参考，最终评分结果以他评结果为准。评分按照各类任职资格相应能力等级的标准逐条进行评价，评价结果分为不达标、基本达标、完全达标三种。评价结果对应的能力等级设置如表7-4所示，各职族的能力等级编码如表7-5所示。

表7-4　能力等级的评定

评价结果	对应的能力等级
不达标占比≤5%且基本达标占比≤5%	职业等（3等）
不达标占比≤5%且基本达标占比≤10%	普通等（2等）
不达标占比≤5%且基本达标占比≤15%	基础等（1等）
不符合以上条件的其他情况	不符合能力级别

表7-5　各职族的能力等级编码

职族	初做者			有经验者			骨干			资深			专家		
专业族	S1	S2	S3	S4	S5	S6	S7	S8	S9	—	—	—	—	—	—
市场运营族	M1	M2	M3	M4	M5	M6	M7	M8	M9	—	—	—	—	—	—
管理族	—	—	—	L4	L5	L6	L7	L8	L9	L10	L11	L12	L13	L14	L15
技术族	T1	T2	T3	T4	T5	T6	T7	T8	T9	T10	T11	T12	T13	T14	T15

7.2.6 拉绳子——进行任职资格应用

任职资格是一种科学的管理方法和工具，用于客观评估员工的任职能力，从而解决员工个人能力与职位要求之间的匹配问题。任职资格认证的目的不是认证，而是在认证的过程中发现员工任职能力与职位要求之间的差距，进而持续改进和提高员工的任职能力。

通过任职资格管理，员工可以培养良好的职业素养，并将工作行为变为习惯。它可以帮助员工了解自己的长处和不足，并引导员工发扬长处、弥补不足，从而更好地适应公司的需求。同时，任职资格管理还可以为员工职业发展提供明确的方向，帮助员工在职业生涯中实现自我提升和价值增值。

1. 认证结果应用于薪酬管理

（1）能力等级影响薪酬结构中的能力工资。

科学、先进的薪酬结构应该是一种以职位为基础、以能力为核心、以绩效为目标的动态薪酬系统。同一个职位，不同员工的任职能力不同，所以其与职位要求的匹配度、对企业的贡献也会不同。因此，即便是同一职位，员工之间的薪酬也应该有差异，而任职能力等级就可以用来确定员工的能力工资。

（2）基于能力等级设计差异化的福利措施。

为了体现对更高级别员工的关怀，企业可根据能力等级设计一定程度的差异化福利，但要注意的是，专业族、技术族的等级与管理族对应的等级所获得的福利应一致，要体现企业对专业人员和技术人员的重视。

2. 认证结果应用于人才培养

统计与汇总认证结果，分析员工任职能力的差异主要表现在哪些业务领域，这些就是员工急需提升与改进的地方，挖掘培训需求，有针对性地开展培训工作。

以业务能力为依据，统计出得分较低的一些行为标准项，将其作为培训需求的依据。

人力资源部确定需要培训的内容，然后组织相关人员进行课程设计与教材编写，为培训做准备。

人力资源部将相关课程纳入培训计划，有针对性、有计划地分步骤开展培训工作，并进行效果评估，帮助员工提高任职能力和工作质量，进而提高企业的竞争力。

对于关键职位的员工，若通过认证发现其所欠缺的相关业务能力不是普遍性问题，企业也可采用专业机构外训的方式对其进行培训，以达到提高其业务能力的目的。

对于评估得分较高的行为标准项，所欠缺的部分由认证申请人制定改进计划（或由申请人与其主管共同制定），明确改进目标与时限，以达到提高自身业务能力的目的。

为通过任职资格认证而进行的培训，培训内容通常是企业员工急需提升的领域，具有较强的针对性。

根据认证申请人在不同领域的达标率，企业可以挖掘与发现培训导师，不断扩大导师队伍，增强培训力量。

通过认证企业还可以发现有潜力的后备人才，为人才梯队培养打好基础，以满足企业发展对人才的需求。

3．认证结果应用于晋升

任职资格认证等级体现了同一职位员工任职能力的高低，任职能力也决定了员工与职位要求的匹配度。当员工的任职能力远高于职位要求时，工作就会缺乏挑战性，员工就会缺乏进取的动力，会觉得没有发展空间。另外，认证结果也可应用于晋升。

根据任职资格认证等级，对于那些表现优秀但所担任的职位等级较低的员工，在企业有需求时，可将他们调至较高等级职位上工作。

对于获得新工作职位的员工而言，新的职位会有更高的要求，这也会促使他们不断提高自己的工作能力。

4．认证结果应用于淘汰

如果某位员工的认证未达标，在规定时间内又未能完成改进，那就说明该员工与这个职位的匹配度很低，与企业的要求差距很远，基本上不符合这个职位的工作要求，若绩效考核结果也属不合格之列，该员工就会被列入淘汰范围。

对于在企业内找不到合适职位的员工（或员工本人不愿从事其他性质的工作），企业可予以辞退。

7.3 咨询效果：给人才"铺路子""架梯子""搭台子"

凭借专业的咨询技术及成熟的实践经验，项目组全面诊断和梳理了AT数据的问题，帮助AT数据成功建立了任职资格体系。这个体系不仅为AT数据的员工构建了职业发展通道，还解决了企业人才引入、管理者继任计划等关键问题。

首先，任职资格体系与招聘管理体系紧密关联。项目组通过明确企业需要的人才标准，为人才招聘提供了选拔标准和方法，使企业在引入人才时能够精准地找到与岗位需求相匹配的高绩效人才。

其次，任职资格体系与薪酬激励体系紧密关联。在薪酬管理体系中预留对接任职资格体系的接口，对优秀人才进行适当激励，将任职资格评价结果作为员工晋升与薪酬调整的决策依据，调动员工的工作积极性。

再次，任职资格体系与绩效管理体系紧密关联。通过梳理绩效及考核标准，明确了岗位的考核要求，提高了员工能力和整体工作效率。

最后，任职资格体系与人才发展体系紧密关联。通过对员工进行任职资格评价，发现员工存在的问题，然后为员工开发针对性培训课程，制定培训计划，提升员工能力，助其达到任职资格标准。

通过为员工建立多种职业发展通道，强化员工激励，留住人才并充分发掘员工潜力，合理配置人力资源，提升公司整体效能。

7.4 思考与启示：游戏化生存机制带来成长的确定性

当企业发展到一定规模时，搭建任职资格体系就变得尤为重要。随着企业规模不断扩大，组织架构和岗位体系逐渐变得复杂，员工之间的职责划分也变得模糊。而任职资格体系可以帮助企业更好地管理和激励员工，提高企业整体的工作效率。

在建立任职资格体系之前，企业需要先进行组织架构、岗位体系和职责梳理。这些基础工作可以为建立任职资格体系提供重要的参考和依据，确保任职资格体系能够落地并发挥其应有的作用。

然而，建立任职资格体系并不是一件一蹴而就的事情，它需要进行长期的管理实践和不断优化。在这个过程中，企业需要将激励体系与任职资格体系相关联，实现体系化管理。这样才能为员工带来成长的确定性，让员工知道只要努力，就能够获得职业发展的机会，不断成长。

建立任职资格体系不仅可以提高员工的工作积极性和业绩，还可以帮助企业更好地实现战略目标。通过明确不同岗位的职责和能力要求，企业可以更好地选拔和培养人才，实现人才的合理流动，实现可持续发展。

CHAPTER 8

绩效管理

驱动企业与员工"双赢"

VUCA时代到来，企业转而向管理要效益，对人才的重视也上升到战略层面，全面升级激励系统势在必行。但绩效管理模式不能局限于考核阶段，而应实现从传统模式向更加人性化、员工发展导向的模式转变。这种转变应以战略目标为指引，构建一套全面、系统的绩效管理体系。本章撰写了我们与TO投资股份有限公司精益合作的案例。项目组从战略解码出发，用多种绩效管理工具助力企业实现战略目标。

8.1 市场规模持续扩大带来"成长的烦恼"

8.1.1 项目背景情况介绍

TO投资股份有限公司（以下简称"TO投资"）是一家专业从事资产管理业务的投资公司，创始人坚持合规经营、风险定价、底线控制的投资理念，以"为投资者创造价值"为己任，用专业、诚信服务投资者，脚踏实地，助力投资者实现资产的长期增值。

随着投资行业的快速发展，TO投资已崭露头角，顺利从创业阶段进入规模化发展阶段，成为行业中的一匹"黑马"。TO投资创始人W总抓住行业发展势头，迅速扩大资金规模。随着业绩的持续增长和人员的不断扩张，传统人盯人的管理模式已难以满足企业发展需求，内部管理问题日益凸显，严重制约了企业的长期发展。因此，构建"强有力的领导+强有力的团队"的组合模式成为当务之急，团队专业化的提升才是企业持续发展的保障。此外，机制化、体系化、流程化的现代化治理结构与管理升级也是当下阶段亟待完成的另一个重要课题。

我们通过老客户L总的引荐，与TO投资W总进行了初步沟通，并对TO投资进行了初步调研和诊断，提交了相应的解决方案。当时参与项目竞争的有多个咨询公司，经过激烈的角逐，TO投资最终和我们达成了合作。本章主要呈现了TO投资绩效管理板块的重建方案，以及方案落地后取得的成果和带来的启示。

TO投资的组织架构如图8-1所示。经过初步沟通和诊断，项目组对TO

绩效管理——驱动企业与员工"双赢"

投资存在的主要管理问题进行梳理，总结如下。

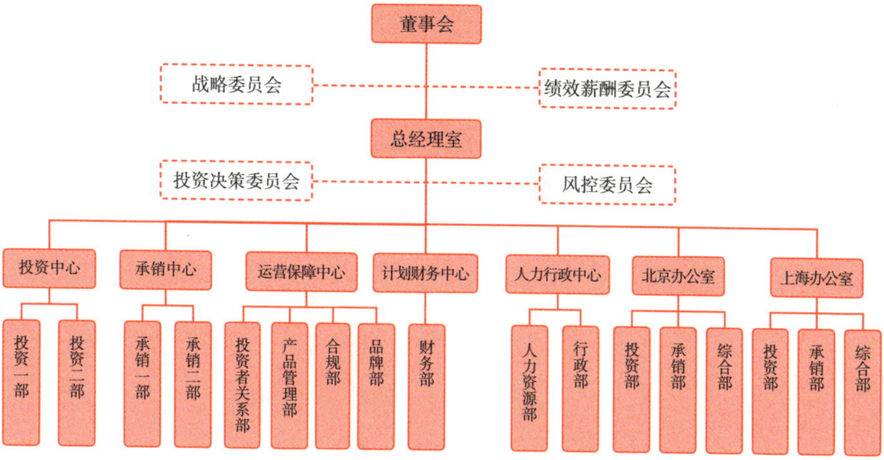

图8-1 TO投资的组织架构图

1. 管理难度大

在前期的快速发展中，TO投资高层将注意力集中在经营方面。随着公司规模的扩大，内部管理逐渐出现员工工作积极性不强、工作进展依赖上级关注、激励制度缺少标准、公司战略目标迟迟无法达成等问题。

2. 难以吸引人才

TO投资前期主要依赖创始人团队来推动业务，然而，随着企业规模的不断扩大，承销中心、投资中心的资源显得捉襟见肘，员工能力无法满足当前快速发展需求，但企业又无法吸引人才加入。

3. 部门目标与公司目标脱钩

各部门始终保持一致的考核模式，职能部门考核模式为上级领导对下属心态等方面进行评价，业务部门根据每月业绩完成情况确定下月的底薪，未将部门目标与公司目标挂钩。

8.1.2 项目核心诉求

随着市场规模不断扩大，TO投资经营业绩不断增长，但TO投资的内部管理严重制约了企业的发展，建立一套科学的绩效管理体系迫在眉睫。TO投资的管理层对绩效管理体系非常重视，希望项目组能根据企业实际情况优化企业的绩效管理体系。

1. 建立从目标到计划的管理模式

随着团队规模的不断扩大,原来的考核模式已不能有效承接企业新的战略目标的落地,企业急需一套从目标到策略再到任务逐层拉通的管理机制。公司高层经过内部沟通,决定采用KPI管理模式,建立目标管理机制,通过战略解码、组织目标分解,强化目标和计划管理的链接。

2. 量化考核

绩效指标体系可谓绩效管理的重中之重,但TO投资未能构建科学的绩效指标体系,绩效考核指标与企业战略目标脱节,与员工的岗位职责关联度不高,导致绩效考核无法发挥应有效能。绩效指标是保证绩效考核公平、公正的手段之一。因此,在制定考核标准时必须严谨,要确保所制定的指标能够进行量化管理。

3. 体系建设

基于企业战略,企业需构建一个完整的管理闭环,包括规划、反馈、评估和激励四个核心环节,以提升公司各层级对绩效管理的整体认识。体系建设不应局限于绩效考核环节,而应致力于建立全面、系统的绩效管理体系。

项目组以管理咨询顾问的身份为TO投资完成绩效管理体系的优化,TO投资总经理W总全力支持项目组的工作,让项目组获得了比较全面的资料,潜入式调研也让项目组对企业有了更深入的了解,为绩效管理体系优化奠定了坚实的基础。

8.1.3 行业分析

2017年起,国内基金行业发展迅速,基金规模显著扩大。截至2018年12月,私募基金管理人的基金管理规模达到12.78亿元,并且市场仍在持续扩大中。

随着国内经济的发展,国内财富大量累积。随着投资者投资意识的加强,供给端的投资需求不断增多,需求端如高新科技、医药等产业对资金的需求十分旺盛。各方面的利好让私募基金行业发展前景广阔。

但私募基金行业作为典型的人才聚集型行业，对人才标准要求较高，人才的引、育、留一直是行业难题。企业想要获得持续的发展，就必须建立有效的激励机制，吸引和留住人才。

8.1.4 绩效诊断

绩效诊断是建立绩效管理体系的重要步骤，能帮助企业快速了解绩效管理的现状及存在的问题，为后续有针对性地优化和重构绩效管理体系奠定基础。

入驻TO投资后，项目组就与公司各个层级的管理者及员工进行了深入的沟通、访谈。我们发现，TO投资绩效考核主要分为月度考核与年度考核两个部分，评价方式以直属领导评分为主，考核指标偏向主观指标，考核结果会作为员工晋升、淘汰、培训、激励的重要依据。绩效考核运行初期，员工工作积极性有一定的提升，但随着时间的推移，绩效考核慢慢流于形式，即使员工工作表现达不到绩效标准，其考核结果也是"合格"。

在深入了解企业现有绩效管理体系及企业的经营业务、管理现状后，项目组发现，TO投资绩效管理主要存在的问题包括战略目标难达成、管理过程管控不到位、评价流于形式、绩效机制不能有效落地等。

在企业管理实践中，部分企业往往"头痛医头、脚痛医脚"，但错误的管理动作越多，矛盾就会越突出。绩效管理对管理动作的影响非常大，只有科学的绩效管理体系才能让企业持续、稳健地向前发展。如果不及时纠正，最终结果就是"**战略不落地，目标难达成，管理跟不上，评价不准确，绩效不落地**"。

战略不落地：老板对公司的战略规划很完美，但无法落地，战略目标只能落空。

目标难达成：目标分解不合理，经营压力未下放，业绩无法支撑公司目标的达成。

管理跟不上：目标实现没方法，过程管理没监控，问题没解决，业绩没达成。

评价不准确：评价随意，没有统一标准，评价结果未体现员工真实绩效。

绩效不落地：考核流于形式，绩效未成为有效管理工具，无法支撑企业的经营发展。

无论TO投资处于扩张阶段，还是平稳发展阶段，科学合理的绩效管理体系都是至关重要的。可是，从哪些维度优化、何时优化、怎么优化是摆在企业面前的关键问题。

诊断后，项目组决定用3P驱动式绩效管理模型（见图8-2），为TO投资重构绩效管理体系，从公司、部门、岗位承接企业的年度目标，形成绩效管理闭环，推动企业战略目标的达成。TO投资绩效管理体系的核心思想如下。

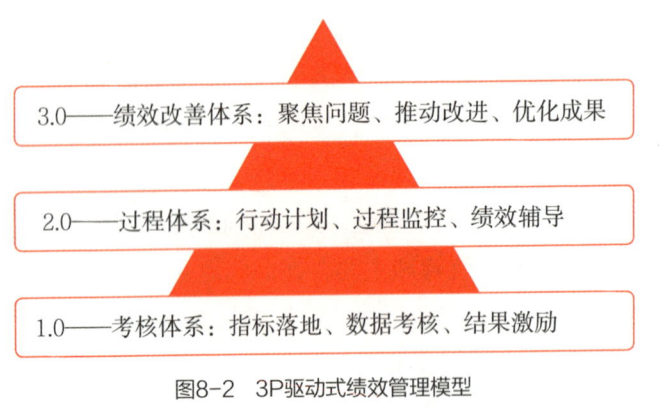

3.0——绩效改善体系：聚焦问题、推动改进、优化成果

2.0——过程体系：行动计划、过程监控、绩效辅导

1.0——考核体系：指标落地、数据考核、结果激励

图8-2　3P驱动式绩效管理模型

（1）梳理战略目标，分解公司重点工作，确定公司级指标，让员工明晰公司的目标，有一个共同努力的方向。

（2）公司级指标层层分解，梳理出部门级指标。指标的提炼有助于员工对职位职责有更深入的理解，对工作方向也有很好的指引作用。

（3）KPI的提炼让各个管理者关注数据与企业效益，知道自己的工作重点，认识到只有各部门共同努力才能达成公司目标，减少部门间的指责与抱怨。

（4）采取月度考核制，绩效考核的成绩决定员工的绩效工资，并作为员工日后升职、加薪、调岗等的依据，保证KPI指标的落地。

(5)建立责任追溯机制，从考核的角度，实现对员工工作表现的科学评价，并纳入奖罚机制，让员工关注考核成绩，调整工作方向。

(6)完善整个公司的数据化管理流程，采集绩效数据，各数据提供部门需关注各项数据的收集过程。

TO投资绩效管理体系对企业年度目标的承接如图8-3所示。

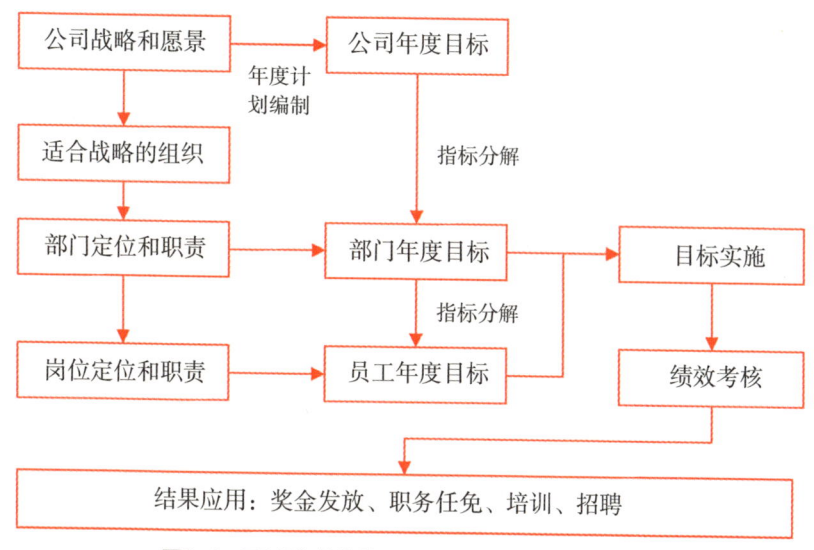

图8-3 TO投资绩效管理体系对企业年度目标的承接

8.2 构建战略绩效管理体系，创造业绩

在深入了解TO投资的管理现状和绩效管理体系存在的问题后，项目组按照图8-4所示用绩效管理模型优化TO投资的绩效管理体系。

8.2.1 从四个方面明确战略布局

战略管理是企业可持续发展的基石。当企业发展到一定规模时，如果没有明确的战略，企业就很难实现持续发展。企业战略在某种程度上是指企业为了谋求长期发展，在外部环境变化及内部资源条件整合的情况下，对企业的发展目标、经营方向、重大方针、实施步骤等进行全面的谋划。

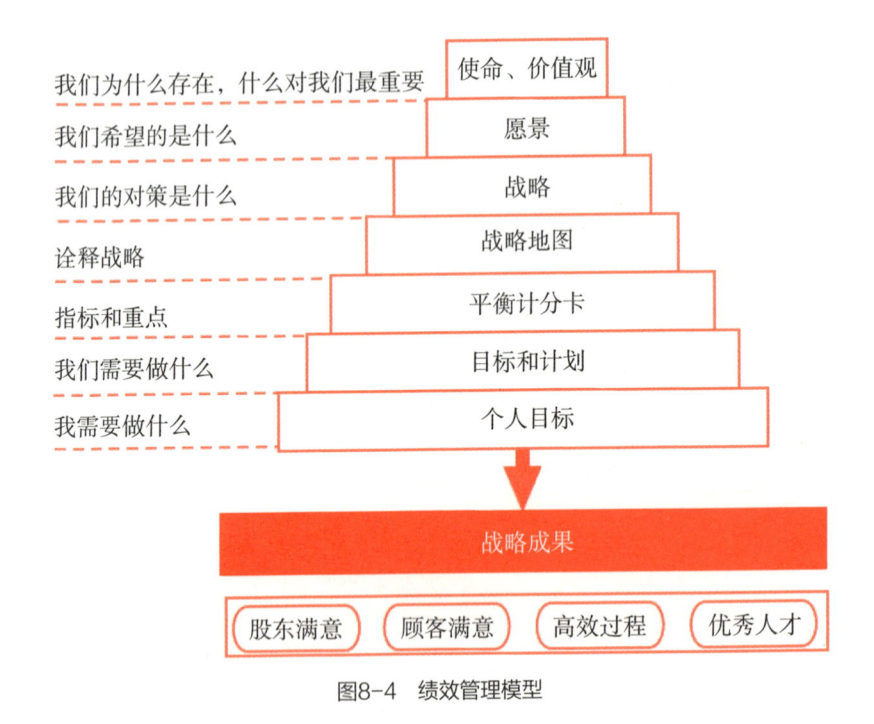

我们为什么存在，什么对我们最重要	使命、价值观
我们希望的是什么	愿景
我们的对策是什么	战略
诠释战略	战略地图
指标和重点	平衡计分卡
我们需要做什么	目标和计划
我需要做什么	个人目标

战略成果

股东满意　顾客满意　高效过程　优秀人才

图8-4　绩效管理模型

企业战略主要包括以下四个要素。

一是市场范围。确定企业战略必须先清楚界定产品和市场的发展方向，包括企业自身提供的产品和服务、目标客户、经营范围和竞争重点，这样才能明确企业经营的行业领域和市场范围。

二是发展方向，即对企业未来经营的规划。发展方向是企业战略性抉择的重要依据，决定了企业各发展阶段的核心任务，也决定了企业的未来。

三是竞争优势。在企业战略中需要识别出最能提升企业当前和未来竞争力的属性，其对象更多是企业发展的内部要素，包括技术、资金、人力资源等，这些是企业的战略优势，也是企业未来战略规划的根基和依靠。

四是协同作用。即做好资源配置，对资金、设备、人力资源等进行合理的分配与运用，发挥企业目标、企业资源和企业战略的协同效应。

由企业战略的构成要素可以看出企业战略具有全局性、长远性、竞争性、系统性四大特性。企业战略立足于企业的未来愿景，围绕企业的发展目标，持续长效地指导企业的经营管理活动。同时，通过对企业内外环境的分析，明确了企业自身有哪些优势，然后进行资源配置，让企业决策层、各职能部门形成一个统一的战略系统，相互协调配合，增强核心竞争力，助力企业长远、健康发展。

项目组组织TO投资高层对TO投资近几年的战略目标、经营方针以及战略举措进行了深入的分析及研讨，确定了企业未来的战略目标、经营方针与战略举措，以支撑绩效管理体系的落地。

可以说，建立绩效管理体系，不梳理公司的战略肯定是不行的。明确战略的主要工作就是战略问题确认、企业愿景与战略目标体系确认、外部环境分析与行业分析、内部资源能力分析、总体战略及业务战略确认、核心竞争力或关键成功因素分析、职能战略及战略实施计划制定。经过战略问题确认，项目组对企业的战略体系有了充分的把握。

8.2.2 分解重点工作

项目组使用平衡计分卡（Balanced Score Card，BSC），从财务、客户、内部运营、学习与成长四个维度进行了重点工作的分解（见表8-1），帮助TO投资明确了战略目标和关键绩效指标。

平衡计分卡的四个维度之间存在内在的逻辑关系。首先，财务维度是整个企业的最终目标，它反映了企业的财务状况和盈利能力。客户维度则是实现财务目标的关键因素，只有赢得客户的信任和支持，才能实现企业的长远发展。为了满足客户的需求，企业需要具备高效的内部运营能力，这也是内部运营这个维度所关注的重点。而学习与成长维度是提升内部运营能力的关键手段。通过不断学习和成长，企业可以改进产品，提高服务质量，提高生产效率，降低成本，增强市场竞争力，从而赢得更多的客户。同时，学习与成长也是企业不断创新和进步的动力源泉，是企业持续发展的基石。

通过使用平衡计分卡，TO投资可以更加清晰地了解自身的战略目标和运营状况，有效监测和评估绩效表现，及时发现和解决潜在问题。同时，使用平衡计分卡还有助于提高员工的工作积极性和创新能力，提高企业的整体竞争力和可持续发展能力。

表8-1　TO投资2019—2021年战略重点

维度	2019年战略重点	2020年战略重点	2021年战略重点
财务	·收入：7500万元 ·净利：4500万元 ·核算方式：收付实现制	·收入：1亿元 ·净利：6000万元 ·核算方式：收付实现制	·收入：1.5亿元 ·净利：1亿元 ·核算方式：权责发生制
客户	以下均为非合伙人体系客户： ·规模：年日均5亿元 ·客户数：200人	以下均为非合伙人体系客户： ·规模：年日均5亿元 ·客户数：400人	以下均为非合伙人体系客户： ·规模：年日均7.5亿元 ·客户数：750人
内部运营	·建立符合地域特色的高收益产品体系 ·建立个性化客户服务体系 ·建立创新的融资渠道 ·建立为经营护航的合规体系	（略）	（略）
学习与成长	·机构建设：开拓区域办公室及二级机构 ·体系建设：建立各类管理体系、制度 ·团队建设：增加能"带兵打仗"的"将"和"冲锋陷阵"的"兵" ·信息化建设：建立能支持公司经营发展的信息化体系	（略）	（略）

8.2.3 分解关键因素

在进行战略分解和指标制定时,项目组采用了纵向分解的方法,即基于战略和外部客户的需求,将企业目标层层分解到具体部门,也就是组织功能分解法(Function Analysis System Technique,FAST)。这种方法可以帮助我们更好地理解企业的价值链,包括研发、采购、生产、营销、销售、服务六个主价值链条,以及人力资源、IT服务、行政支持等辅助环节。

通过对企业主价值链条和辅助环节的分析,项目组找到了实现公司战略目标的关键因素,并将其分解为具体的指标。这个分解的逻辑是指标分解的主逻辑,也是战略解码的主要依据。

除了组织功能分解法和鱼骨图分析法外,我们也可以用其他工具来理解和分解公司战略。例如,用商业模式画布(Business Model Canvas,BMC)来描绘公司的商业模式,包括关键价值主张、关键资源、关键流程、关键伙伴关系等,还可以用SWOT分析法来分析公司的内部优势和劣势,以及外部机会和威胁。

无论使用哪种管理工具,其关键还是理解问题的本质,明确影响因素之间的关联性。通过深入分析这些影响因素,我们可以制定出更符合公司战略的绩效指标,以实现企业的长期目标。

8.2.4 绘制战略地图,取得战略成功

想要打赢一场战斗,指挥官需要绘制作战地图。想要赢得商战,企业管理者就需要绘制"企业战略地图"。企业的战略管理包含战略目标体系管理、战略制定过程管理以及战略执行管理。越来越多的企业开始重视战略目标的制定。项目组应用罗伯特·卡普兰(Robert S. Kaplan)的战略地图(Strategy Map)对TO投资进行了战略解码。

战略解码就是将企业战略转化为全体员工可理解、可执行的行为,是"化战略为行动"的有效工具。战略解码同时还是一种工作方法。企业高层通过集体研讨的形式,确保对公司的远景目标和战略举措形成统一的共

识，然后以员工能够理解的形式清晰地描述出来，同时制定出具体的行动计划，将目标逐层分解责任到人，并在后面的执行过程中反复对照、质询和优化。

项目组将TO投资的战略目标按照从上到下（依次是财务、客户、内部运营、学习与成长四个维度）的逻辑关系进行层层分解。财务层面主要阐明了公司经营行为所产生的可衡量性经济结果，体现了公司对股东价值的增值。客户层面的重点是公司期望获得的客户和进入的细分市场，部门如何满足企业内部和外部客户的需求。内部运营层面的重点是为了吸引和留住目标市场的客户，并满足股东的财务回报率期望，公司必须掌握的核心经营流程。学习与成长层面的重点是为了取得竞争胜利，组织和员工需要具备的核心知识。

战略解码通过战略澄清、指标和重点工作分解、责任落实等一系列活动，实现战略目标的制定、分解和落实。战略解码只有与企业的绩效管理体系、预算管理体系、薪酬管理体系有效结合，才能确保企业战略目标的实现。而企业的绩效管理体系，就是企业执行战略管理的关键工具。通过持续监督和评价战略目标的分解落实情况，确保企业战略目标的实现。项目组结合TO投资的战略发展意愿，基于财务、客户、内部运营及学习与成长四个维度绘制了TO投资的战略地图（见图8-5）。

TO投资在高速发展阶段更加关注账务指标，如净利润、营业收入和新增募资额等。因为在激烈竞争的市场中，这些指标直接反映了企业的经营能力。然而，仅仅关注这些指标是不够的。为了实现企业的长远目标，还需要关注客户、内部运营、学习与成长这三个维度的关键指标。

首先，关注客户是确保企业市场份额和客户忠诚度的关键。通过对客户需求和期望的深入了解，企业可以提供符合客户需求的产品和服务，从而保持和提高企业的市场份额。其次，内部运营的优化是提高企业效率和降低成本的关键。通过梳理职能和流程，企业可以发现潜在的瓶颈和浪费现象，进而制定针对性的优化和改进措施，包括提升流程效率、加强跨部门协作等。最后，学习与成长是推动企业创新和持续改进的关键。鼓励员工学习和成长，丰富员工的技能和知识，可以提升企业的创新能力，保持

8
绩效管理——驱动企业与员工"双赢"

战略地图				核心指标

财务

实现长期股东价值

营收增长战略　　　　生产效率战略

增加募资金额　提升优质项目获取率和收益率　创新投资方式产生的收入　　降低费用　提升资产利用率

1. 股东回报率；
2. 投资收益率；
3. 新增募资金额；
4. 费用降低率

客户

丰富的产品与良好的收益　　良好的客户体验　　构建良好的品牌形象

创新、丰富　项目费用合理　优质项目收益可观　　安全、透明　增值服务　良好的伙伴关系　　客户信赖的品牌　业内知名品牌

1. 客户满意度；
2. 复购率；
3. 客单价；
4. 新客户开发；
5. 新产品收益

内部运营

创新产品流程
1. 新投资模式的研究与开发；
2. 推出适应客户需求的新产品；
3. 募资渠道的创新

客户管理相关流程
1. 满意的客户投融资体验；
2. 个性化的客户理财方案制定；
3. 维护客户关系，提供增值服务；
4. 拓展新客户

运营管理流程
1. 优质项目的获取与筛选；
2. 确保项目结算及时；
3. 中后台对前台的快速反应与支持

法律法规流程
1. 建立内部风控流程；
2. 符合监管部门的政策要求

1. 新增项目数量；
2. 优质项目率；
3. 客户转化率；
4. 项目失败的数量和金额

学习与成长

人力资源管理
1. 员工潜力开发；
2. 知识技能培训；
3. 人才梯队建设；
4. 保证持证人员比例

＋

信息系统
1. 完善客户管理系统；
2. 完善内部审批流程

＋

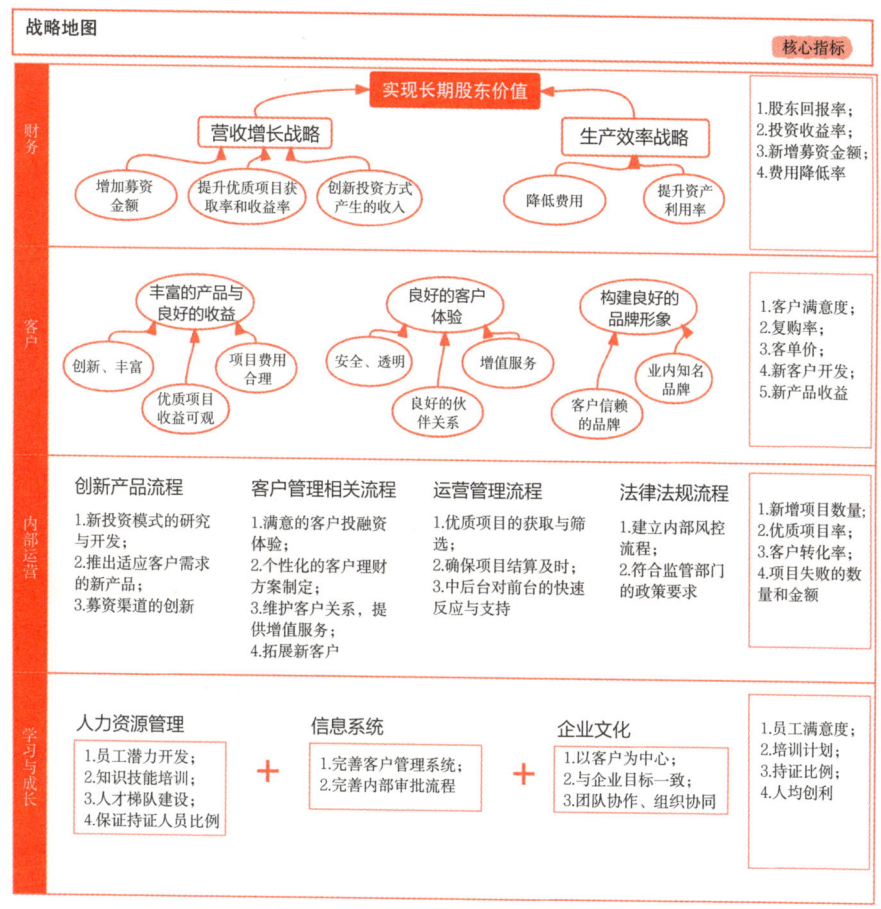

企业文化
1. 以客户为中心；
2. 与企业目标一致；
3. 团队协作、组织协同

1. 员工满意度；
2. 培训计划；
3. 持证比例；
4. 人均创利

图8-5　TO投资的战略地图

企业在市场上的竞争优势。

　　为了实现这些关键指标，TO投资需要制定明确的战略计划，并将责任落实到每个部门、每位员工，然后建立有效的绩效评估体系，确保所有指标都得到执行和有效监控。在确定指标时，企业不仅要关注短期利益的实现，还要关注长期发展的需求，要让企业在各个维度都得到均衡的发展。

　　通过关注客户、内部运营及学习与成长这三个维度的关键指标，TO投资可以实现持续的高速发展，并在市场上保持竞争优势。同时，通过不断优化企业的战略计划和执行，TO投资可以更好地应对市场变化和挑

战，保持长期稳定的盈利能力。

8.2.5 分解关键成功因素与绩效指标

在TO投资的绩效管理中，财务层面的关键指标是提高净利润。企业在设计关键绩效指标时需要重点考虑两点：一是，它必须是可量化的，有量化的结果；二是，收集净利润数据的成本必须控制在可接受的范围内，否则可能导致管理提升效果不显著，从而影响整个绩效管理系统的有效性。

在确定关键绩效指标时，我们需要全面考虑各个层面的各种因素，包括经济效益、客户价值、内部运营及学习与成长等（见表8-2）。

表8-2　TO投资公司级绩效指标

关键结果领域（KRA）	KPI	权重	周期	KPI说明
经营效益（45%）	净利润	15%	年	定义：周期内净利润总额 功能：旨在不断提高企业经营效益
	营业收入	10%	年	定义：周期内营业收入总额 功能：旨在不断提高收益率，增加收入
	新增募资金额	20%	年	定义：周期内新增募资金额（时点金额） 功能：旨在扩大资产管理的规模
客户价值（20%）	客单价	10%	年	定义：周期内单个客户的平均募资金额 功能：旨在提高服务水平，增强客户开拓能力
	新增客户数量	10%	年	定义：新增客户数量 功能：旨在不断开发新渠道、新客户

续表

关键结果领域（KRA）	KPI	权重	周期	KPI说明
内部运营（25%）	新项目数量（股权类）	15%	年	定义：周期内通过合伙人级评审，并且成功投资的项目数量 功能：旨在推动股权类项目的增加
	客年日均投资金额	10%	年	定义：周期内单个客户平均每天的投资金额 功能：旨在提高内部运营能力，增强客户购买信心
学习与成长（10%）	人均创利	10%	年	定义：年度员工平均创造利润额 功能：旨在提升员工能力，合理定编

8.2.6 明确部门重要职责及使命

在将企业绩效指标分解到各部门的过程中，首先需要对各部门的职责和使命进行梳理。项目组对TO投资的企业架构进行了梳理，并根据职能差异对各部门进行了分析，明确了各部门的职责和使命。

通过深入了解企业的业务和运营流程，项目组结合当年的重点工作，提取了与战略目标相关的绩效指标，并补充到企业的绩效指标体系中。这些战略绩效指标将作为衡量各部门工作表现的重要标准，促进企业整体战略目标的实现。

项目组将这些绩效指标与各部门的职责和使命相结合，形成了一套完整的绩效指标体系。这套体系不仅可以全面反映各部门的日常工作表现，还可以衡量各部门在实现企业战略目标方面的实际贡献。

为了确保绩效管理体系的顺利落地，项目组与各部门进行了一系列沟通和讨论。项目组深入了解了各部门的实际需求和关注点，并根据实际情况对指标进行了调整和优化，确保绩效指标的可操作性和可执行性，使各部门能够按照企业的整体战略目标开展工作。

最终，项目组将企业绩效指标成功地分解到各个部门。通过这种分解方式，企业能够更有效地评估各部门的绩效表现，了解各部门在实现企业战略目标过程中的贡献。同时，绩效指标的分解也有助于各部门更好地了解自己的职责和使命，从而更好地为企业的整体发展作出贡献。

8.2.7 落实企业及各部门的绩效指标

企业的各个部门是企业战略的承接主体，企业要将企业级战略绩效指标分解为中心级指标，再将中心级指标分解到各个部门。除此以外，企业还需从部门职能及关键流程层面进行分析，提炼考核指标，将年度指标、半年度指标及月度指标进行结合，实现对企业级指标的承接，以及对这些指标的有效管理，并根据实际情况进行相应的调整和优化，确保考核指标的有效性和可执行性。最终，通过建立有效的绩效考核机制实现对企业级战略目标的有效承接，促进企业目标的达成。表8-3、表8-4为投资中心和承销中心的绩效考核指标示例。

表8-3 投资中心的绩效考核指标

KRA	KPI	权重	周期	KPI定义	计算方式	数据责任人
投资管理	尽调项目数	10%	月	考核周期内完成尽调报告的项目总数	加总	分管副总
	过会项目数	15%	月	投资中心通过企业级评审的项目总数	加总	分管副总
	落地项目数	20%	月	考核期内成功通过合伙人级评审，并成功落地的项目数	加总	分管副总
	尽调项目过会率	20%	季	尽调项目中过会合伙人级评审项目的比率，考核立项的有效性	过会合伙人级评审项目数量/尽调项目总数×100%	分管副总
	股权项目投资回报率	30%	年	年度股权项目投资收益率（加权平均）	Σ［（股权项目净利润/项目投资金额）×100%］	财务经理

续表

KRA	KPI	权重	周期	KPI定义	计算方式	数据责任人
学习与成长	员工平均培训时长	5%	月	周期内员工参与培训的平均时长，重点关注员工成长	培训总时长/[（季初人数+季末人数）/2]×100%	人力资源部经理
关键事件	团队建设	—	季	季度过会合伙人级评审项目承揽投资经理人数	以2人为基数，每增加1人加2分	投资中心总监
关键事件	管理体系建设	—	年	投资相关管理体系的建设与推进	评分	人力资源部经理
关键事件	合规经营	—	季	年度出现不合规行为被通报的次数	一次扣2分	合规部经理

表8-4 承销中心的绩效考核指标

KRA	KPI	权重	周期	KPI定义	计算方式	数据责任人
承销业绩	客户日均投资金额	10%	年	客户日均投资金额，考核单个客户平均每天的投资金额	∑（单个客户年投资总额/365）	投资者关系部经理
承销业绩	大客户占比	10%	年	年日均投资金额200万元以上的客户占总客户的比率	年日均投资金额200万元以上的客户数/总客户数×100%	投资者关系部经理
承销业绩	募资目标达成率	30%	月	周期内实际募资金额与计划募资金额的比率	实际募资金额/计划募资金额×100%	投资者关系部经理
客户价值	新增客户数	20%	月	周期内新增客户数	加总	投资者关系部经理
客户价值	客单价	15%	月	周期内客户的平均募资金额	总募资金额/总客户数量	投资者关系部经理

237

续表

KRA	KPI	权重	周期	KPI定义	计算方式	数据责任人
学习与成长	客户转化率	15%	月	成功签约客户数占有效拜访客户数的比率	成功签约客户数/有效拜访客户数×100%	分管副总
关键事件	团队建设	—	季	季度内承销业绩达××元的承销人数	以3人为基数，每增加1人加5分	分管副总
关键事件	管理体系建设	—	年	承销相关管理体系的建设与推进	成功运行的加3分	分管副总
关键事件	管理体系建设	—	季	每季度组织一次客户服务活动，活动人数超30人	一次加3分	分管副总
关键事件	合规经营	—	年	年度出现不合规行为被通报的次数	一次扣2分	合规部经理

8.2.8　绩效指标要素设计

在绩效指标要素设计中，每个岗位都是公司整体运行中的一个重要细胞，其工作表现直接关系到公司的整体业绩和目标实现。因此，细化到每个岗位的绩效指标要素设计是绩效管理的关键之一。为了设计出科学合理的绩效指标要素，需要明确每个绩效指标的计算方法，以确保指标的数据收集和计算具有一致性和准确性。项目组与TO投资管理层就绩效指标进行了研讨及确认，包括指标的定义、考核周期、计算公式、数据责任人、数据收集渠道等。

8.2.9　绩效管理机制设计

项目组与TO投资各部门负责人顺利制定了绩效指标，并经过深入研讨确定了各部门员工的个人指标。为了确保绩效管理体系成功落地，项目组为TO投资编制了一套完整的绩效管理机制及相关制度流程。

1. 考核频率和考核方式

层级不同，绩效考核频率及考核方式也不同，具体考核频率和考核方式见表8-5。

表8-5 TO投资绩效考核频率和考核方式

考核类别	考核对象	考核频率	主考人	考核组织者	考核方式
述职考核	副总	季度/年度	总经理	人力资源部	KPI数据+关键事件
述职考核	办公室总经理/总监级/经理级	月度/年度	直接上司/述职评委会	人力资源部	前台：KPI数据+关键事件+述职报告 中后台：KPI数据+关键事件+工作计划+中后台满意度调查+述职报告
层级考核	主管级/职员级	月度/年度	直接上司	人力资源部	KPI数据+关键事件+工作计划+中后台满意度调查

注：述职评委会为临时性组织，述职评委会成员包括总经理、副总、人力行政中心总监。

2. 绩效考核实施

绩效考核分为五个阶段，即绩效计划、绩效辅导、绩效评价、绩效沟通及绩效改进，这五个阶段在实操中无法全然分开。

在绩效计划阶段，主管与员工就绩效目标进行沟通并达成共识，然后共同探讨和制定实现这些绩效目标的措施。每月前3个工作日内由主考人和员工一起针对职位的KRA、KPI、工作计划和个人绩效承诺确定当期工作目标和计划。

在绩效辅导阶段，主考人需辅导员工完成工作计划和目标，并收集及记录员工的绩效结果和关键事件。主考人通过鼓励、指导、讨论、协调等绩效辅导手段，帮助员工在完成绩效目标的过程中明晰目标、强化意愿、寻找方法、纠正偏误、解惑释疑等，使员工更好地完成计划和目标。主考人及时收集员工的各项工作信息和数据，以作为绩效考核依据。当计划或绩效指标发生变化时，获得上级领导的同意后才可变更绩效指标。

在绩效评价阶段，数据责任人在每个月的前5个工作日内收集好相关数据，然后提交给人力资源部及被考核人的上级。被考核人对上个月的工作绩效及工作计划和目标的完成情况进行总结；主考人将被考核人的工作完成情况对照工作绩效指标、工作计划和目标，以及平时的观察记录，结合被考核人的绩效改进情况，对被考核人进行考核评分。

在核算出考核分数后，主考人需就考核结果进行分析诊断，寻找被考核人绩效达成的障碍，分析原因，并给出改善建议。然后，主考人要与被考核人进行面对面地沟通，主考人应留出充足的时间让被考核人发表意见。绩效面谈表示例见表8-6。

表8-6 绩效面谈表

基本信息栏			
被考核人部门		被考核人职位	
被考核人姓名		被考核人得分	
结果反馈沟通栏			
考核期内工作亮点及分析			
考核期内工作成绩和存在的问题			
对上述问题的改善建议（1~3条）			
下期工作重点和工作计划			
被考核人意见	1. 您是否已经知道您本次的考核结果？　□是　□否 2. 您是否已经清楚后续工作的改进重点？　□是　□否 3. 其他意见反馈：		
沟通双方签字栏			
面谈时间		面谈地点	
被考核人签字		主考人签字	

反馈时，被考核人无论是否认可考核结果，都须在考核表上签字。签名仅代表知晓，并不一定代表认可，员工可在"结果反馈沟通栏"写上本人对考核结果的意见和看法。被考核人若不认同考核结果，可向人力资源部或主考人上级提出申诉，并填写《绩效结果申诉表》。

在绩效改进阶段，主考人要与员工探讨绩效改进重点及改进措施，并制定绩效改进计划、跟踪改进结果。

主考人将已沟通反馈的考核结果报送给人力资源部。人力资源部将审查后的考核结果及沟通情况交给总经理审批。考核结果将作为员工薪酬、调配、培训的依据。

3. 考核结果定义

考核结果包括考核分数、考核等级和综合评语。

各级别员工的考核分数计算方法如表8-7所示。

表8-7 考核分数计算方法

考核对象	考核分数计算公式
总经理/副总	KPI考核得分+关键事件得分+述职报告得分
总监级员工	前台：KPI考核得分+关键事件得分
	中后台：KPI考核得分+关键事件得分+中后台满意度调查得分
经理级员工	前台：KPI考核得分+关键事件得分+工作计划得分
	中后台：KPI考核得分+关键事件得分+工作计划得分+中后台满意度调查得分
主管级、职员级员工	KPI考核得分+关键事件得分+工作计划得分+中后台满意度调查得分

个人绩效考核等级，按照分值分为A、B、C、D、E 5个等级，具体各等级的定义及说明如表8-8所示。

表8-8 个人绩效考核等级的定义及说明

等级	定义	参考分值	说明
A	优秀	121~150分	实际绩效显著超过预期计划、岗位职责和分工要求，在预期计划、岗位职责和分工要求所涉及的各个方面都取得非常突出的成绩
B	良好	101~120分	实际绩效完全达到或超过预期计划、岗位职责和分工要求，在预期计划、岗位职责和分工要求所涉及的主要方面取得比较突出的成绩
C	合格	81~100分	实际绩效基本达到预期计划、岗位职责和分工要求，既没有突出的表现，也没有明显的失误
D	较差	51~80分	实际绩效未达到预期计划、岗位职责和分工要求，在有些方面存在不足或失误
E	很差	50分及以下	实际绩效与预期计划、岗位职责和分工要求相差甚远，在很多方面存在不足或失误，严重失职

员工个人绩效考核等级需与所在部门的绩效等级关联，具体如表8-9所示。

表8-9 员工个人绩效等级与所在部门的绩效等级的关系

部门绩效等级	员工个人绩效人数控制比例（建议比例）				
	A	B	C	D	E
A	≤20%	≤30%	不作规定	≥5%	不作规定
B	≤15%	≤20%	不作规定	≥10%	不作规定
C	≤10%	≤15%	不作规定	≥15%	不作规定
D	0	≤10%	不作规定	≥20%	≥5%
E	0	≤5%	不作规定	≥30%	≥10%

各职位绩效工资的比例设置建议见表8-10，部门有特别规定的按部门相应制度执行。

表8-10 各职位绩效工资占比

职位分类	副总	总监级、办公室总经理	经理级、主管级	职员级
绩效工资占比	40%	30%	25%	20%

4. 绩效结果运用

月度绩效考核结果将直接作为该月绩效工资的依据，个人绩效工资与个人绩效系数、出勤情况挂钩，绩效系数根据个人的绩效考核等级确定，具体如表8-11所示。

表8-11 绩效考核等级对应系数

绩效考核等级	A	B	C	D	E
绩效系数	1.5	1.2	1	0.8	0.5

绩效工资核算需与出勤情况挂钩，缺勤超过3个工作日的（含事假、病假，法定假如年休假、婚假、调休等不计入），当月绩效不能评A级和B级。

月度绩效考核结果是年终评定的重要组成部分。年终评定需从关键任务、胜任力、工作态度、价值观等维度对员工进行综合评价，具体考评细则由人力资源部根据年度考核侧重点制定。年终评定是年终奖金、年终分红的依据。

月度绩效考核结果也是员工内部调岗、晋升的依据之一。最近半年内月度绩效考核结果出现过D级或E级的，原则上不能晋升，特殊情况须经总经理审批。

根据月度绩效考核结果，对排名靠前的员工给予外部培训机会，具体应用如表8-12所示。

表8-12 个人年终绩效评分结果应用

个人绩效等级	绩效运用			
	年终奖分配权	调薪权	晋升权	储备、培养权	降薪、降职、调岗或辞退
A	(略)	有	有	有	无
B			有	有	无
C			有	有	无
D			无	无	连续两次为D级的，公司有权对其进行降薪、降职、调岗或辞退处理
E			无	无	一次为E级的，公司有权对其进行降薪、降职、调岗或辞退处理

注："有"仅代表有相应的机会，是否调薪、晋升等需看企业需求。

8.3 咨询效果：将战略目标转化为结果成效

绩效管理是企业管理的重要组成部分，对于实现企业战略目标和提高企业经营效益至关重要，而有效的绩效管理一定是基于企业战略设计的。

在本项目中，项目组通过战略解码，将企业的经营目标层层分解，使"千斤重担人人挑，人人头上有指标"。通过设计绩效标准，使每位员工都成为职位的经营者，从而提高了员工的参与度和责任感。

在绩效落地过程中，项目组还辅导员工收集和提取数据，确保低成本收集数据并助力经营，实现了对员工工作表现的准确评估和反馈，同时也为TO投资的经营决策提供了有力的数据支持。

项目结束后，TO投资对项目组的辅导非常满意。因数据涉及商业机密，我们就不用数据展示本次辅导的成果了，但可以从以下几个方面来说一下项目的部分成果。

第一，基于战略设计绩效指标，使每位员工都能明确自己的工作目标，并与公司的整体目标保持一致。这种分解方式使员工更加关注公司的战略目标和经营效益，激发了员工的工作热情和积极性。

第二，各部门非常关注公司整体效益，部门间相互支持，共同实现公司的总体目标和效益。这种合作氛围有助于消除部门间的壁垒，提升协同效应，从而实现公司整体效益的最大化。

第三，通过关注数据和指标，各部门员工的工作责任心与积极性得到了极大的提高。同时，公司在各项工作中也可以更加及时地发现问题、分析问题和解决问题，提高了企业整体的工作效率。

第四，成本管控意识得到显著提高。在过去，成本管控需要公司严格监督和管理，但在这个项目完成后，各部门开始自发地、有意识地管控成本。这种转变表明员工已经认识到控制成本的重要性，并在工作中积极采取措施降低成本。

第五，引入激励机制，最大限度地激发员工潜能，使员工士气高涨。通过制定激励措施，如奖励制度、晋升机制等，员工的工作积极性和创造力得到了提升，进而可以为公司创造更高的业绩和效益。

第六，明确各个岗位的职责，减少扯皮推诿，加深任职者对职位职责的理解，提高公司全员职业化程度。通过明确岗位职责和建立合理的分工合作机制，员工更加专注于自己的本职工作，提高了自己的职业素养和工作效率。

通过基于战略设计绩效指标、层层分解目标和数据监控等措施，TO投资成功地实现了项目目标，提高了经营效益和管理水平，也为企业的持续发展奠定了坚实的基础。

8.4 思考与启示：定目标，追过程，拿结果，向管理要效益

在激烈竞争的市场环境下，企业业绩增长面临巨大的挑战，企业不得不重视经营管理，将更多的精力投入到精细化运营和降本增效上，而绩效管理对企业战略目标的实现发挥着越来越重要的作用，全面升级绩效管理体系势在必行。

随着市场环境的不断变化，客户需求也在不断改变，这导致单纯以结果为导向的绩效考核方式开始显得捉襟见肘。在这种情况下，投资行业应该将绩效管理重心转移到改善绩效管理体系上，从聚焦问题、推动改进到成果优化，使绩效管理发挥出更大的价值。

科学的绩效考核体系是企业实现战略目标的重要工具和保障。随着金融"互联网+"模式的普及，企业员工的价值观表现出多元化特征，加上金融行业从业人员普遍为高学历人才，为了实现员工与企业的协同发展，企业可以在传统KPI考核模式的基础上引入价值观考核，形成目标、价值观双轨制的约束及激励模式。

绩效管理结果的应用是绩效管理的关键，很多企业年年都在搞绩效管理，但效果却不尽如人意，而结果没得到有效应用就是问题的根源。所以，绩效管理结果要结合薪酬、晋升、培训发展等机制，调动员工的工作积极性，激发其潜能，使其不断进行自我实现及自我超越，以达到绩效管理的最终目的。

CHAPTER 9

管理效率提升

精兵简政,提升管理效率

|管|理|红|利|

在全球经济下行时期，许多行业进入"寒冬"，越来越多的企业意识到，只有增强自身的"体力"和"耐力"才能度过这个"寒冬"。本章撰写了XC集团XZ区域管理效率提升的咨询案例，展示了企业如何在行业下行时期，通过优化企业架构、流程等提高企业效益，为面临类似挑战的其他企业提供参考。

9.1 行业寒冬，如何穿越周期

9.1.1 初识XC集团

XC地产集团有限公司（以下简称"XC集团"）作为国内地产领域排名Top10的企业，覆盖全国近百个区域市场。随着企业规模的扩大，XC集团内部管理上的"大企业病"越发明显，存在"官僚氛围浓厚、决策效率低下、内卷式管理"等问题，给企业的运营和发展带来了巨大的挑战。在外部环境方面，那个曾让房地产企业赚得盆满钵满的"黄金时代"已经远去，取而代之的是"青铜时代"。这个变化，让房地产业务的盈利模式发生了根本性转变，房地产企业再也不能像过去那样靠囤积土地赚土地升值的钱，也不能靠加杠杆赚金融杠杆的钱，只能像制造型企业一样，通过提高经营管理效率来提高企业效益。只有不断增强自己的"体力"和"耐力"，才能步伐稳健地穿越行业周期。

面对政策及市场环境的变化，XC集团决定立即启动一场全面的组织变革。项目组有幸与XC集团达成合作，承接XC集团XZ区域的组织变革落地辅导，深度参与了XZ区域组织变革的全过程。

通过潜入式调研，项目组对XZ区域的员工有了深入的了解，为后续组织变革落地奠定了基础。XC集团XZ区域变革前的组织架构如图9-1所示。

9 管理效率提升——精兵简政，提升管理效率

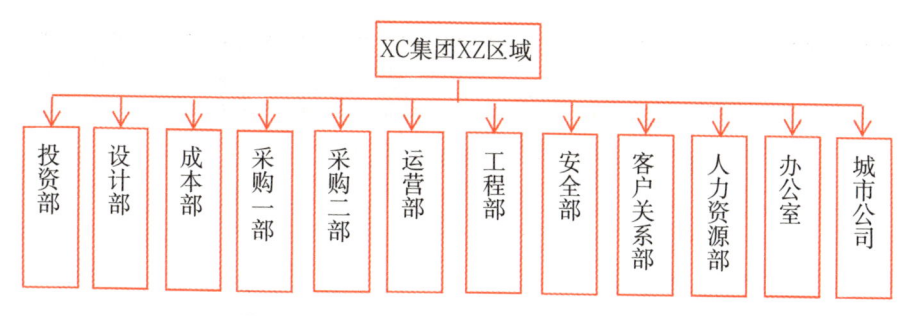

```
                    XC集团XZ区域
    ┌────┬────┬────┬────┬────┬────┬────┬────┬────┬────┐
   投资  设计  成本  采购  采购  运营  工程  安全  客户  人力  办公  城市
   部    部    部    一部  二部  部    部    部   关系  资源  室    公司
                                            部   部
```

图9-1　XC集团XZ区域的组织架构（变革前）

XZ区域是XC集团下属的一家区域公司，自成立以来，凭借较大的市场份额和稳健的业务拓展，已成为所在省份房地产行业的领军企业。2019年，XZ区域的销售规模更是达到了惊人的476亿元，连续多年在所在省份的房地产行业中稳居龙头地位。XZ区域在省内有150多个项目，分布在14个地市（州）、51个县市，覆盖范围广泛。由于项目数量众多，管理半径较大，管理复杂度相对较高。然而，这并未阻挡XZ区域不断追求卓越的步伐。在过去的几年中，XZ区域采用了一种滚雪球式的战略扩张模式，通过不断扩大项目规模和增加市场份额，实现了业务的快速增长。随着市场环境的变化和行业周期的更迭，XZ区域逐渐意识到，要想在这个竞争激烈的市场中保持领先地位，就要进一步提升管理能力。

9.1.2　组织能力诊断方法

组织诊断是实现组织变革的关键步骤。通过组织诊断，项目组可以深入了解XZ区域的现状，发现企业存在的主要问题，从而为组织变革提供方向。项目组依据表9-1XZ区域展开组织诊断。

表9-1　组织诊断框架

组织诊断	组织设计	组织管理模式设计	流程体系优化	组织变革推动实施
组织效能分析	组织结构设计	组织管控模式设计	关键管控领域识别	人才选拔与任用
战略诉求分析				

续表

组织诊断	组织设计	组织管理模式设计	流程体系优化	组织变革推动实施
行业特点分析	组织职能设计	分部定位与责任中心划分	关键管控流程机制优化	岗位人员调配方案
流程特点分析				
组织运行分析	岗位体系设计	协同机制设计	目标规划管理	人力资源规划
岗位运行分析				
职责运行分析	组织规则设计		人员管理体系	

1. 资料分析法

资料分析法是组织诊断最常用的方法之一，主要通过分析企业的各类文件，了解企业的运营现状，发现潜在问题。以下是运用资料分析法时所需的文件。

（1）战略类文件。

企业战略规划是指企业在一定时期内所追求的长远发展方向和目标，通常包括企业的使命、目标、愿景、战略和计划等。通过分析企业战略规划的相关文件，我们可以了解企业的战略意图、目标、重点业务和竞争策略。

业务战略规划是指企业在各个业务领域中所追求的长期发展方向和目标，通常包括市场定位、产品、服务策略、竞争策略等。通过分析业务战略规划的相关文件，我们可以了解企业在各个业务领域的战略意图、目标和竞争策略。

职能战略规划是指企业在各个职能领域中所追求的长期发展方向和目标，通常包括人力资源、财务、市场营销等。通过分析职能战略规划的相关文件，我们可以了解企业在各个职能领域的战略意图、目标和政策。

（2）经营及组织管理类文件。

企业经营目标是指企业在一定时期内所追求的目标和期望达到的成

果。了解企业经营目标的相关文件有助于判断企业的发展方向和战略是否与市场需求相匹配。

企业架构是指企业的结构框架，包括企业的部门设置、职位体系以及管理层级等。通过分析企业架构的相关文件，我们可以了解企业的规模、管理流程以及职责分工等。

企业管理手册是企业管理的指导性文件，内容包括企业的基本原则、管理制度、流程等。通过分析企业管理手册，我们可以了解企业的管理制度、政策及执行流程等。

职位体系是指企业中各个职位的等级关系和职责范围。通过分析职位体系的相关文件，我们可以了解企业的职位层级、职责分工以及人力资源配置等。

（3）管理机制及运营现状类文件。

区域公司明细包括企业的区域分布、公司类型、数量等基础信息。通过分析区域公司基础信息的相关文件，我们可以掌握企业的业务覆盖范围和市场份额等。

区域公司职能负责人和项目负责人是企业管理的关键，他们的管理经验和能力对组织的运营和发展有着重要影响。通过分析这些管理人员的履历，我们可以评估他们的能力和资质，并了解他们对企业的影响力。

区域公司员工现状包括企业中各个职位的员工数量、结构、素质等。通过分析区域公司员工现状的相关文件，我们可以了解企业的员工结构和人力资源状况，以及潜在的问题和改进空间。

年度区域组织能力评估报告是对企业运营能力的年度评估和总结，内容包括企业的绩效、运营效率、员工满意度等。通过分析年度区域组织能力评估报告，我们可以了解企业的年度运营状况和存在的问题。

区域授权报告是企业对各个区域的授权和权限分配情况的说明。通过分析区域授权报告，我们可以了解企业在不同区域的决策和执行权限分配情况，以及可能存在的问题和面临的挑战。

人才盘点报告是对各个职位的人才储备和需求状况的评估和分析。通过分析人才盘点报告，我们可以了解企业在人才队伍建设方面存在的问题和改进方向。

区域重难点项目情况包括企业在该区域的重难点项目的进展、问题等方面的信息。通过分析区域重难点项目的相关文件，我们可以了解组织在业务发展方面存在的问题和面临的挑战，找出应对措施和解决方案。

资料分析主要是盘清"家底"，从摸人与盘事两个方面展开。

摸人： 梳理区域平台人员，摸清"家底"后，前置人员安排。

盘事： 结合重难点项目问题，盘清各部门业务体量，科学铺排平台人员配置。

2. 员工访谈法

在组织诊断中，员工访谈法也是一种重要的诊断方法。通过与不同访谈对象交流，我们可以深入了解组织的现状和潜在问题。在进行员工访谈时，需要注意以下几点。

第一，针对不同的访谈对象，我们要设定不同的访谈重点。例如，对于区域总裁，访谈时可以重点关注组织的战略规划、管理机制、资源调配、目标达成等方面的问题；对于各部门负责人，可以关注部门之间的协调配合、职责分工、流程优化等方面的问题；对于基层员工，可以关注工作流程、职责履行、员工激励等方面的问题。

第二，要尽可能记录有效、重要的信息。这些信息可能包括被访谈者对组织架构的看法和意见、对现行制度的评价、对员工激励和人才培养的建议等。同时，需要关注被访谈者的态度和情绪，以便正确地理解他们的观点。

第三，访谈结束后，要对访谈记录进行及时归纳和整理，以便更好地分析问题和制定改进措施。可以用分类整理分析的方法，将访谈记录中的信息进行系统化处理，以便更好地了解企业现状、发现企业存在的问题。

在了解XZ区域组织架构存在的问题时，项目组选取了不同层级、不同部门的员工进行访谈，共计189人。在访谈过程中，被访谈者能够实事求是地表达自己对现行组织架构的态度和看法，并提出了一些意见和建议。这些信息有助于项目组更加全面地了解企业现状和发展方向，从而制定更加科学合理的组织改革方案。

3. 组织能力问卷调查法

为深入了解XZ区域组织现状，发现企业组织存在的问题，项目组根据XZ区域的实际情况，针对XZ区域平台、项目进行了随机问卷调查。本次调查采用了全员参与的方式，共发放450份问卷，回收420份有效问卷。

通过分析和整理这些问题，项目组发现了企业存在的一些关键问题，并就这些问题跟部分员工进行了探讨，这也让项目组更加明确了组织变革落地的方向和目标。

9.1.3　XC集团组织变革落地的管理问题

通过对XZ区域的深度调研，项目组发现了XC集团在区域组织管理上存在的主要问题，这里主要从资源保障、管理支撑和团队建设三个层面对XC集团的区域组织管理问题进行梳理（见图9-2）。

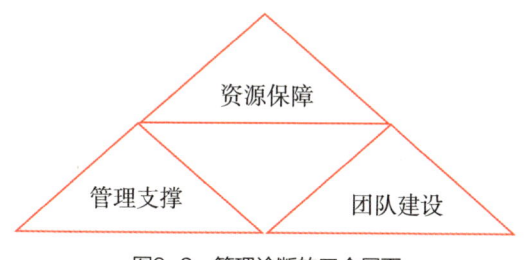

图9-2　管理诊断的三个层面

在资源保障方面，项目组发现XC集团在土地资源、人力资源、设计资源、供方资源和公关资源等方面存在问题。具体来说，土地资源的配置和利用不够合理，人力资源的配置和培训不足，设计资源的整合和创新不够，供方资源和公关资源的开发和维护有待提升。这些问题影响了区域组织在资源保障方面的有效性和高效性。

在管理支撑方面，主要是区域内部管理、界面划分及授权、区域职能平台支撑等方面的问题。具体来说，区域内部管理流程繁琐、效率低下；

界面划分及授权不够清晰明确；区域职能平台支撑不足，缺乏有效的协调和配合等问题。这些问题影响了区域组织在管理支撑方面的有效性和高效性。

在团队建设方面，主要是人才盘点、人才梯队建设和团队绩效等方面的问题。具体来说，人才盘点的全面性和准确性不足，人才梯队建设的层次性和系统性不够，团队绩效的评估和激励有待提升等。这些问题影响了区域组织在团队建设方面的有效性和高效性。

只有解决了XC集团存在的这些问题，区域组织的竞争力和管理效率才能提升，才能实现集团长远的发展。

1. 资源保障层面的问题及思考

项目组从多个维度，针对政策、土地资源、人力资源、设计资源、供方资源、公关资源等方面的问题进行了访谈，并提出了改善建议。

（1）政策问题。

国家推出的"三条红线[①]"政策，对以XC集团为代表的高周转运营企业产生了重大的影响。这个政策主要针对房地产企业的财务指标，包括剔除预收款后资产负债率、净负债率和现金短债比。XC集团已经触及了一条红线，这意味着集团的规模相对较大，面临的还债压力也相当大。"三条红线"政策发布后，XC集团过去依赖的高周转模式将不再可行，企业需要重新审视自身的战略、经营模式及管控模式。

（2）土地资源问题。

土地资源仍是XZ区域业绩规模增长的源泉，目前土地资源方面主要有以下两个问题。

第一，在业绩考核的高压下，各城市公司的土地和项目资源保障明显不足，投资和拓展仍然是各城市公司的首要任务。项目组通过调研发现，各城市公司总经理至少需要用50%的精力来解决"面粉"的问题。

[①] 三条红线：红线一，剔除预收款后的资产负债率不超过70%；红线二，净负债率不超过100%；红线三，现金短债比不小于1.0。

管理效率提升——精兵简政，提升管理效率

第二，区域整体粮仓型项目储备不足。各城市公司至少需要一个粮仓型项目作为业绩的保障，但目前还有一些城市公司如FZ、MJ等仅有一个，亟须新项目快速落地以贡献业绩和注入活力。

项目组针对以上问题提出的建议包括：首先，各城市公司需配备专门的人员协助跟进投资工作。其次，区域投资拓展部需加大专业支持力度，更好地配合各城市公司匹配集团的投资要求以及控制投资风险。最后，各城市公司在开拓五线城市市场时，在布局"重点关注项目"的同时，积极获取地州市粮仓型项目。

（3）人力资源问题。

许多城市公司反馈后备人员不足；部分项目新人比例较高，新人直接进入抢开盘阶段，作用发挥有限；新项目数量多，项目落地快，人员需求量大，对人员招聘节奏有更高的要求，匹配项目落地节奏、提前储备人员成为各城市公司共有的需求。

项目组的建议是：首先，区域、片区和城市公司需加大日常招聘力度，确保候选人资源处于相对丰富的状态。为了更好地推进招聘工作，首先要加强对区域内招聘工作的分工和资源统筹。合理分配招聘任务和资源，确保各城市公司的新项目能够及时得到人员补充。其次，根据项目进展情况和配置节点的要求，区域、片区和城市公司需储备候选人资源，以应对可能出现的人员流失或招聘难等问题。最后，对新人进行重点关注，并为他们提供有针对性的培训和支持。例如，通过老项目学习、强化导师制等手段，帮助新人快速上手，提高他们的专业能力和综合素质。

（4）设计资源问题。

设计院产能难以匹配项目需求，专业支持力度有待加强。具体包括：设计出图速度无法满足区域整体项目需求；设计图纸质量有待提高，需减少设计中的错误和遗漏；施工过程设计技术支持力度有待加强。

为了解决设计院产能与项目需求不匹配等问题，项目组提出了如下建议。

首先，加大设计院的力量补充，比如通过增加人员、加强内部合作等

255

方式提高设计院的产能。其次,加强设计管理部对设计工作的统筹管理。设计管理部负责设计工作的统筹协调,需积极发挥作用。比如,设计管理部可以制定详细的设计出图计划和排期,与设计院进行对接和协调,加强设计图纸的审核和技术支持,以及设计变更管理等。最后,为了更好地支持各项目的设计需求,可以明确每位设计人员对应的项目或任务,建立"1对N"的对接关系。这样有利于明确责任和任务,提高设计工作的针对性,提升工作效率。

(5)供方资源问题。

合格供方(总包、监理、分包等)数量不足,仅有的几个优秀供方被多个项目抢夺资源,但其规模和实力又难以支撑,出现合作方资源不足、施工班组人员配置不足、监理人员素质普遍偏低、结算矛盾较多等问题,影响工程质量和进度。

为了更好地推动区域层面的发展,解决供方资源问题,项目组提出了如下建议。

首先,积极引进和培养合作伙伴,增加合格供方数量。其次,对于优秀的供方,区域要根据供方的自身实力和资源进行优化配置。最后,加强对供方的过程管理,建立良好的沟通机制,确保项目的顺利实施。

(6)公关资源问题。

在XZ区域市场,开发模式需要强有力的公关资源作为保障。公关资源包括政府资源、媒体资源、当地行业协会、当地施工单位等。公关资源对项目业绩和项目进展影响巨大,主要表现在项目预售围堵、民众阻工、项目停工等问题的处理上。

2. 管理支撑层面的问题及思考

项目组对XZ区域城市公司的内部管理、界面划分及授权、区域职能平台支撑等进行了调研,存在的问题和建议如下。

(1)内部管理问题及思考。

XZ区域各城市公司尚处于"摸着石头过河"阶段,各城市公司也是"八仙过海,各显神通"(见图9-3)。XZ区域需逐步建立起一套既符合城市公司特色又具备高效运营能力的内部管理体系。

管理效率提升——精兵简政，提升管理效率

"摸着石头过河"	⟷	"八仙过海，各显神通"
1. 部分城市公司的内部资源整合，仅限于项目之间的人员调配与支援，城市公司多项目之间交流较少 2. 部分城市公司内部已成立专业小组，加强城市公司内专业资源整合交流 3. 多数城市公司已建立城市公司月度经营会议机制 4. 各城市公司之间专业小组负责人的作用发挥不一（做实or做虚，项目管理为主or专业条线管理为主）		1. MM城市公司正准备建立城市公司层面统一绩效考核制度 2. XX城市公司专业小组已运作较长时间，相对成熟 3. EE城市公司内部已成立精装修专业小组，实现员工和专业资源的部分整合 4. YY城市公司已成立八大专项小组，各小组每月确定主题讨论并在公司内汇报分享 5. PP城市公司已明确各专业条线负责人，统筹专业工作

图9-3　XZ区域城市公司管理现状诊断

（2）界面划分及授权问题及思考。

区域对事业部授权问题。可根据事业部的成熟度分类授权，授权事项主要集中于经济事项和专业事项，人事权暂不授予。

城市公司授权问题。主要是城市公司对项目负责人（项目总经理/项目副总经理）的授权问题。

区域职能部门与事业部专业条线的界面划分与授权问题。授权主要考虑的因素包括业绩规模、管理成熟度、负责人的经验与能力、权限导致的风险大小等。

（3）区域职能平台支撑问题及思考。

部分职能（财务、成本等）片区划分与城市公司划分不一致，存在多对多关系，不利于工作对接；区域运营管理部当前的职能聚焦于进度考核和数据统计汇总，计划监控预警、项目具体运营问题的协调与处理等职能有待加强；成本及招标合约工作内部流程较为繁琐，严重影响了决策效率；财务借支及报销问题未得到有效解决，员工长期垫资现象十分普遍。但是，多数城市公司对区域工程技术部、精英团队、采购部、报建测量组的支持与服务评价较高。

3. 团队建设层面的问题及思考

针对团队建设问题，项目组从多个维度进行了调研，包括城市公司人才盘点、人才梯队建设、团队绩效等，并提出了相应的改善建议。团队建设层面的问题包括以下四个方面。

（1）管理层级多。

基层员工与管理层之间隔着多个管理层级，一方面，员工感受不到管理层对他们的关心和支持；另一方面，管理层对基层的掌控力度相对较弱，职能部门负责人没有深入一线，经常出现"政策难出中南海"的情况。

（2）难拍板。

投资拿地需要层层审核，但区域总裁投资管理半径过大，流程拉长，很难快速推进评审与定案，容易错过时机。回款、设计需求及施工单位沟通方面也有类似的问题。

（3）员工冗余，人效低下。

很多中层员工反馈，企业存在员工冗余、人效低下、人才厚度不足的问题。

（4）责权分配不清晰。

部分工作审核人是谁不明确，导致流程驳回率高，在集团流程效率考核中排名靠后。

针对以上问题，项目组提出的建议是：补充新鲜血液，以新老搭配组合、后备骨干重点培训等方式帮助新人成长，提高团队作战能力，在精简组织背景下敢于起用新人，监控、指导与帮扶新的项目团队。持续开展员工面谈，阶段性举行"总裁面谈"会议。根据人才具体需求、战略目标、核心岗位和能力要求等进行人才盘点，并进行现状和预期的差异分析，为后续人才的选、用、育、留提供重要的参考依据，梳理精简区域权、责、利，建立权责管理体系。

9.2 系统解决组织管理效率问题，方能行稳致远

项目组就XZ区域经营管理问题，提出了具体的改善建议，并针对精简组织落地提出了具体举措及方案，以确保精简组织能顺利落地。

9.2.1 高效组织设计思路

XC集团创始人提出了"精简"的概念，要求横向切割、纵向裂变。管理学之父彼得·德鲁克曾说过，"管理就是两件事，降低成本、提高效率"。那么如何把"精简"应用到组织管理中呢？精简更强调专注聚焦、抓住核心价值，精简组织的变革逻辑本质上和华为的"前端铁三角+后端重装旅"是一致的。在区域层面把"精简"组织落地，对于区域的经营管理能力也是一个巨大的考验。

近几年，Top50房企的销售利润率从表面上看仅下降1%，但事实上很多房企投资的利润率指标下调了6%左右，而且净利润水平还可能持续下降。在利润越来越薄的背景下，企业应关注影响利润的各项因素，以及如何提升效能。人均效能的提升已经成为房地产行业一个很重要的关注点，组织发展适配这一趋势，也逐步进入强效能阶段。未来，房企将聚焦打造精简精益型组织（见表9-2）。

表9-2　精简精益型组织

发展阶段	土地红利阶段（2008年前）	金融红利阶段前期（2008—2013年）	金融红利阶段后期（2014—2019年）	管理红利阶段（2020年后）
组织特点	强专业	强协调	强自驱	强效能
组织类型	职能细分型组织	横向协同型组织	目标自驱型组织	精简精益型组织

续表

发展阶段	土地红利阶段（2008年前）	金融红利阶段前期（2008—2013年）	金融红利阶段后期（2014—2019年）	管理红利阶段（2020年后）
组织管理形态	·重点：职能专业 ·特点：纵向管理、专业管控 ·目的：通过组织调整实现专业细分	·重点：运营体系 ·特点：横向拉通、管理交圈 ·目的：通过体系建设实现管理协同	·重点：机制优化 ·特点：自主发展、自负盈亏 ·目的：通过机制优化实现自我驱动	·重点：组织能力 ·特点：精简体系、机制活、人才强、效率高 ·目的：通过组织能力提升经营效益
运营管理适配	职能运营阶段	计划运营阶段	大运营阶段	精益运营阶段
	专业计划月报	计划运营月报	经营月报	经营与能效月报

项目组研究认为，中国房地产业高速发展20年后，房地产从"增量市场"进入"存量市场"，如今规模房企比拼的是"修内功""活下去"及"行稳致远"。古往今来，发展与改革是亘古不变的主题，国家在不断改革中前进，企业在不断变革中发展，每次变革都孕育出新的发展机会。企业发展到一定规模，只有去繁从简，提高效率，才能实现长远发展。越来越多的企业主动调整组织架构，减少管理层级，实施扁平化管理。在管理上大力做"简"法，赋能一线，提升效率。

管理效率提升——精兵简政，提升管理效率

如何做"简"法呢？可以概括为精简的结构、精简的文化、极少的人和极少的事（见表9-3）。

表9-3　组织管理逻辑

精简的结构	精简的文化	极少的人	极少的事
纵向层级少	汇报少	人员少	流程少
横向岗位少	形式少	协调少	反复少

根据XZ区域现状，项目组从四个维度对其做"简"法，依次为精简架构、人才发展、全面提效和制度保障，具体见表9-4。

表9-4　全面系统做"简"法

精简架构	人才发展	全面提效	制度保障
组织扁平灵活	内化执行并重	极力消灭内耗	管理过程细化
人员动态配置	人员综合多面	组织轻装上阵	保障经营结果

9.2.2　扁平精简高效，向外充分借力

为了帮助XZ区域更好地应对市场挑战，在组织架构方面，项目组设置了综合处、前期策划小分队和区域所属项目。然后引用"10+3"模式，实现组织精简。即区域平台10个编制，划分为投资、运营、成本三类职能，各类职能又细分为多个专业，按"类"划分，实现纵向的高度扁平结构；每个项目3个编制，一人多岗，每个人承担更多事项，实现横向的职能精简。根据以上调整策略，项目组与XZ区域高层确定了XZ区域新的组织架构（见图9-4）。

261

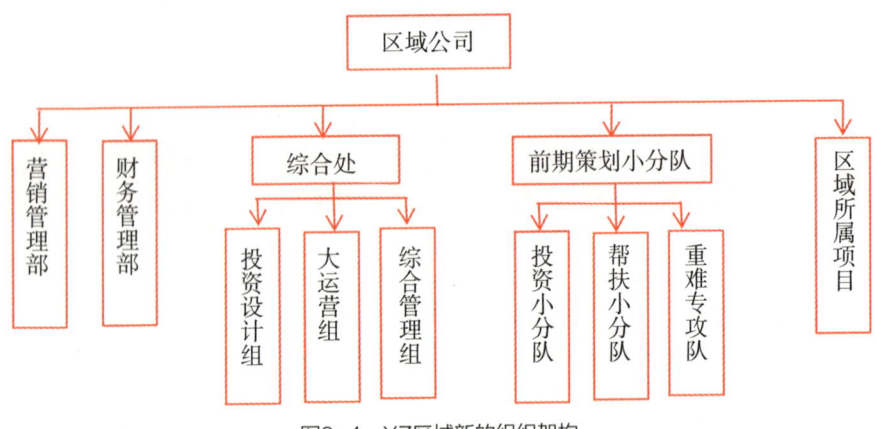

```
                    ┌─────────┐
                    │ 区域公司 │
                    └────┬────┘
      ┌──────┬──────┬────┼────────┬──────────┐
   ┌──┴──┐┌──┴──┐┌──┴──┐      ┌──┴──────┐┌──┴──┐
   │营销 ││财务 ││综合处│      │前期策划 ││区域 │
   │管理 ││管理 │└──┬──┘      │小分队   ││所属 │
   │部   ││部   │   │          └────┬────┘│项目 │
   └─────┘└─────┘   │               │     └─────┘
              ┌─────┼─────┐    ┌────┼────┐
           ┌──┴┐┌──┴┐┌──┴┐┌──┴┐┌──┴┐┌──┴┐
           │投资││大运││综合││投资││帮扶││重难│
           │设计││营组││管理││小分││小分││专攻│
           │组  │└───┘│组  ││队  ││队  ││队  │
           └───┘      └───┘ └───┘ └───┘ └───┘
```

图9-4　XZ区域新的组织架构

1. 精兵强将，提升组织能力

相对于人岗匹配，事人匹配的优势在于打破职能岗位对人的局限。传统做法是以岗位为中心，根据岗位价值评价来定薪，然而，房地产行业对员工的能力要求一直在变化，从组织发展角度思考，事人匹配更合适，即完成任务需要人员具备什么能力，就匹配什么样的人。

区域必须强调"官兵一体"，区域总裁既是"官"又是"兵"，"脱皮鞋穿草鞋"，区域总裁兼任综合处部门负责人，负责投资、运营、综合管理统筹。

精简组织对员工能力要求非常高，员工尤其要具备较强的资源协调能力。区域选拔的项目总经理需要同时具备项目管理能力、开发投资能力、经营管理能力；工程经理兼任水电工程师、土建工程师和装修管理员；项目秘书也不再扮演传统角色，做好人力、行政工作的同时还要兼任仓管、资料员，承担开发报建的职能，俗称"五岗合一"。浓缩就是精华，组织结构精简之下，员工必然要强，一个员工要能干更多的活。区域人力资源部要定期进行人才盘点，并制定专项培训计划。

2. 培训赋能，提升人员能力

培训主要有三种：一种是针对多岗合一的岗位进行的专项培训，如工程经理、项目秘书这种岗位就必须进行专项培训，而且要考核合格后发证上岗；第二种是对全员开展的制度、优秀案例的培训，定期培训考核，并要求能举一反三，内化落地；第三种是集团定期组织的专项培训，相关人员需积极参加，区域人力团队提供资源支持。

3. 精简流程，提升管理效率

XZ区域对各项流程进行了个性化调整，针对不同部门、片区和项目，对关键点和风险点进行把控，确保各项流程的高效推进。同时，启动全面提效计划，通过完善制度体系、统一标准手册，将XZ区域审批事项占比从原来的50%降低到20%。然后通过下放决策权、简化审批流程等方式，提高企业的运营效率，增强企业的灵活性。

为提高流程审批效率，XZ区域遵循"流程不过夜"和"审批不超过5小时"的原则。具体措施包括：通过缩短减少节点、每日专人跟进流程时效、每月开展一次长耗时流程清理工作、通报流程审批效率排名、总结高效率人员的共同特征等方式，避免流程积压和延误，实现业务提效。

非总裁请示流程的节点不超过5个，总裁请示流程的节点不超过7个。对于超过规定审批时间的流程，区域层面将进行通报批评；流程超过15天的进入黑榜，并取消年度绩效评优资格。简化审批流程、减少审批节点的做法有助于提高审批速度和决策效率，使企业能够更加快速地应对市场变化。

4. 制度保障，过程纠偏，保障结果

（1）组织管控机制设计。

组织管控机制设计对组织变革落地至关重要，它涉及组织管理、权责管理、流程管理等各个方面。为了实现有效的组织管控，企业需要遵循精简高效、权责对等、有效管理幅度、客户导向等原则，以确保资源和能力的匹配，打造企业整体竞争优势。

组织管理：基于集团管控要求及区域业务和管理需要，组织管理者负责制定、调整并优化区域各级组织架构，以及片区相关组织变更需求合理性审议与变更流程审批。

权责与流程管理：根据组织定位确定权责分配规则，在集团授权范围内，进行区域二次授权，形成如表9-5所示的XZ区域二次授权检视方案，

汇总个性化权责需求并提报集团审核,二次授权需兼顾流程风险监控与审批效率。

表9-5 XZ区域二次授权检视方案

序号	流程名称	流程分支	适用区域	集团规定			区域二次授权检视方案明细		备注
				集团标准流程模板名称	集团标准终审对象	本次可授权终审对象	区域终审对象现状	检视后区域终审对象	
计划管理									
1	计划编制、调整及考核	里程碑节点	成熟区域	区域总(所有区域)	不可授权	区域总	区域总	
2		一级节点	所有区域	区域总(所有区域)	区域大运营组长	区域大运营组长	区域大运营组长	流程名称+流程分支
3		二、三级节点	所有区域	区域总(所有区域)	区域大运营组长	区域大运营组长	区域大运营组长	

(2)组织绩效管理机制设计。

围绕集团各条线的考核指标,对标其他区域,XZ区域建立了考核评估体系,制定了职能和项目绩效考核方案,建立了约束机制,监控关键指标,每月通报分析,每季度进行奖罚并在区域内部公示。

①考核指标说明。

关键指标:职能部门关键指标最少为1个,最多为4个,权重最低为5%,最高为70%,同类型指标考核方式相同,如个别指标缺失,权重计入其他关键指标中。

通用指标:通用指标采用统一的方式,所有条线均适用。

加减分项：所有区域条线加减分项对等，统一为最高可加减4分。项目统一最高可加减4分，加减分项统一计入年度绩效考核总分中，每季度只做公示。

除了常规的加减分项，区域总裁还可设置特殊的区域总裁加减分项。

如果指标可以分解到季度，可进行季度考核，但年度考核成绩以年度目标达成为准。

②考核结果计算。

区域条线考核，直接根据考核指标得分进行计算，单指标的最高分为100分。项目绩效考核，全部采用五档计分法，所有项目绩效拉通排名，不单独排名。

③考核结果应用。

组织绩效等同于第一负责人的绩效，如果组织绩效排名靠后，取消该组织暨第一负责人各类评奖评优资格。

组织绩效连续排名靠后的项目，由绩效委员会牵头梳理原因，对项目进行专项诊断、帮扶及调整，及时纠偏，抓两头、带中间。

组织年底组织绩效奖金（年终员工绩效奖金总和）与绩效排名结果相关联。未参与排名的项目，原则上组织绩效奖金系数为1。组织绩效奖金系数具体值最终以XZ区域20××年底人工包核算为准。组织绩效奖金系数的设置参考表9-6。

表9-6 组织绩效奖金系数

考核得分	组织绩效奖金系数
P90及以上	1.1～1.2
P75～P90（含P75）	1～1.1
P50～P75（含P50）	1
P25～P50（含P25）	0.9～1
P25以下	0.8～0.9

265

(3)组织绩效考核方案设计。

下面以区域职能部门的绩效考核方案设计为例来进行展示说明。

①区域职能部门绩效考核方案。

职能部门考核得分=关键绩效指标(70%)+集团排名(10%)+人均效能(10%)+服务满意度(10%)+加减分项+区域总裁加减分项。

②区域职能部门通用指标解读。

区域职能部门通用指标包括服务满意度、人均效能和集团排名,均按10%的权重考核,具体解读见表9-7。

表9-7 区域职能部门通用指标解读

序号	1	2	3	4
指标类型	关键指标	通用指标		
绩效指标	条线关键指标	服务满意度	人均效能	集团排名
权重	70%	10%	10%	10%
指标说明	关键指标聚焦部门主责业务,设置标准不同	职能条线满意度评分	以年初的人均效能要求为基础进行评分	专业排名
目标值	根据20××年经营导向设定	无基础分,满分100分	基础分70分,满分100分	基础分90分,满分100分

续表

序号	1	2	3	4
评分规则	以区域对应部门制定的细则进行评定	区域总/项目总/项目主要负责人针对日常业务工作对接进行服务满意度评分	以70分为基准（20××年1月1日数据为基础数据），人均开发面积每增加1%，分数加1分；人工成本每降低1%，分数加1分，两者取平均值	以90分为基准（集团中位值为基础数据），每上升1名加2分，每下降1名减2分
指标数据输出部门	区域对应部门	人力资源部	人力资源部	集团各中心
备注	如果无集团排名，服务满意度和人均效能分别占15%（服务满意度和人均效能为季度监控）			

③ 区域职能部门六大关键指标解读。

区域职能部门六大关键指标分为经营指标和运营指标两类，其中经营指标包含销售、回款、激励，运营指标包含交楼、供货、成本。表9-8所示是区域职能部门六大关键指标解读。

表9-8 区域职能部门六大关键指标解读

序号	指标类型	绩效指标	承责部门	目标值	评分规则	指标数据输出部门
1	经营指标	销售	签约销售额	营销一部、营销二部	责任状指标	指标得分=指标达成率×100	大营销组
2		回款	销售回款	营销一部、营销二部、财务资金部	基础分90分	基础分为90分（100%完成集团下发的目标，多1个百分点加1分，少1个百分点减1分）	财务资金部

267

续表

序号	指标类型	绩效指标	承责部门	目标值	评分规则	指标数据输出部门
3	经营指标	激励	激励达成率	营销一部、营销二部、财务资金部、成本管理部	满分100分	激励达成项目占所有利润型项目（考核节点为20××年内）的比重，达成率是多少即为多少分 利润型项目：20××年之后拿地项目默认为此类项目	财务资金部
		定案指标达成率	投资管理部	满分100分	考核20××年1月1日未达对应节点的项目，投资定案表中以下三个指标承责项完成率：各批次最晚楼栋交地时间、利润率及年化自有资金回报率	财务资金部、大运营组
4	运营指标	交楼	总体交付率	工程管理部、客户关系部、物业管理部	满分100分（按92%计算）	指标得分：指标达成率=实际交付套数/目标交付套数×100%，达到92%为100分，少一个百分点减1分	大运营组
		确认收入	运营管理部、开发管理部	无基础分	指标得分=指标达成率×100（按照责任状指标）	大运营组

续表

序号	指标类型	绩效指标	承责部门	目标值	评分规则	指标数据输出部门
5	运营指标	供货	供货完成率	开发管理部、客户关系部	无基础分	指标得分=实际完成供货面积/计划完成供货面积×100%×100,指标完成多少即得多少分,计划完成供货面积由大营销组提供(月度签字确认)	大营销组
6	运营指标	成本	单方建造成本	成本管理部、设计管理部	基础分90分	基础分为90分(3172元/平方米为基础数据),每降低10元/平方米加1分,每增加10元/平方米减1分	大成本组
			费用成本	人力资源部、营销管理部、物业管理部、财务资金部	基础分90分	达到集团目标为90分,节约1个百分点加1分,超支1个百分点减1分	财务资金部

④ 区域职能部门考核指标说明。

所有部门的达标目标为90分(通过一定努力才能达成),满分为100分。区域职能部门六大关键指标分解到各部门,由各部门分别承责,聚焦关键指标达成。通用指标全部统一,集团排名为年度指标,人均效能和服务满意度为季度指标。

⑤ 区域职能部门组织绩效考核方案。

XZ区域根据集团总目标制定了区域经营目标,然后进行层层分解,形成了区域职能部门组织绩效方案。表9-9所示为XZ区域职能部门组织绩效考核方案。

表9-9　XZ区域职能部门组织绩效考核方案

序号	部门名称	绩效指标	权重	指标说明	目标值	评分规则	指标数据输出部门	备注
1	投资管理部	承责违约	10%	指标达成率=实际完成金额/目标完成金额×100%	满分100分	指标得分=指标达成率×100（区域总裁设定的目标）	总裁办	资产盘活和承责违约款项收回为半年度或年度考核指标
		资产盘活	10%	指标达成率=实际完成个数/目标完成个数×100%	满分100分	指标得分=指标达成率×100（区域总裁设定的目标）	总裁办	
		定案指标完成率	50%	指标达成率=实际完成数量/投资定案应考核数量×100%	满分100分	考核20××年1月1日未达对应节点的项目，其投资定案表中3个指标承责项的完成率：各批次最晚楼栋交地时间、利润率及年化自有资金回报率	财务资金部、大运营组	
	加分项	投资加分：土地熟化①当年完成率大于80%加1分（若达到定案条件，但是因为集团原因未获取的，不加分也不减分）						

---

① 土地熟化是指把新收上来的土地（生地）进行"三通一平"（路通、水通、电通和场地平整）工作的过程。

9 管理效率提升——精兵简政，提升管理效率

续表

序号	部门名称	绩效指标	权重	指标说明	目标值	评分规则	指标数据输出部门	备注
减分项		投资减分：土地熟化当年完成率小于60%（达不到集团的定案条件）减1分						
2	开发管理部	回款完成率（监控房款回款和按揭贷款回款）	20%	指标达成率=实际完成值/目标值×100%	基础分90分（集团目标分解）	基础分为90分（完成率100%），多1个百分点加1分，少1个百分点减1分	财务资金部	
		交楼证照完成率	20%	指标达成率=实际完成值/目标值×100%	满分100分	当年交楼的项目：指标得分=指标达成率（取得竣工备案证的批数/计划取得竣工备案证的批数）×100	大运营组	

271

续表

序号	部门名称	绩效指标	权重	指标说明	目标值	评分规则	指标数据输出部门	备注
2	开发管理部	竣备完成率	10%	指标达成率=实际完成值/目标值×100%	满分100分	20××年1月1日以前交楼的项目：指标得分=指标达成率（取得竣工备案证的批数/应该取得竣工备案证的批数）×100（累计34个批次）	大运营组	
		供货完成率	20%	指标达成率=实际完成值/目标值×100%	无基础分，按百分比计算得分	指标得分=指标达成率（实际完成供货面积/计划完成供货面积）×100	大营销组	

管理效率提升——精兵简政，提升管理效率

续表

序号	部门名称	绩效指标	权重	指标说明	目标值	评分规则	指标数据输出部门	备注
3	营销一部、营销二部	签约销售额	30%	指标达成率=实际完成值/责任状目标值×100%	满分100分	指标得分=指标达成率×100	大营销组	
		销售回款	20%	指标达成率=实际完成值/集团目标值×100%	基础分90分（集团目标分解）	基础分为90分（完成率100%），多1个百分点加1分，少1个百分点减1分	财务资金部	
		激励达成率	15%	指标达成率=实际完成值/目标值×100%	满分100分	激励达成项目占所有利润型项目（考核节点为20××年内）的比率×100，20××年之后拿地项目默认为利润型项目	财务资金部	

273

续表

序号	部门名称	绩效指标	权重	指标说明	目标值	评分规则	指标数据输出部门	备注
3	营销一部、营销二部	营销费用管控	5%	指标达成率=实际费用/集团规定费用×100%	基础分90分	基础分为90分（集团管控目标），节约1个百分点加1分，超支1个百分点减1分	财务资金部	
加减分项		营销加分项：被中央媒体正面曝光一次加1分，最多加2分							
		营销减分项：被中央媒体负面曝光一次减1分，最多减2分							

因为业务不断推进和变化，XZ区域每半年需重新评估考核内容，并相应地调整目标值，以确保考核方案与业务发展保持同步。这样的调整不仅可以反映业务变化带来的影响，还可以确保绩效评估的公正性和准确性。通过这种灵活的调整机制，XZ区域能够更好地适应业务发展，提高员工绩效，实现可持续发展。

5. 严控管理，过程及时纠偏

严格监控管理成果，密切关注项目综合排名、集团巡检和交付评估等核心指标的表现。对于职能排名倒数的项目，在第一次排名不佳的情况下，区域总裁对项目负责人进行约谈，如果两次排名不佳，区域总裁将重新评估项目负责人的管理能力。这种严格的管理控制，可推动项目管理的持续改进和优化，从而创造更加优异的业绩。

6. 做好全周期、全专业的标准化

建立制度体系和各专业标准指引；建立完善的供方管理体系，形成从投标单位考查入库到投标单位选择全流程制度标准；建立高层互动沟通机制，双月定期面对面沟通或微信沟通；建立区域总裁与施工单位座谈机制，区域总裁要带领团队主动拜访总包单位；建立反向投诉机制，将"随手拍"建议反馈海报张贴至工地大门和生活区等，让员工可以随时提建议。

7. 创新管理，激发人才活力

在精简组织背景下，区域制定投资拓展专项激励制度，对区域投资拓展负责人、县区投资拓展负责人、投资拓展小分队、职能横向实质对接人等，按照不同获地模式，由区域按贡献程度实行激励，要让"打胜仗"的思想成为一种信仰，没有退路就是胜利之路。

9.3 落地效果：团队精干、事人匹配、敏捷共享创造高效组织

企业的成功经营不能仅仅依靠寻找到唯一的、适合的组织结构，反过来说，仅仅依靠唯一的、适合的组织结构，企业是不能获得持续成功的。正如XC集团，在发展初期依靠"走马圈地"的发展模式快速扩展、占领市场，但是当市场环境和客户需求发生变化之后，企业也需快速调整，只有这样才能最终达成企业的战略目标。

XZ区域在精简组织方案出来后，也曾担心无法达到精简组织的能力要求。在落地阶段，XZ区域接受项目组的建议，对方案坚决地执行及落地。实践后，XZ区域在发展中找到了进步的方法，实现了跨越式前进和人才升级。组织精简实施效果初显，通过人员输出及优化，XZ区域成功减编50人，而且区域关键指标完成情况也有所改善。其中，建设工程规划许可证获得周期由平均90天缩短至平均29天；流程时间由3.72天降至3.36天，约降低10%；节点时长由1.08天降至0.67天，整体减少约38%。真正做到精简组织，向管理要效益。

9.4 思考与启示：未来战略是"排长的战争"

未来房地产行业的竞争会越来越激烈，XZ区域不断反思和总结如何打造一支高凝聚力的团队。文化认同是凝聚力的基础，深化文化理念，打造可感知、可落地的文化，通过区域总裁讲文化、明星标杆效应带节奏、关怀活动等传递精简组织的使命与愿景。大胆假设，小心验证，组织必将找到全面系统的"精简"之法。

XZ区域的变革体现了未来战略是"排长的战争"的组织特点，组织精简无论从组织的管理机制，还是从人才的储备上，都进一步强化了区域深耕的渗透力。精简组织，解决了大型企业普遍存在的"大企业病"问题，包括组织构架臃肿、成本居高不下、效率低下等。精简组织通过重塑组织架构、减少管理层级，重新调整业务流程，进一步激活了组织的生命力。

CHAPTER 10

股权激励

合理设置股权激励，
促进企业长远发展

在创业公司的早期发展阶段，资金紧张是一个普遍存在的问题，而资金不足往往会导致团队成员流失，尤其是团队的高管、核心员工，他们的流失会对创业公司造成不可估量的影响。为了提高团队凝聚力，留住高管和核心员工，创业公司需要采取长短期相结合的激励措施。短期激励的核心是薪酬机制，通过提供合理的薪资和福利待遇吸引和留住人才。长期激励一般通过为公司高管和核心员工提供股权激励来实现，但股权又涉及企业的底层治理结构，属于企业最稀有的资源，如何高效利用以达到激励的目的很有讲究，一旦操作不当就会给企业未来发展埋下隐患。本章撰写了广东ZT文化传播有限公司（以下简称"ZT文化"）的股权激励机制设计及推行过程，以期帮助其他企业实现股权的进、退、取、舍有章可循、有据可依，让企业更加稳健地发展。

10.1 好赛道的辉煌、瓶颈和破局

10.1.1 项目背景

广东ZT文化传播有限公司，2015年组建团队，次年正式开启公司化运营。目前员工近40人，高管7人，公司业绩近5000万元，主要为客户提供互联网广告和电视广告的代理、策划、采买、运营等一体化专业服务。

ZT文化的业务布局合理、未来规划明确，但需强化管理机制，通过提升员工的归属感来增强企业的竞争力。目前，公司仍处于创业期，稳步上升与调整阶段，创始人的个性情怀赋予了组织当前人性化的定位。ZT文化提出了业绩3年过亿元的战略目标，为了提高经营业绩，吸引人才、调动员工工作积极性势在必行，但在这个阶段，公司对人力成本的预算卡得比较紧，较难吸引与留住优秀人才。因此，企业高层希望用股权激励来调动员工的工作积极性，吸引和留住优秀人才。但是，如何发放股权难住了企业的高层领导，既要体现内部公平性、避免损害原有股东利益，还不能影响公司未来上市。在多次研究探讨后，大家仍然是各持己见，没有取得实质性进展，所以高层领导决定引入第三方专业机构，帮助企业解决这个

问题，实现企业的长远发展。ZT文化经过多重筛选，最终敲定与我们开展合作，本次ZT文化股权激励设计实施步骤及核心内容如表10-1所示。

表10-1　ZT文化股权激励设计实施步骤及核心内容

步骤	核心内容
管理诊断	通过调研，对企业在战略、治理、激励、考核、组织、资本运作等方面存在的问题进行系统梳理
顶层设计	在调研的基础上，对企业的价值定位、业务架构、股权架构、组织架构等进行整体设计
股权方案	根据企业的实际情况，设计股权合伙方案、股权激励方案、股权合作方案、股权融资方案等
配套制度	为确保股权激励方案落地，设计一系列配套的制度
辅导实施	负责与相关关键人员沟通，对股权激励方案进行宣导及解惑，跟踪落地效果

10.1.2　ZT文化当前存在的问题和面临的挑战

1. 股东层面

对于创始股东而言，公司控制权是关键。之前公司没有严密的股权结构设计，未对当下、中期、长期发展制定有针对性的股权管理规则，影响了公司近两年的发展，单纯依靠情感的合作，很难支撑公司的科学决策与快速发展。

目前，公司业务没有受到股权结构设计问题的过多影响，人心相对稳定，此时是引入股权激励项目的最佳时机，通过股权激励，既可以激发员工的主人翁意识，实现责任下沉与分担，又能顺势建立合伙人模式，塑造差异化的价值亮点，对外形成商业亲和力，有侧重地吸引资源型资本。

团队文化中的狼性特质不足，必须借助股权激励从意识深处撬动年轻员工的斗志和血性，将经营压力从创始股东持续向下传递，只有这样，企业才能完成从领袖顶端驱动型企业向团队底盘驱动的智力生态型企业的升级。

人才是创业公司，特别是文化创意类公司的软性资产和生命中枢。虽然ZT文化的新生代员工活力充足，但自律性不强；组织内的文化情感强烈，但员工游戏规则感相对缺乏。因此，企业可借助股权激励的契机，从当下到未来不断激发团队核心员工的活力，共同打造具有溢价主动权的事业共同体。

2. 员工层面

员工渴望获得更大的利益，但同时也要分担企业的经营风险。一旦股权分配不当或股权形式不当，就可能导致员工出现"等""靠""要"的心理，这时，再好的股权激励也会变得不值钱。

唯有系统化塑造股权背后的价值，杜绝"梁山义气"式的股权分发与承诺，让员工视之为稀缺资源，才能良性、科学地形成股权激励中荣耀与实惠的双循环，同时有效避免股权带来的利益纠纷和管理隐患，使股权回报与企业业绩形成立体的关联，使股权成为激励，而不是福利。

在开展股权激励项目时，需考虑企业的阶段特性和战略布局，让股权激励方案切实可行并预留动态优化的接口与空间。股权激励既要有防火墙也要有储备池，其深层是能孵化、培养志同道合的人才，同时能让"能者上、庸者下"，股权的进、退、取、舍皆有章可循、有据可依，才能从本质上助推公司大步流星地稳健发展。

3. 调研诊断

项目组通过对ZT文化股东和员工进行访谈，并研究相关经营管理资料，剖析了ZT文化在此阶段是否适合实施股权激励。

ZT文化属于中小型企业，因为经营的不确定性，常常出现资金短缺、人才匮乏、业务开拓吃力、收益不稳定等情况。那么，中小型企业是否适合通过股权激励的举措来吸引和留住人才呢？我们认为，对于初创企业来说，股权激励是一种吸引和留住人才的有效手段。但是，在进行股权激励之前，企业需要先想清楚以下几个问题。

（1）公司的发展是否处于上升期。如果公司的发展前景良好，业务规模不断扩大，那么股权激励就可以激励员工为公司的未来发展而努力。

（2）公司未来的预期如何。如果公司有清晰的战略规划、广阔的市场前景，那么员工对公司未来就会有信心，就更愿意接受股权激励。

（3）公司内部短期激励和现金激励制度是否完善。如果公司已经建立了完善的短期激励和现金激励制度，那么股权激励就可以更好地发挥长期激励作用。

（4）公司内部有无成熟的激励对象。如果公司内有优秀的员工，他们具备公司所需的技能和经验，那么股权激励可以促使他们更好地为公司的长期发展而努力。

为了全面了解ZT文化的现状，项目组对其进行了全面的调研。通过对激励机制、数据分析、人才测评和绩效结果分析等方面的研究，以及对高管进行深入访谈，项目组发现ZT文化的主要困惑包括：

（1）对股权激励有初步了解，但不知道公司应该用哪一种股权激励模型。通过一些股权培训课程或者其他渠道了解了一些股权激励的知识，也研究了很多大型企业的股权分配案例，但不知道虚拟股权与实股哪个更有效，也不清楚具体如何操作。

（2）哪些人需要进行股权激励，额度如何设计？怎么定人？是全员激励还是核心员工激励？核心员工怎么界定？是否需要业绩评价与人才测评？持股比例分配出现问题，后果会非常严重，那么动态化持股究竟该怎么设计？

（3）对股权激励加入条件及退出机制如何设计，股权激励加入的条件没有具体的概念及标准，加入后如何让持股员工保持高绩效产出，持股员工出现问题后如何退出，如何规避法律风险？

项目组通过全方位调研、资料分析、模型问卷、定量性研究等股权咨询方法，对ZT文化进行了全方位诊断，发现ZT文化主要存在如表10-2所示的几个问题。

表10-2　ZT文化问题诊断

序号	具体问题
1	以股权激励为突破口，如何针对高管及技术人才建立长期有效的激励模式，如何提升公司经营效率及促进公司业绩增长
2	如何平衡功臣、现在奋斗者及未来优秀者的中长期利益
3	绩效考核模式过于简单，考核落地效果不佳
4	核心骨干、管理层流失
5	员工发展规划不明确

10.1.3　ZT文化股权激励方案设计原则

1. ZT文化未来股东的权益

一家公司最值钱的是其完整的经营体系，而股权是直接可量化的公司所有权。股权设计就是将公司最有价值的产品转化为商品。股权是股东基于股东资格而享有的一种权利，股东拥有股权就能够从公司获得经济利益，并参与公司的经营管理。公司的股权具有多种价值，具体包括：

股东身份。股东作为公司所有者拥有公司的股权，这是股东身份的价值。

分红权。股东享有公司利润的分配权，这是股权较为重要的一种价值。

决策权。股东拥有公司的决策权，能够参与公司的经营决策。

增值权。股权价值会随着公司的发展而增加，这是股权的另一种重要价值。

知情权。股东有权了解公司的经营情况，这是股东参与公司经营管理的重要前提。

退出、变现权： 股东可以在符合规定的情况下出售、转让股权，实现变现。

优先购买权。在某些情况下，股东可以优先购买公司的股份。

股东诉权。当股东权益受到侵害时，股东可以通过法律途径维护自己的权益。

选择、监督经营管理权。股东有权选择公司的管理层，并监督公司的经营管理。

在利益分配方面，股权的价值体现在分红权、增值权，以及退出、变现权上；在经营管理方面，股权的价值体现在决策权、知情权，以及选择、监督经营管理权上；在股东身份方面，股权的价值体现在股东身份、股东诉权和优先购买权上。

2. 公司股权分配的关键比例

任正非曾指出，华为能够发展到今天，离不开良好的股权结构设计。

合理的股权分配可以吸引优秀的人才、资本和资源，共同推动公司发展。良好的股权结构设计能够有效地缓解各利益方的冲突，增强企业的抗风险能力。股权结构不合理会对公司造成极大的影响，甚至导致公司无法正常运营。

以下是股权分配比例的三条生死线。

绝对控制权：当股东持有公司股权比例达到66.7%时，该股东便成为公司的绝对控股股东，可以决定公司各项重大事务。

相对控制权：当股东持有公司51%以上的股权时，除了修改公司章程、增加或减少注册资本的决议，以及公司合并、分立、解散或变更公司形式等重大事项外，其他普通事项均可在股东会议进行表决时通过。

重大事项一票否决权：当股东持有公司33.34%~50%之间的股权时，虽然不能完全决定公司事务，但在公司重大事项上拥有一票否决权。持有这个比例股权的股东可以影响公司的重大决策。

股权等于"政权"，股权决定了谁是公司的主人，也决定了主人有什么权利。以下是股权设计的三种模型。

模型一：两个股东的股权结构设计遵循"一大一小"原则，例如80%、20%。

模型二：三个股东的股权结构设计遵循"1＞2+3"原则，例如51%、30%、19%。

模型三：多个股东的股权结构设计遵循"1＜2+3+4+5"原则，例如40%、25%、15%、15%、5%。

10.2 ZT文化股权激励方案

ZT文化股权激励项目按以下几个步骤实施，并按月计划、周计划推进，具体见图10-1。

|管理|红利|

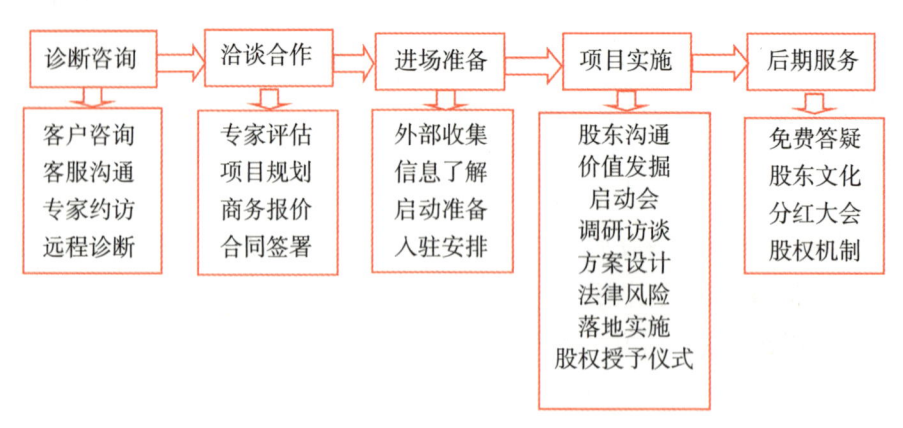

```
诊断咨询 → 洽谈合作 → 进场准备 → 项目实施 → 后期服务
   ↓         ↓         ↓         ↓         ↓
客户咨询   专家评估   外部收集   股东沟通   免费答疑
客服沟通   项目规划   信息了解   价值发掘   股东文化
专家约访   商务报价   启动准备   启动会     分红大会
远程诊断   合同签署   入驻安排   调研访谈   股权机制
                              方案设计
                              法律风险
                              落地实施
                              股权授予仪式
```

图10-1　ZT文化股权激励项目实施流程

项目组在股权激励类项目的实践过程中，通过股权激励的方法论及实践经验，摸索出一套适合中小型企业的"股权激励九定模型"实践法（见图10-2），这一模型已具备非常成熟的股权激励设计理念和实践方案。

项目组按照定目标→定模式→定对象→定数量→定价格→定来源→定时间→定条件→定机制的顺序为企业量身定制股权激励方案，以确保方案的实施效果达到最佳。

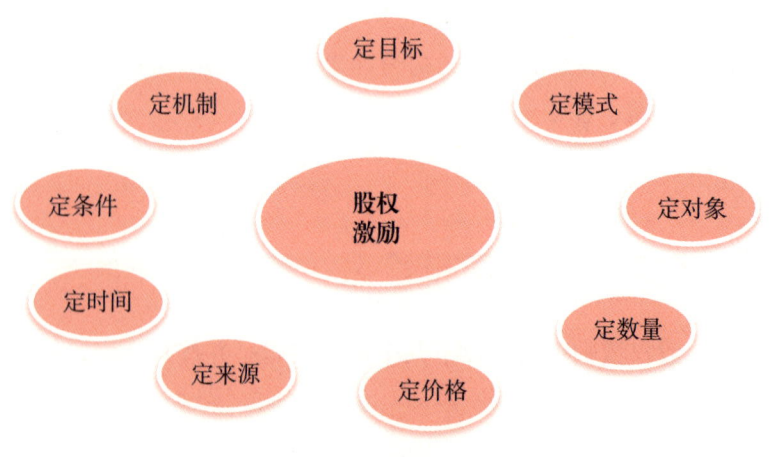

图10-2　股权激励九定模型

定目标： 尽管ZT文化目前处于创业成长期，技术、市场、运营已为其构筑起坚实的"护城河"，但团队文化中的狼性特质不足，需要将经营压力从创始股东持续向下传递。股权激励既可以激发员工的主人翁意识，实现责任下沉与分担，又能顺势建立合伙人模式，塑造差异化的价值亮点，对外形成商业亲和力，有侧重地吸引界面友好的资源型资本。

定模式： 股权激励模式的选择对股权激励的成果至关重要，中小型企业常用的股权激励形式为股票期权和限制性股票两种。在定模式时企业一定要清楚，没有"最好的模式"，重点要看企业是否适合。既可以单独应用，也可以根据企业发展组合应用。有些企业可能会提出实股与虚拟股权组合的模式，项目组认为实股通过赋予股东身份及荣誉来达到激励效果；而虚拟股权只有分红或其他收益，不能转让股份且没有表决权，激励作用有限。但是，发放实股会稀释股权，公司面临的未知风险比较大。

ZT文化处于创业成长期，对现金流的需求比较大，考虑要激励员工长期与公司共同成长，项目组建议ZT文化采取股票期权激励模式。

定对象： ZT文化实行股权激励主要是将部分股份科学地分配给核心技术人才或拥有核心资源的人才。ZT文化根据团队现状和激励需求，通过人才盘点，从现有员工中筛选出满足要求的激励对象的名单，包括过往功臣、现有骨干、未来人才。ZT文化主要依据业绩结果这一核心指标对公司员工进行分类分层，识别哪些关键人才需要吸引、激励及保留。项目组建议依据四个关键指标去划分，即战略性、潜在能力、稀缺性、业绩结果，在企业内部形成良性的选人模型。

激励名单确定后，被激励对象本人需以核定股份的50%的价格进行出资，根据岗位的不同，限制期可设定为3~5年，到期后兑现也采取逐年实现的方式。

定数量： 定数量要从两个层面去分析，第一个层面是股权激励总量，第二个层面是每个参与股权激励的员工分配的股份数量。

在确定股权激励总量时，必须充分考虑公司未来并购、融资等需要预留的股份数量。

确定个量的方法有两种，即直接决定法和未来价值法。考虑到ZT文化的现状，项目组建议采用直接决定法，即拿出激励对象名单，根据任职岗位的岗位价值、历史业绩及岗位工龄系数等确定激励股数，具体如表10-3所示（总股数目前设定为700万股，后期可根据员工岗位进行调整）。

表10-3　ZT文化股权激励分配方案

序号	职位	姓名	分红股数（单位：万股）	分红比例
1	总经理	××	150	21.43%
2	副总经理	××	100	14.29%
3	运营总监	××	50	7.14%
4	设计总监	××	50	7.14%
5	品牌总监	××	20	2.86%
6	××总监	××	20	2.86%
7	××总监	××	20	2.86%
8	××总监	××	20	2.86%
9	××总监	××	20	2.86%
10	××总监	××	20	2.86%
11	××总监	××	20	2.86%
12	××总监	××	15	2.14%
13	××总监	××	15	2.14%
14	××总监	××	15	2.14%
15	××总监	××	60	8.57%
16	××总监	××	15	2.14%
17	××总监	××	20	2.86%

续表

序号	职位	姓名	分红股数（单位：万股）	分红比例
18	××总监	××	20	2.86%
19	优秀员工	××	50	7.14%
合计			700	100.00%

注：①当公司引进某岗位/职位而导致新增的激励对象或某岗位/职位原激励对象流失，则在股权激励总股数中相应增加或减少与该职位价值相对应的股数，但总的用于计算激励款项的激励比例不变。②每个岗位/职位对应的分红股数为该岗位/职位价值的计划激励股数，该岗位/职位的激励对象当年最终拿到的股数以其年度实际绩效考评的结果为准。例如，总经理职位的价值股数为150万股，现任总经理年终通过考评实际拿到的股数为100万股，则现任总经理的年度分红股数就为100万股；相应地，公司总的分红股数则为650万股，但公司总的用于计算激励款项的股权比例不变。

定价格： 考虑到ZT文化当前的经营情况、激励对象对公司未来的预期以及购股成本的可接受程度，项目组建议采用净资产法和注册资本折让法确认公司用于股权激励的总成本，并在不同发展阶段设定不同的折让力度，以实现员工与公司的共同发展。

定来源： 股权激励的股份来自ZT文化的大股东转让和员工持股平台，并按照时间与空间的维度逐步授予员工。员工持股平台具有四大优势：首先，员工持股平台可以确保公司创始人享有控制权，避免股权过度分散带来的管理难度加大和风险加大等问题；其次，员工持股平台可以避免增加税负，使企业在实施股权激励时更加高效地利用资金；最后，通过员工持股平台，企业可以灵活地增加或减少激励人员数量，更好地满足企业不同发展阶段的需求。除此以外，选择员工持股平台作为股权激励的载体，还可以提高员工的工作积极性，促进员工与企业共同成长。

定时间： ZT文化股权考核周期可设置为每年一次，每年进行股权分红。在职人员前3年目标滚动考核后，根据被激励对象前3年的在职分红考核结果，确定被激励对象最终可获得的公司注册股份的比例，然后以期权的形式进入3~5年的锁定期。锁定期结束后,公司与被激励对象在15个工作日内完成被激励对象所获股份的工商登记。

定条件: 被激励对象一般会有3~5个绩效考评指标,同时还有一票否决制。一票否决制是指出现一票否决所列明的事项时即丧失此次激励资格。绩效表现采用上下浮动制,考核指标、目标和权重等相关数据根据公司年度发展规划的要求进行设定和调整。

定机制: 在股权激励的退出机制中,一般分为主动退出和被动退出。在为企业设计股权激励方案时,通常会根据被激励对象的过错程度和性质约定退出形式。退出形式主要有以下几种。

无过错退出。 被激励对象因退休、丧失劳动能力或公司客观原因终止股权激励计划而离职,即为无过错退出。这种退出形式通常不会对被激励对象造成太大的影响,因为他已经按照公司规定完成了相应的激励条件,可以享有相应的权益。

一般过错退出。 被激励对象因不符合公司要求被辞退,或者被激励对象因自身原因提出离职,即为一般过错退出。这种退出形式通常会对被激励对象的权益产生一定的影响,因为他未能满足公司设定的某些条件,未能按照公司规定行事。

重大过错退出。 重大过错退出通常包括以下几种情形:被激励对象严重违反适用于公司的任何法律法规或公司章程;被激励对象从事任何违法行为,且受到刑事处罚;被激励对象有不忠于公司的行为。这种退出方式通常会对被激励对象的权益产生严重的影响,因为他的行为已经违反了公司的规定或违反了法律,公司需要采取措施保护自身利益。

通过以上九个步骤的实施,ZT文化的股权激励方案得以完美呈现,并取得了显著的激励效果。对于中小型企业而言,股权激励不仅是一种管理工具,更是一种推动员工与企业共同成长的强大动力。需要注意的是,在成长性激励中,设置目标时要考虑到每个员工的潜力,因为潜力越大,激励效果就越好。只有这样,企业才能走得更远。

10.3 咨询效果：共创事业，同心共享共赴美好前程

ZT文化在企业稳步上升与调整阶段实施了股权激励，取得了显著的效果：培养了志同道合的人才，让"能者上、庸者下"，股权的进、退、取、舍皆有章可循、有据可依，助推ZT文化大步流星地稳健发展。

我们对这个项目的实施效果进行了回顾，认为其影响主要体现在以下几个方面：

（1）被激励对象的利益与公司经营业绩紧密挂钩，客观反映了被激励对象对公司发展的实际贡献。

（2）形成了有效的激励机制，激励管理层和业务骨干为公司的长期发展努力。

（3）有效吸引人才、留住人才，培养了一支团结、高效的骨干队伍，为企业的持续发展提供了动力。

（4）被激励对象的利益与广大股东的长远利益结合在一起，形成了利益共同体，有利于实现股东利益最大化，为企业的稳定发展奠定了基础。

10.4 思考与启示：共创共赢，企业才能赢得未来

苹果公司上市后，持有其股权的员工几乎均跻身亿万富翁行列，实现了财务自由。这一现象不仅吸引了广泛的社会关注，更使得股权激励成为企业吸引和留住人才的重要法宝。在国内，百度和阿里巴巴等企业都在上市前实施了股权激励计划，这一举措使得上万名员工成为公司的股东。这些员工的身价也随着公司市值上涨而暴涨，身家超千万元的员工比比皆是。另外，非上市公司华为也是将股权激励机制运用到极致的优秀企业之一。

在创业公司早期发展阶段，资金紧张是一个普遍而棘手的问题，资金

不足往往会严重制约企业吸引和留住核心人才的能力。股权激励作为一种常用的激励手段，能够有效地吸引和留住核心人才，从而达到不花现金激励的目的，同时将员工的私欲转化为对企业的积极贡献，进而提升团队的整体战斗力，为企业的长远发展提供保障。

从企业管理角度来看，股权激励的效果主要体现在以下三个层面。

自动自发层面：科学的股权激励设计，可以增强企业的凝聚力，让员工的心态从"要我干"转变为"我要干"。

人才管理层面：通过股权激励，企业可以留住内部人才，吸引外部人才。当员工成为被激励对象时，他们的工作动力将得到显著提升，对事业的归属感也会更加强烈。

企业利益共同体层面：通过股权激励，员工的利益与公司的利益紧密结合在一起，这有利于企业的长期发展。当员工成为企业的合作伙伴时，他们的工作动力将显著增强，更加积极地挖掘和发挥自身潜能，从而增强企业的核心竞争力，实现企业长远稳健发展的目标。

然而，我们必须清醒地认识到，股权作为企业的一种核心资源，其数量是有限的，且显得尤为珍贵。因此，科学、合理地设计股权激励机制显得至关重要。若操作不慎，可能会给企业的未来发展埋下重重隐患，甚至引发一系列负面效应。在制定股权激励计划时，我们必须紧密结合公司的实际情况和长远战略目标，进行深思熟虑和精心策划。

后　记

管理咨询项目如何才能有效落地，有效发挥作用？
"天下之事，不难于立法，而难于法之必行。"

管理机制的发布不是管理的终点，而是管理的全新起点。

建立有效的管理机制，可以显著提高企业效率，降低企业成本，增强企业竞争力，促进企业可持续发展。然而，一些企业管理者以为机制发布后就可以坐等其发挥作用，无须采取进一步的管理措施。这种观念是错误的，而且会对企业管理产生负面影响。对于管理咨询项目而言，相关的方案及管理机制发布后，企业经营管理者要带领团队落实到位，做到言必信，行必果。一旦承诺，必讲信用；一旦规定，必照章办事。只有这样才能使管理咨询项目的成果落地。

一、以史为鉴，从变法中领悟管理变革的精髓

战国时期，秦孝公为富国强兵、争霸天下，任命商鞅为左庶长，在全国范围内实行变法。商鞅通过变法，实施了土地机制改革、军事机制改革、政治机制优化及文化教育革新等，这些举措不仅增加了秦国的财政收入，还成功培养了一支强大的军队，使秦国从一个普通诸侯国崛起为当时的第一强国。商鞅变法为秦国的发展和日后的统一六国奠定了基础。

如果将当时的秦国比作一家经营中的企业，那么商鞅变法就是一个管理咨询变革项目。秦孝公是甲方的一号人物，委任商鞅为项目经理，由商鞅负责整个项目的规划、组织、协调和指导，负责制定变法方案，并确保方案顺利实施和执行。

通过对商鞅变法的研究，笔者发现商鞅变法对当代企业的变革亦有一定的借鉴意义。这些借鉴意义大致可以归结为以下五个关键点。

1. "一把手"具有坚定不移的变革决心

秦孝公作为甲方的一号人物，对变革有着坚定的信念和决心，这为商鞅变法的成功提供了保障。变革要改变旧的价值理念、政策、激励及分配体系等，在变革过程中，秦国在实施商鞅变法时受到了权贵、世族、老臣子们的反对，但秦孝公对变法的初心不变，排除各种阻碍，力推变法，确保了变法的顺利实施。在企业启动管理咨询项目时，企业变革的成功与"一把手"变革的决心也有直接的关系，如果"一把手"不重视或瞻前顾后，方案实施效果就会大打折扣，这也是很多管理咨询项目在设计阶段非常完美，但落地效果却不尽如人意的真实原因。

2. 设计科学合理的变革管理体系

在秦国的变革中，商鞅促成了许多政策和律法的制定，这些变革的初心是为了使秦国变得更加强大。为了实现这个目标，商鞅采取了一系列举措，如废除井田制、重视农业和纺织业、奖励军功、统一度量衡等。这些政策和律法的制定，使得秦国的百姓和士兵们都积极立功，为国家的发展作贡献。

在企业变革中也是如此。首先需要明确企业的发展目标，然后建立合理的变革体系来实现这个目标。在判断变革体系的合理性时，企业可从以下四个方面考虑。

第一，变革体系是否符合行业发展趋势。企业的变革必须考虑到行业的发展趋势，只有顺应行业的发展方向，才能保证企业的竞争力。如果变革的方向与行业发展趋势背道而驰，那么企业就可能面临失败。

第二，变革体系是否符合企业的发展阶段。企业变革必须考虑企业自身的发展阶段和特点，不能过于超前或滞后。如果变革的步伐过快，超出企业的承受能力，就可能导致员工的反感和不适应；如果变革的步伐过慢，无法跟上市场的发展速度，又会削弱企业的竞争力。

第三，变革体系是否有利于实现企业发展战略。企业变革必须与企业的发展战略相一致。变革必须有利于实现企业的战略目标，否则就可能对企业的长期发展产生不利影响。

第四，变革体系是否有益于广大员工，能否调动员工的工作积极性。企业的变革必须考虑到员工的利益和需求，不能只考虑企业的利益而忽略员工的感受。变革只有让员工从中受益，才能激发员工的工作热情和创造力，助力企业发展。

3. 拥有一批支持变革的管理干部及骨干

在商鞅变法中，秦孝公提拔了一批拥护变革的核心骨干，如景监、车英等，他们在变革的推行中起到了至关重要的作用。这些骨干不仅是变革的坚定支持者，在变革实施的过程中更是起到了举足轻重的引领作用。

同样，一个企业的战略、组织及管理机制的实施，最终也需要人来完成。好的战略、组织及管理机制，只有被员工接受并积极执行，才能发挥应有的价值。企业在变革时，应当提拔一批接受和拥护变革的核心骨干，让他们成为变革的推动者和践行者。这些核心骨干在变革中能够起到关键作用，他们可以通过自身的行动和影响力，去影响和带动周边的人，进而减少变革的阻力。他们还可以为企业提供积极的引导和支持，帮助企业实现变革目标。同时，这些核心骨干还能够起到示范作用，让其他员工看到变革的好处和价值，激励他们积极参与到变革中来。

4. 绝对信任变革项目的执行负责人

秦孝公对商鞅的绝对信任为变法的成功奠定了坚实的基础。在变法过程中，倘若秦孝公对商鞅怀有丝毫的猜疑，他们就会被反对势力离间，最终变法会落个半途而废的结局。企业老板也需要对执行高管保持足够的信任，给予他们充分的授权和资源支持，让他们能够顺利地推进变革。

5. 具备强大执行力的团队

"言必行，行必果"，这是执行力高效的表现。秦国太子嬴驷被奸人蒙蔽，对农民产生了误会，进而引发了一场不幸的冲突。按照当时的法律，嬴驷因此受到了罚款的处罚，而他的重要导师虔更是被处以了劓刑。他二人何等尊贵，商鞅为了维护变法推行，顶着压力执行律法，这对推行律法有正向的标杆作用。可见，商鞅变法的成功得益于强大的执行力。在企业管理咨询项目中，落地方案也需要有严格的执行体系和监督机制，确保各项变革措施得到充分的执行,这样才能达到企业想要的效果。

二、设计管理机制的本质是解决企业经营管理问题

设计管理机制的本质是解决问题和创造价值。设计机制并非目的,而是解决问题的手段。机制并非固定不变的,而是动态调整的。机制并非权威,而是为公众服务的。英国历史学家阿克顿曾讲述过一个分粥的故事,这个故事深刻地揭示了不同机制对结果的深远影响。

在一个由七位成员组成的团体中,每个人都是平等且普通的,他们并非用心险恶之人,但也不免有自私心理。他们尝试以非暴力方式解决每日的饮食分配问题,即分配一锅粥,但是他们并没有称量工具。为此,他们尝试了多种分粥方法。

第一种方法是指定一个人负责分粥。然而,他们很快发现,这个人给自己分的粥最多。

第二种方法是每个人轮流负责分粥,每人一天。这等于承认了个人为自己分粥的权利,同时也给予了每个人为自己多分粥的机会。虽然这种方法看似公平,但每个人在一周中只有一天能吃饱,而其他六天都饥肠辘辘。

第三种方法是选举一个德高望重的人负责分粥。起初,这个德高望重的人能公平地分粥,但不久后,他开始为自己和讨好他的人分配更多的粥。

第四种方法是建立一个分粥委员会和一个监督委员会,形成监督和制约机制。这种方法基本实现了公平,但是由于监督委员会经常提出各种议案,而分粥委员会又针对这些议案进行讨论,导致粥在分完时就已经凉了。

第五种方法是每个人轮流分粥,但分粥的那个人要最后一个领粥。在这种规则下,七个碗里的粥每次都一样多,就像用量杯量过一样。

阿克顿所讲述的分粥故事中,不同的方法带来了截然不同的结果,这充分展示了机制的差异会导致结果千差万别。实际上,好的机制是企业成功的基石,更是企业基业长青的守护者。为了制定出科学合理的机制,管理咨询顾问要有清醒的头脑和明确的目标。在制定机制时,需要明确以下几个方面的问题。

（1）机制要解决什么问题。管理咨询顾问需要根据企业自身的特点和目标，明确面临的问题和挑战，并确定管理机制要达到的目的和效果。

（2）机制要创造什么价值。管理咨询顾问需要根据市场需求和市场变化评估企业自身的优势和劣势，制定出能够带来收益和改善的机制。

（3）机制要如何设计。管理咨询顾问需要根据企业员工的特点和需求，考虑企业自身的资源和条件，并确定机制要遵循的原则和标准。

（4）机制要如何沟通。管理咨询顾问需要根据企业员工的认知和情感选择合适的方式和渠道，将机制传达给员工，以便员工更好地理解和执行。

通过明确这些问题，管理咨询顾问可以帮助企业制定出更加科学合理的机制，从而更好地解决企业存在的问题，帮助企业创造价值。科学合理的管理机制具有以下几个特性。

（1）公平性。机制应当保证企业可以公平地对待每一位员工，杜绝任何形式的偏袒或不公平现象的发生。

（2）可操作性。机制应当具有可操作性，确保能够被有效地执行和监督。

（3）适应性。机制应当能够适应环境和需求的变化，及时进行调整和完善。

（4）透明性。机制应当公开透明，确保员工能够充分了解并接受机制的规则和要求。

（5）反馈性。机制应当具有反馈性，确保员工能够表达对机制的意见和建议。

三、企业如何让管理机制有效落地并发挥作用

1. 立信、立德、建团队

在管理工作中，所谓"立信"，是指管理者要"言必信、行必果"，在组织里树立起一定的威信。这种威信的树立对于机制的推行和纪律的约束具有重要意义。除了思想和意识外，一个组织要想有效地完成任务，就需要有一个管理者在前面带头，作出表率。因此，"立信"是管理工作的

良好开端，也是推行机制的基石。

变法之初，商鞅兑现了五十金的承诺，这并不仅仅是对那名搬运长木人员的奖励，更是商鞅"立信"的方法。通过这一行动，商鞅向众人展示了自己信守承诺和说到做到的品质，从而树立了自己的威信，也为机制的推行奠定了基础。

比无信更可怕的是领导和执行团队的不作为或者腐败。如果一个管理者或者团队没有信守承诺，那么他们就会失去组织成员的信任和支持，组织也会变得混乱。相反，如果一个管理者或者团队能够信守承诺，做到"言必信，行必果"，那么，他们就能获得组织成员的信任和支持，使组织内的工作更加顺畅地进行。

因此，作为咨询项目的承接者，企业管理者要时刻提醒自己信守承诺，不要轻易放弃责任和义务。只有这样，企业管理者才能够获得信任和支持，让组织在稳定发展的道路上不断前行。

2. 观物、慎思、明辨、笃行

管理大师德鲁克认为，管理是一种实践，其本质不在于知而在于行。这意味着，管理的效果需要通过实践来验证和提升。一个组织需要根据自己的实际情况，不断进行摸索、实践、纠正和改善，然后不断循环，才能找到适合自己的管理结构。

在推行每一个机制之前，管理者都需进行深入的调查和分析。只有深入调查，管理者才能了解员工的实际情况和需求，才能有足够的信息作出科学的决策。没有调查就没有发言权，更没有决策权。没有决策权，就无法帮助员工修正行为、改进和落实机制。

苏轼在密州遇到蝗灾的故事就充分说明了这一点。当发现当地官员对蝗灾漠然置之时，苏轼并没有就此放弃救灾工作，而是通过实地调查了解蝗灾的危害程度。他吸取了各地百姓灭蝗的经验，身体力行地带领密州百姓消灭蝗虫，最终蝗灾得到了有效的控制。这个故事告诉我们，只有通过深入调查和实践，才能真正解决问题，避免"观物不审"的情况发生。

因此，企业管理者应该始终保持"慎思之、明辨之、笃行之"的态度。在落实相关方案及机制时，要充分了解企业的情况，通过与员工沟通，不断优化机制，推动科学、合理、有效的机制落地，助力组织的发展和进步。

3. 坐着全是问题，走出去全是办法

王安石在变法过程中推行了"市易法"和"保甲法"，但在处理问题时，他的行动迟缓、态度消极，导致民众对变法产生了误解，阻碍了变法的实施。其缘由就是他对变法过程中的实际问题并不了解，想当然地开展工作自然不会有好结果。相反，克罗克、山姆·沃尔顿等企业家推崇的是"走动管理"，通过深入基层、了解实际情况和现场解决问题，实现了企业的成功经营。

各大企业之所以推行类似于"走动管理"的管理模式，是因为越是管理高层，管理信息不对称的情况越是严重。通过正式沟通所获取的信息，缺少实际情境的辅助，管理者不易作出正确的判断。因此，管理者需要竭尽全力深入终端和现场，切实了解一线的真实情况，这样才能做到"对症下药，药到病除"。

4. 以终为始，统筹全局

钱穆先生在《中国历代政治得失》一书中提出了一个观点：任何一项机制都不可能有利而无弊，也不可能历久而不衰。这一观点同样适用于企业的管理机制。企业管理者要意识到，在机制实施过程中，观念上的东西可能会被扭曲变形，从而影响机制的最终效果。因此，领导不仅要设计机制，还要考虑机制推行的可行性，并监督其实施，形成一套有效的信息反馈制度。

同时，好的机制在实施过程中也可能受到各种因素的干扰和力量的拉扯，从而变得面目全非，甚至产生相反的效果。因此，管理者需要时刻保持警惕，保持以终为始、统筹全局的态度，避免机制的实施虎头蛇尾和末端管理的失效。

有好的机制不等于就能做好管理，管理机制的发布不是管理的终点，而是管理的全新起点。作为企业管理者，不能错把机制当管理，把责任推给机制。

最后，用一句话来总结管理咨询成果的落地——"天下之事，不难于立法，而难于法之必行"。